中国当代存在论美学

——曾繁仁美学思想研究

/罗祖文/ 著

齊魯書社

本书获得中国博士后科学基金面上资助

序

鲁枢元

作为一门现代学科的美学，在中国已经拥有百多年的历史。立于源头者无疑当属蔡元培、王国维两位学术大师，他们顺应时代潮流，将西方现代美学观念引进20世纪初的中国学术界，开一代风气之先。蔡元培的突出贡献在于将审美理念引入国民教育，倡导以美育代替宗教救治社会、陶养人心；王国维的杰出成就在于将西方美学思想运用到中国传统文学艺术如古典小说、诗词、戏曲的发微探秘，别开出许多绚丽的生面。此二人为中国的“美学教育”、“文艺美学”铺垫下最初的基石。稍后，继往开来的是朱光潜与宗白华，前者深谙西方美学通史的精髓，后者悟得中国艺术精神的玄机，二人审美偏爱有异，治学风格不同，在学术成就上反倒珠联璧合，构成中国现代美学界一道永不褪色的风景。新中国成立后，学术活动渐渐被政治路线严密掌控，蔡仪与王朝闻分别被确立为唯物主义美学与美学大众化、日常生活化的权威人士，美学的学科视野被局限在国家意识形态的框架内，一度失去应有的活力。在20世纪80年代的思想解放运动中，美学界拨乱反正，美学观念重新回到“以人为本”的

基点,或以“人类实践活动的积淀”,或以“个体生命力的张扬”,渐渐占据美学研究的核心,其代表人物当属李泽厚与高尔泰。

百年中国现代美学史流派繁多、江河纵横,虽一波三折,毕竟还是从无到有,结出累累硕果。百年来冲积而成的沃土,一是审美与教育,一是美学与文学艺术,并由此促成“美育”与“文艺美学”两大学科的成型。

学术研究终不能脱离时代的天幕。以上陈述的中国现代美学研究情势,全都是在中国社会追赶现代化的背景下发生的,时代天幕的底色乃是启蒙时代的人道主义、理性主义。学科的精神支柱为“人的目的”、“人的价值”、“人的认识”、“人的实践”;学科的视野无外乎“唯物—唯心”、“客观—主观”、“主体—客体”以及“经济基础—上层建筑”等等。思维模式则是辩证法掌控下的二元对立。

随着人类社会现代化步伐的一再提速,现代社会的弊端同时加速呈现,尤其严重地表现在自然生态的破损与精神生态的沦落,现代社会高速发展的许多领域往往会掉进现代化的陷阱,对于现代性的反思遂成为发达西方社会的学术前沿。时代的天幕正在改换色彩,理性主义的光辉与人类中心的自信渐渐黯淡下来,百年来以此为立足点、为出发点的中国现代美学研究已经被置于时代的十字路口,必须作出新的选择、新的拓展。

在曾繁仁先生的美学研究历程中,他早年所从事的“美育”与“文艺美学”研究,大体上仍是遵循着蔡元培、王国维、朱光潜、宗白华开辟的学术航道向前行进的,其中固然不乏他自己的感悟与发现。而他在中国现代美学界的独特地位,还应该是他在生态美学领域的建树。冯友兰曾经把自己的治学经历概括为“照着讲”与“接着说”。“照着讲”是依照前人的理路,对前人的学说加以诠释阐发;而“接着说”则是在前人困顿受阻之处、辨析前人的贻误、接过前人的问题、探索走出迷谷的路径。

曾繁仁的生态美学研究,接过来的是时代转换中的一个大问题,即重新评估自然对于人类社会的意义与价值、重新建构人类在地球生态系统中的地位与关系,而这些必然涉及整个美学学科的出发点与奠基石。曾繁仁在他的《生态美学导论》一书中归纳了生态美学对于现代美学学科的突破:由人类中心向生态整体主义的过渡,重新将自然维度引进审美领域,确立自然本身的审美属性与价值,建立包括诗意栖居、四方游戏、家园意识、生态崇高、生态美育在内的诸多审美范式。在他的《转型期的中国美学》一书中,他把批判的矛头直接对准柏拉图、亚里士多德以来的理性主义认识论传统,而站在生态立场对西方的存在论美学、现象学美学、阐释学美学表现出浓厚的兴趣。同时他更希望从《老子》、《庄子》、《诗经》中发掘出中国历史悠久的生态智慧,帮助现代人类走出社会发展的误区。“行到水穷处,坐看云起时”,这便是我阅读曾繁仁的生态美学著述时油然而升起的感觉。

曾繁仁的生态美学显然是对以往认识论美学、实践论美学的“接着说”,这种“接续”,实则也是超越。说开一点,甚至还是对于从柏拉图、亚里士多德到培根、笛卡尔、康德、黑格尔整个形而上学逻辑链条的超越。美学问题被置放在苏格拉底之前人与自然的原初情境之中加以新的阐释。可贵的是,曾繁仁在他的生态美学视域中对自己以往稔熟的审美教育、文艺美学又重新加以审核修正,从而圆融了自己大半生美学研究的境界。

青年学者罗祖文的论著《中国当代存在论美学——曾繁仁美学思想研究》即将出版,请我作序。我将书稿大体浏览一遍,感觉他是下了很大功夫的,对于曾老师的治学历程、学问内蕴、学科贡献、学术影响均有翔实的搜集、周到的梳理、认真的剖析与悉心的陈述。应当说这对于了解曾繁仁的美学思想与治学生涯,提供了一条方便的捷径,对于张扬方兴未艾的生态美学亦功不可没。只是我本人自知哲学功底甚差,一向视美学为畏途,美学界的事从不敢轻易置喙,这次发声也是情势所致。

自20世纪90年代初,我与曾繁仁先生都在探索将生态学的观念、理论、方法援引进自己的学科研究中。这条跨学科的研究之路充满坎坷与疑难,可以说步步维艰。而他在生活阅历、学术积累、内在涵养、学界视野等方面都较我丰蕴、开阔,多年来我受他鼓励、支持甚多。我希望借助这篇序言表达我对他的敬意。但在学术领域我又是一个不可救药的"个人主义者",这里写下的文字或许仍不过在自说自话,不当之处,当然还是由我自己负责。

2013年3月于苏州

目录

导论

曾繁仁美学的当代价值

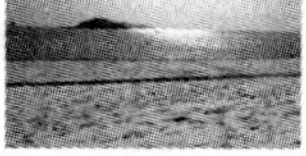

在中国新时期的美学学术进程中，曾繁仁的美学思想已成为一面亮丽的旗帜。三十多年以来，曾繁仁着眼于艺术繁荣、人才培养与社会转型的现实需要，积极从事文艺美学、审美教育和生态美学等领域的研究。他学贯中西、博采古今，在这几个领域取得丰厚深湛的学术成就，尤其在生态美学研究方面标帜独举，为中国当代美学的发展作出了卓越的贡献。在长期的美学研究过程中，曾繁仁文艺美学思想中的经验存在论、美育思想中的人生存在论、生态美学思想中的生态存在论日益丰腴成熟，实现了引领中国当代美学由本质论到经验论、由思辨美学到人生美学、由人类中心主义到生态整体主义的转型。新时期以来，曾繁仁先后出版有《西方美学简论》、《西方美学论纲》、《西方文艺理论思潮》、《美育十讲》、《审美教育新论》、《现代美育理论》、《走向21世纪的审美教育》、《生态存在论美学论稿》、《转型期的中国美学——曾繁仁美学文集》、《生态美学导论》和《美育十五讲》等十余部著作以及重要学术论文一百余篇。翻检中国近三十年的美学研究成果，凡治西方美学、文艺美学、审美教育和生

态美学者,无不引用、借鉴其思想话语。毋庸置疑,曾繁仁堪称中国当代美学的奠基者与开拓者,其所开创的中国当代存在论美学既为中国社会的和谐发展提供了思想的路径,也昭示着中国美学的未来发展前景。因此,认真研究曾繁仁美学思想的内在结构及其学理内涵、价值特性,既可以发掘其美学思想的当代意义,也可以由此展开对中国新时期美学学术史的探问。

一 研究现状述评

新时期以来,随着《美学之思》、《生态存在论美学论稿》、《转型期的中国美学——曾繁仁美学文集》、《生态美学导论》与《美育十五讲》等著作的问世,曾繁仁美学思想日益成为学界关注的一个热点,据万方数据库统计,到目前为止,一共有84篇学术期刊论文、1篇博士论文和3篇硕士学位论文对之进行了研究。具体地讲,这些研究大致可分为三类:书评式研究、专题式学位论文研究和总结评论性研究。

书评式研究主要有:一、赵利民的《学术反思与学术超越——读曾繁仁先生〈美学之思〉》(《美育学刊》2011年第2期),该文认为,曾繁仁之所以能在学术上不断有新创获,保持着旺盛的学术创造力,最根本的原因在于他始终以学者的情怀、理性的精神及敏锐的洞察力关注现实,分析、反思中国社会发展中所面临的重大问题,以美学家、文艺理论家的独特视角探寻解决的思路。在赵利民看来,曾繁仁的学术成就大体表现在以下几个方面:第一,自觉反思认识论、阶级论美学及文艺理论的弊端,探究了文学艺术及其审美活动的内在规律。第二,将美与艺术同人的生存状态相联系,构建了适合中国国情的审美教育体系。第三,反思实践美学,提出了崭新的生态存在论美学观,为当代美学研究提供了新的增长点。二、李庆本的《超越实践美学——读曾繁仁先生〈生态存在论美学论稿〉有感》(山东大学文艺美学研究中心编《人文情怀　学术探求——纪念曾繁仁教授从教45周年》,河南人民出版社2011年版),该文认为,曾繁仁的生态存在论美学在五个方面完成了对实践美学的超越:第一,从哲学基础上看,生态美学超越了实践美学主客二分的认识论基础,提出了生态整体论世界观。第二,从美学理论自身看,生态美学超越了实践美学的"自然的人化"的观点,更加追求人与对象处于中和协调的审美的存在状态。第三,在美学的研究对象上,生态美学超越了实践美学的"艺术中心主义",强调了人与自然、社会及人自身动态平衡的生态系统。第四,在自然美问题上,生态美学突破了实践美学无视自然特有的价值以及"自然"在审美中的独有地位的片面认识,强调了自然本身特有的审美潜质。第五,在思维方式上,生态美学突破主客二元论的局限,提出生态整体主义的思维方式,从而完成了从人与自然的"主体性"到"主体间性"关系的超越。三、傅松雪的《"实事求是":一条直抵文艺学本真存在的道路——评曾繁仁先生主编的〈中国新时期文艺学史论〉》(《中国图书评论》2009年第5期),在该文中,傅松雪指出,曾繁仁主编的《中国新时期文艺学史论》从新世纪的独特视角审视既往的历史,给我们提供了一条马克思主义实践观与人学理论原则指导下的真正的创新之路。该书"是第一部从史论的角度全面总结我国新时期文艺学建设发展的论著,也是真正以创新为实质的一种艰辛而可贵的尝试”。四、席志武、陶水平的《后现代语境下文艺美学学科研究的新探索——读曾繁仁主编的〈文艺美学教程〉》,在该文中,席志武指出,曾繁仁主编的《文艺美学教程》将文学艺术的审美经验作为文艺美学学科的研究对象,采取以马克思主义为指导的审美经验现象学研究方法,按照历史性与逻辑性相结合的编写体例,构建出一套以艺术的审美经验为基础、以当下性与超越性相统一为特色的理论体系,它是新时期文艺美学学科建设的标志性和代表性成果。此外,还有武迎新的《美学研究的一部力作——评〈美学之思〉》(《中国出版》2003 年第 5 期)、胡建次的《对传统美学学科研究的努力创新与开拓——评曾繁仁先生〈生态存在论美学论稿〉》[《聊城大学学报(社会科学版)》2010 年第 6 期]、卢政的《一位美学家光辉的学术足迹——再读曾繁仁先生文集〈美学之思〉》(《人文情怀 学术探求——纪念曾繁仁教授从教 45 周年》)等。

专题式学位论研究主要有:一、吴玉英的硕士学位论文《“诗意栖居”的美学之思——曾繁仁“生态存在论美学”研究》(2006 年内蒙古师范大学),该文探讨了曾繁仁生态存在论美学的哲学基础、思想资源与理论特色,认为其生态存在论美学在马克思唯物实践论的指导下,扬弃了中国当代根深蒂固的实践美学,发展了中西方传统的存在论美学,实现了生态观、人文观和审美观的统一。二、郑和玉的硕士学位论文《曾繁仁的“中和论”美育思想研究》(2009 年山东大学),在该文中,郑和玉以三部分论述了曾繁仁的“中和论”美育思想。第一章从其理论渊源入手,以中西各个不同历史时期具有代表性的美育思想为点面，以中西传统美育思想的发展脉络为线，采取经纬互现的方式对曾繁仁美育理论的渊源进行系统的梳理与诠释。第二章在第一章的基础上，阐释了曾繁仁“中和论”美育思想对中国传统美育思想精华的传承与发展，并与西方的“和谐论”美育思想进行对比，阐发了“中和论”美育思想的独特性。第三章从创造性、科学性以及现实性三方面入手，以客观材料为依据，论证了曾繁仁“中和论”美育思想在理论和实践方面的重要意义，强调了曾繁仁先生深厚的美育理论修养以及丰富的教育实践经历对当代学术理论乃至社会发展的启示。三、王艳丽的硕士论文《曾繁仁生态美学思想哲学基础研究》（2011 年沈阳师范大学），在该文中，王艳丽认为，曾繁仁生态美学的哲学基础是在马克思主义实践存在论哲学的指导下，以海德格尔存在论美学观的概念、范畴为成分，立足于中国本土的文化资源而创立的一种新型美学形态，它突破了原来认识论主客体二元对立与“人类中心主义”的旧有模式，而且直接有效地克服了西方生态理论的唯心主义与神秘主义。因此，曾繁仁的生态美学思想为中国当下的美学研究走出困境提供了路径，而且极大地促进了生态文学的发展。

总结评论性研究主要有：一、赵奎英的《存在本体、生态视野与人文情怀——试论曾繁仁先生的存在论转向与生态存在论美学、美育研究》（《人文情怀 学术探求——纪念曾繁仁教授从教 45 周年》），该文认为，曾繁仁先生的美学研究涵盖美学文学基本原理、西方美学、文艺美学、审美教育、生态美学五个主要领域，曾先生在这些领域的研究，不仅代表了中国美学在几个不同阶段上所取得的一些重要成果，而且也反映出了曾先生30多年来在美学领域不懈探索的心路历程和思想轨迹。“曾先生对存在论美学产生的现实背景和学科依据进行了深入的剖析、对存在论美学的哲学基础和发展脉络进行了系统的梳理，在批判借鉴已有成果的基础上，对自己的‘当代存在论美学观’作了富有建设意义的理论创构，并把它有效地贯穿于自己对‘生态存在论美学’和‘审美教育’的研究之中。通过这些论著，我们不仅可以看到作者在一些美学理论问题上所作的深入思索和重要开拓，而且可以感受到一个有强烈使命感的知识分子在美学研究上所表现出来的深刻的人文关怀和生态忧思，所具有的不懈的探索精神和理论创新勇气，同时，它也为我们充分昭示了‘生态存在论美学’作为一种新的美学方向的可能前景和魅力。”①二、刘彦顺的《走向现代性与中国美育的深层建构——论曾繁仁先生的美育思想》(《求是学刊》2003年第3期)，该文从美育学科建构与中国新时期美育学的学术进程的角度，论述了曾繁仁先生在审美教育领域的理论建树，具体阐释了曾繁仁美育思想的三个维度：审美力概念的提出、审美教育现代性的建构和“致中和”的审美教育论，揭示了曾繁仁美育思想的存在论转向等。三、朱立元的《从“生态美学”到“生态存在论美学观”》，揭示了曾繁仁的“生态存在论美学观”进入当代学术视野的学术轨迹，详细阐发了这一美学理论形态的建构过程及其理论元素。四、王汶成的《大地之子与美学之思——解读曾

① 山东大学文艺美学研究中心编：《人文情怀　学术探求——纪念曾繁仁教授从教45周年》，河南人民出版社2011年版，第134页。

繁仁教授的新存在论美学观及新人文精神》(《人文杂志》2005 年第 3 期),该文论述了曾繁仁存在论美学思想的哲学基础和理论资源,高度评价了曾繁仁先生的人格魅力及其存在论美学思想的内涵。五、姚文放的《面向新世纪的美学理论体系——试论曾繁仁的存在论美学》[《深圳大学学报(人文社科版)》2005 年第 3 期],该文简述了曾繁仁美学思想的基本框架,探寻了曾繁仁美学的“存在论美学”红线。此外,总结评论性研究还有仪平策的《人文关切与审美之思——浅谈曾繁仁先生的美学研究》、王洪岳的《从生态存在论视阈来推进当代中国美学——浅论曾繁仁先生的生态存在论美学》、赵秀福的《人、审美、环境与审美生存——曾繁仁先生美学研究侧记》、薛扬的《致广大　尽精微——评曾繁仁先生的生态美学思想》、刘德林的《综合比较与学术创新——曾繁仁先生的美学之路与启示》(《人文情怀　学术探求——纪念曾繁仁教授从教 45 周年》)、单小曦的《从认识论到存在论的跨越与探寻——曾繁仁教授 30 年学术思想解读》(《社会科学战线》2009 年第 2 期)、朱志荣的《论曾繁仁先生的美育思想》[《华北水利水电学院学报(社科版)》2008 年第 4 期]、黄继刚的《生态家园的美学之思——简论曾繁仁的生态存在论美学观》[《新疆大学学报(哲学人文社会科学版)》2011 年第 5 期]、李雷的《生态家园的守望者——简论曾繁仁先生之“当代生态存在论美学观”》[《江汉大学学报(人文科学版)》2008 年第 6 期]、光言的《曾繁仁与当代美育理论的建构》(《光明日报》2001 年 5 月 22 日第 4 版)等。

概而言之,以上诸位学者对曾繁仁美学思想研究的成果为拙著的展开提供了良好的思路与启示,但对于动态周延的曾繁仁美学思想体系而言都有一些缺憾:第一,这些论文大多只对曾繁仁美学思想的某一方面进行述评,缺乏对其美学思想体系的整体把握;第二,大多数论文因篇幅所限,对曾繁仁美学思想只是概述,没有具体深入地论证其美学思想的内涵与外延;第三,这些论文大多专注于曾繁仁的美育思想和生态美学思想,对其文艺美学思想鲜有研究;第四,曾繁仁的生态美学思想体系还在发展之中,其最近出版的《生态美学导论》(商务印书馆 2010 年版)、《美育十五讲》(北京大学出版社 2012 年版),学界对之研究甚少。对于这么一个庞大的、处于发展之中的美学体系,如不从整体上把握实难探寻出其学术理路与深层意蕴。因此,本书拟结合曾繁仁最新研究成果,将其美学思想体系分成文艺美学论、审美教育论和生态美学论来进行研究,以图寻求这三者之间的内在建构关系,从整体上把握其美学思想的学理内核,同时将其美学思想放在中国当代美学学术进程中加以考察,以期总结中国新时期美学建构的经验教训,发挥曾繁仁美学思想在当代美学学术转型中的引领作用。

二 从新时期的美学学术转型看曾繁仁美学

众所周知,中国新时期美学是以西方美学的翻译和解读为开端的。在 20 世纪 80 年代初期的学术语境下,曾繁仁以开放的学术胸怀广泛研究西方美学理论,对柏拉图、亚里士多德、狄德罗、莱辛、康德、席勒、黑格尔、车尔尼雪夫斯基等西方美学家的思想进行了专题研究,撰写了一系列的论文与著作。这些论著运用历史唯物主义观点研究西方美学史，纠正了长期以来在西方美学研究中的极左思潮，提出了一些独创性的见解，并以美的感性与理性关系为线索，勾勒出了西方美学的发展脉络，积极推动了中国新时期美学理论的现代建构。

20 世纪 80 年代中期，随着中国改革开放历史进程的加速，社会语境的变化，大量新的艺术、审美与人生问题涌现了出来，前期的认识论美学体系已无法解释变化了的审美文化现实，因而转向现实、面对人生成了新时期中国美学研究的一种必然选择。在这种美学转型的当头，曾繁仁的美学研究视野从两个纬度展开，一为文艺美学，二为审美教育。文艺美学虽由胡经之教授率先提出，但曾繁仁先生是一个积极的参与者与推动者。如 1986 年，他参与全国高校文科教材《西方文艺理论名著教程》部分章节的编写；90 年代末期，曾繁仁任山东大学校长期间，积极筹备文艺美学研究中心的建立，使文艺美学的学科合法性得到了国家教学与科研机构的认同。曾繁仁在文艺美学研究方面的文章虽不是很多，但影响深远，如《试论文艺美学学科建设》一文直接为《文艺美学教程》奠定了基调，该教程已成为国家十一五高校规划教材，它极大地推动了文艺美学学科的建设与发展。在文艺美学论中，曾繁仁详细阐发了文艺美学的生成语境、学科定位、理论出发点、研究对象、研究方法和学科建设等问题，实现了美学与文艺学由本质论到经验论的转型。曾繁仁对文艺美学的研究贡献在于：其一，他恢复了美学学科应有的人文主义情怀，改变了以往美学研究中那种纯知识性学术探究的面孔，使美学成为一种关怀人生、服务社会的艺术；其二，他启发了新时期中国美学界对各种具体审美问题的探究热情,使各种部类美学研究兴起,使得新时期美学研究在内容上更为多样、丰富和饱满。

新时期以前,由于极左政治思潮的影响,中国美学研究总是热衷于探讨美的概念与范畴,严重脱离了社会人生。针对这种学术研究现状,新时期以来,曾繁仁积极从事审美教育研究,实现美学由思辨向人生的转型。在其一系列的美育论著中,他系统地论述了审美教育的基本理论问题,在美育的性质、意义、范围、与其他学科的关系以及研究方法、实施途径等方面,提出了一些富有创见的观点。《现代美育理论》是曾繁仁卸任山东大学校长以来的拱顶之作,该书从现代社会文化与哲学转型的高度探讨了现代美育的产生、发展与基本内涵。在美育的产生问题上,作者首次发现了席勒美育理论的存在论内涵,并比附了其与中国古代"中和论"美育思想的内在关联。在现代美育的理论指导方面,作者系统论述了马克思主义唯物实践存在论的"人学"内涵及其对现代美育建设的指导作用。在美育作用的问题上,作者突破了长期存在的"首位论"、"末位论"、"从属论"的争论,全面阐述了现代美育所具有的其他任何教育领域所不可能取代的"综合中介"作用。在美育的学科建设问题上,作者阐发了美育的"人文主义教育"内涵,强调了它的前沿性与现代意义,并尝试将现代脑科学、心理学的有关成果引入美育学科建设之中,为我国美育心理学研究突破瓶颈起到了范新作用。更为突出的是,作者在整理中西美育资源的基础上,创造性地提出了"中和美育论"思想,并详悉阐发了中国传统美育的当代价值,这对打破新时期以来的西学崇拜,坚定中国学者的文化信念起到了积极的作用。曾繁仁不仅是一个美育理论家，更是一个美育践行者，他在山东大学任职期间，积极推行审美教育，把自己的所研与所行结合起来。这一学术姿态极大地推动了中国当代美育理论的实践性转化，为美育理论的日趋成熟和应用起了积极的作用。

生态美学是曾繁仁新时期的又一美学理论创获。他虽接触生态美学较晚，但后来居上，2003 年结集出版的《生态存在论美学论稿》在学界影响巨大，奠定了他在生态美学方面的领军地位。近年来，生态美学虽然不时遭到学界的质疑，但其对工具理性及唯科技主义的警醒是功不可没的。新世纪以来，曾繁仁在中央科学发展观的指导下，围绕生态美学的中国特色问题进行了一系列新的思考与探索。在理论指导上，他坚持马克思主义生态观，特别是中国当代生态文明理论的指导，既适当吸收了西方当代生态理论的成果，又剔除了其中的“生态中心主义”思想观念，从而阐明了我国生态美学的核心指导思想——生态整体主义与生态人文主义；在理论形态上，曾繁仁倡导的生态美学与西方盛行的环境美学既具有重视美学中的自然生态纬度的一致性，同时又具有适合中国国情的特色性，它既大胆吸收了西方环境美学的成果，又着力借鉴了中国古代“天人合一”的生态智慧，具有明显的“中国气派”与“中国作风”；在理论特点上，曾繁仁的生态美学观具有紧密结合现实，阐释现实，改造现实的价值和力量，这既在很大程度上动摇了根深蒂固的“人类中心主义”，又改变了中国传统美学脱离现实人生的书斋化倾向。因此，曾繁仁的生态美学思想对当下中国美学的范型转化具有重要的指导作用，正如汝信在《转型期的中国美学——曾繁仁美学文集》中说："如何推动美学研究从传统走向现代，建立适应于新时代要求的中国现代美学，这是当前我国美学发展的一个关键问题。曾繁仁同志的著作在这方面作了可贵的探索，我相信一定会得到美学界的密切关注和高度评价。……因此我以为生态美学的提出是我国学术界的首创，正好弥补了生态研究的一个空白，无论是在理论上或是在实践上都是具有现实意义的。"①

三　曾繁仁美学的学理主脉：存在论美学

曾繁仁丝毫不隐讳自己前期研究成果的认识论倾向，正如他在《美学之思》导言中所指出："前期的理论探索着重在认识论范围，表现在自己对美与艺术本质的认识，对西方古典美学的研究，主要将美与艺术界定在对现实的艺术形象的反映的层面。"②但自 20 世纪 80 年代中期后，作者开始转向了存在论美学。其文艺美学论、美育论和生态美学论虽然涉足于不同的美学领域，但贯穿始终的依然是"存在论美学"。这正如姚文放所说："正是这一'存在论美学'的理念，像灵魂一样流注在曾繁仁新世纪在基础理论研究、西方美学研究、美育研究、生态美学等领域所从事的研究工作之中，使之表现出一种不甘停顿、与时俱进的可贵的学术品格，也确立了其站在国内学术

① 汝信：《转型期的中国美学——曾繁仁美学文集·序》，商务印书馆 2007 年版，第 1～3 页。

② 曾繁仁：《美学之思·自序》，山东大学出版社 2003 年版，第 2 页。

前沿,引领新世纪文艺学、美学发展的崇高地位。"[①]那么,在曾繁仁看来,何为"存在论美学"呢?他说:"这种美学理论针对当代社会现实,吸收中国实践美学与西方当代生态存在论哲学的有价值成分,对传统存在论美学加以改造。它是一种正在形成的新的美学理论形态。"[②]

从曾繁仁这一本体论界定和基本内涵可知,当代存在论美学的基本范畴是审美存在,"所谓'审美存在'是指人当下的存在状况,是关系中的存在,而非实体的存在。它包含了自然—社会—人整体协调的内容,是物质与精神、现实与理想、此岸与彼岸、世俗与诗意、科学与人文的二律背反,但又侧重于后者。正是通过'审美存在'将上述二律背反加上相对的协调统一。审美存在是当代存在论美学的基本出发点,同时也是审美的理想、艺术的本质特征。审美存在的内涵就是人的本真存在的遮蔽与解蔽。存在论美学是将真理界定为人的本真的存在,因而真理与美是同格的"[③]。那么,又如何实现人的审美存在呢?在曾繁仁看来,唯有审美活动方可实现。正是以审美活动为逻辑起点,曾繁仁突破了传统文艺本质论的局限,将文艺美学的研究对象界定为审美经验。在他看来,审美经验不是立足于对于对象的客观规律的知识性把握,而是立足于在世的现实的人的审美感受的建立。曾繁仁以审美经验作为文艺美学学科的出发点,不仅实现了美学与文艺学由认识论向存在论的转型,恢复了美学

---

① 姚文放:《面向新世纪的美学理论体系——试论曾繁仁的存在论美学》,载《深圳大学学报(人文社会科学版)》2005 年第 3 期。

② 曾繁仁:《美学之思》,山东大学出版社 2003 年版,第 182 页。

③ 曾繁仁:《美学之思》,山东大学出版社 2003 年版,第 197 页。

学科的本来面目，更重要的是从人的生存状态的角度关注了审美，追寻了此在的存在意义，体现了一种宽厚的人道主义精神。

审美教育是曾繁仁新时期以来用力尤深的一个研究领域，这既体现了其作为知识分子的高度学术自觉性，又体现了其学术理念的与时俱进。他说："当前，我们之所以十分重视审美与艺术教育论题，主要是因为审美与艺术教育已经成为世界各国文化教育界所共同关注的一个重大课题。那就是，面向新的世纪，人类应该审美的生存，我们应该将我们的后代培养成审美的生存的一代新人。"①正是以存在论美学为逻辑起点，曾繁仁的美育体系具有了新的时代内涵。这种新的时代内涵表现在，曾繁仁美育的根本任务不是培养专业艺术家，而是培养"生活艺术家"，其终极目标是要改变人类当下的非美生存状态。"生活艺术家"这一概念由曾繁仁从前苏联一位美育家那里引入，但他赋予了它以全新的时代内涵。在曾繁仁看来，"生活艺术家"是相对于专业艺术家而言的，他不仅具有健康的审美观念和创美能力，更具有和谐健康的审美态度。"生活艺术家"观点的提出，在当前科技主义和工具理性日益泛滥、生态环境日益恶化的情势下，具有强烈的现实针对性，它不仅是解决人类非美生存状态的有效措施，而且是培育新的社会理想的有效途径，表现了曾繁仁对人与自然和人之生存的终极关怀。曾繁仁的美育思想不仅具有人本的纬度，而且还包含着生态的内涵。

① 曾繁仁等：《现代美育理论》，河南人民出版社2006年版，第32页。

其在最新出版的《生态美学导论》中提出了“生态审美教育”的范畴，主张以马克思主义的唯物实践存在论为指导，以生态美学为教育内容，培养公民健康的生态审美态度和生态审美意识。“生态审美教育”范畴的提出不仅为审美教育理论的发展开拓了广阔的空间，而且把审美教育提到了美学的中心位置上，并让美学的价值与功能落在了坚实的大地之上。从这一范畴也可见出，曾繁仁在新世纪之所以将目光投向生态美学，绝不是天外落想，凭空而生的，而是其学术理路的一种必然延伸。这正如单小曦所说：“从这个意义上说，曾繁仁先生的美学转型并不是突然之间发生的，审美存在论的理路一直潜伏于他的理论体系之中，一旦现实条件成熟，它就可能浮出历史地表，构成催生其存在论美学的重要力量。”①

对于生态美学，目前有狭义和广义的两种理解，狭义的生态美学仅局限于人与自然环境的审美关系，而广义的生态美学则致力于解决人与自然、人与社会、人与自身的生态审美关系。曾繁仁所从事的是广义生态美学的研究，他在《生态存在论美学论稿》中对生态美学作了这样的界定：“生态美学实际上是一种在新时代经济与文化背景上产生的有关人类的崭新的存在观。这是一种人与自然社会达到动态平衡、和谐一致的处于生态审美状态的存在观。”②“生态存在论美学观”的提出，为生态美学的发展奠定坚实的哲学基础，它不仅呼应了当下哲学、美学

---

① 单小曦：《从认识论到存在论的跨越与探寻——曾繁仁教授30年学术思想解读》，载《社会科学战线》2009年第2期。

② 曾繁仁：《生态存在论美学论稿》，吉林人民出版社2003年版，第54页。

的存在论转向,而且为生态美学的出场提供了“合法性”依据。曾繁仁的“生态存在论美学观”直接受益于海德格尔的“天地神人四方游戏说”,但其目光并不停留于海德格尔的尝试性预言,而是结合中国乃至世界生态环境日益恶化的现实,构建了一个既有学术蕴涵又能指正现实的美学理论体系。

曾繁仁之所以能创设生态存在论美学,是因为他能在马克思主义实践存在论的指导下,兼收并蓄中西存在论美学智慧。具体说来,他吸收了中国儒家的“仁者爱人”、“生生为易”,道家的“道法自然”,佛家的“众生平等”等古典的生态智慧和西方环境美学、生态神学及海德格尔的生态审美观等。可贵的是,曾繁仁对中西美学智慧的研究并不停留在“发掘”层面上,而是在此基础上融会贯通,创造出内涵丰富、开放而又富有时代特色的美学体系。曾繁仁的生态存在论包含着丰富的内涵:其一,它包含着从认识论到存在论过渡的重要内容;其二,它包含着由人类中心主义到生态整体过渡的重要内容;其三,它包含着对自然部分“返魅”的重要内涵。具体而言,曾繁仁的生态美学是以生态系统的美为研究对象,以生态现象学为方法,以“生态审美本性”、“诗意地栖居”、“四方游戏说”、“家园意识”、“场所意识”、“参与美学”、“生态文艺学”、“生态审美教育”等为基本研究范畴的存在论美学观。这种存在论美学既包含了生态性与人文性的统一,又包含了生态性与审美性的统一。

四 曾繁仁美学的理论个性

其一,以马克思主义理论为指南。曾繁仁在其美学研究中,始终以马克思主义美学为理论依据,将意识形态性与学术性高度统一起来。比如,在文艺美学的研究对象问题上,作者坚持认为文艺的审美经验来自于社会实践;在美育的理论指导上,作者坚持马克思主义人学理论,以"自由"作为美育的基本内涵,以培养学会审美生存的一代新人为美育实施目标;在生态美学理论中,作者以马克思主义唯物实践观为指针,挖掘了马克思主义的生态元素。新中国成立以来,马克思主义理论在中国学术界诚然居于主导地位,但"文革"的阴霾使其基础地位受到了动摇。因此,在"文革"影响尚未消退之时,继承与发展马克思主义是难能可贵的。曾繁仁却做到了这一点,在其美育理论中,作者意识到了马克思主义人学理论对非理性因素的忽视,主张将西方当代哲学之中有关人的非理性思想吸收到马克思主义人学理论中来。在生态美学的论述中,作者一方面肯定了马克思主义生态观的价值特性,同时也指出了其历史局限性。"比如对空气和水,马克思认为只有在被人类利用时才有使用价值,这种观念也有待深化。事实证明,空气和水等自然资源并不是取之不尽用之不竭的。而且,它们不仅有其独特价值,同时也是有其承载限度的。"①

其二,始终渗透着强烈的人文主义精神。在曾繁仁美学体系中,人的存在是其关注的焦点。在文艺美学论中,他反拨了传统文艺学的认识论倾向,将人的审美经验作为文艺美学的研究对象,使文艺回归了学科本源,关怀了人的存在。在其美育论中,曾繁仁将审美力的培养作

① 曾繁仁:《生态美学导论》,商务印书馆2010年版,第132页。

为美育的出发点，并以此生发开去，最后落脚于人性的自由发展上。曾繁仁的生态美学论更是为了解决人的存在问题。正如他在《生态存在论美学论稿》序言中所说："生态美学问题归根结底是一个人类的生存问题。而且，生态美学问题还有更深层次的存在论美学缘由。那就是引起环境问题的短暂经济利益的追求，农药和化肥的生产使用乃至环境的大规模的改造、资源的采伐与获取等等，都是属于现象界的、在场的'存在者'，而我们恰恰就是要超越这些现象界的、在场的'存在者'，进入不在场的'存在'的层面，营造美好的精神家园，获得高层次的情感慰藉和精神升华。这就是一种审美的超越和升华，正是生态美学的本意与精髓。"[①]由此可见，曾繁仁的美学体系自始至终灌注着强烈的人文精神，其体系以人的自由和解放为出发点，最后归结到人的审美生存。

其三，中西合璧。曾繁仁早期以研究西方美学闻名于学界，先后出版有《西方美学简论》、《现代西方美学思潮》和《西方美学论纲》。可贵的是，作者在研究西方美学的过程中，并未沉溺于西方美学二元对立思维模式，而是将西方美学的理论精华内化为自己的学养，以此滋养其后的研究。在美育研究中，作者没有机械地套用西方的美育理论，而是把美育研究建立在对于中国文化、中国艺术精神与意蕴的深度阐发上。如在论述美育的作用与意义时，作者比附了西方的"和谐之美"与中国的"中和之美"。"中国古代的'中和之美'主张人类对自然和社会

---

① 曾繁仁：《生态存在论美学论稿·序》，吉林人民出版社 2003 年版，第 2 页。

持一种亲和态度,力主天与人、主观与客观、感性与理性、自然与人文的协调统一。而古代希腊的'和谐美'则主张人类对自然与社会持一种对立的态度,主体与客体、感性与理性分离,二元对立。"[①]故而在融合中西美育思想的基础上,曾繁仁创造性地提出了"和谐美育论"思想。在生态美学论中,作者并没有移植西方的环境美学,而是以中国古代的生态智慧为学术基点,以西方环境美学为资源,创建了具有中国气派的生态美学。曾繁仁的这一学术姿态,对于中国当下的美学学术范式更新与本土思想资源的"现代"开发极富启发性:其一,曾繁仁重视本土思想资源并非出自某种狭隘的民粹主义,而是为了真正找到与西方进行平等对话的根据,实现中国美学在世界美学格局中的学术推进作用;其二,作者阐发本土思想资源的"现代"价值,绝不是宣扬"民族本位主义",而是为了深入中国文化、中国美学和艺术的深厚历史,积极实现由历史资源向现代成果的形态转换。

其四,具有实践性品格。曾繁仁的美学思想不是书斋中的凭空想象,而是作者多年从事行政、教学、社会实践活动的总结。其美学思想既来自于实践,亦能指导实践活动。如在美育实施途径上,作者充分考虑了美育作为人文学科的内在矛盾性,主张在课程的开设、科学研究和学科建设要求方面,将其与其他知识性课程区别开来;在学科考评上,作者主张将定量和定性很好地结合起来,既考虑到开课、师资、条件、经费等硬指标,又考虑到审美

---

① 曾繁仁等:《现代美育理论》,河南人民出版社 2006 年版,第 269 页。

素养提高的效果这样更为重要的软指标;在美育课程考评上,作者主张改变知识性课程划一性测试方式,采取“情景化”个人性测试模式。除此之外,作者还论述了高校艺术教育的组织保障、课程设置、教材选用等问题。在生态美学方面,其城市生态建设观对当下的都市化进程亦具有指导意义,在《试论当代生态存在论审美观中的“家园意识”与城市休闲文化建设》一文中,论述了城市生态建设中的三个人本化原则:自然主义原则、“场所意识”的强化和地方经验的保留。由此可见,曾繁仁美学思想的实践品格时时着眼于文学艺术、教育实践及社会疾患,其理论始终把社会价值当做美学的合法性根据,从而使美学的价值与功能落到了实处。

第一编

曾繁仁文艺美学思想：经验存在论

第一章　文艺美学的学科生成与定位

一　文艺美学的生成语境：艺术的审美回归与学术民族化的自觉追求

西方美学自古希腊以来，初步形成了以柏拉图为代表的哲学美学和以亚里士多德为代表的艺术美学，前者以柏拉图有关美学的对话为典范，后者以亚里士多德的诗学理论为代表。然自近代以来，受黑格尔美学的影响，特别是受实证主义和历史主义思潮的冲击，西方哲学美学开始慢慢衰落，而艺术美学开始风行起来。新中国成立以来，我国美学深受前苏联僵化教条模式的影响，学界依旧热衷于抽象的形而上学的美学探究，而对具体文艺审美问题则关注不够。"在这种情况下，我国美学与文艺学研究必然要走上曲折的道路。学术研究中出现以哲学规律代替美学规律，以政治代替艺术的情形，艺术与艺术性的研究处于附庸的地位。美学的主要课题是美与审美孰先孰后，文艺学的主要课题是文艺的源泉等，而将作为审美物化形态的艺术及鲜活生动的审美经验放到极为从属的地位。同时将政治性与艺术性严重对立，从而提出'政治标准第一'的原则，各种文学史、艺术史及研究论著都在艺术作品研究中将思想内容与艺术形式截然分开。"[①]在这种学术语境下，胡经之先生提出了文艺美学的学科构想，

---

① 曾繁仁：《美学之思》，山东大学出版社 2003 年版，第 137 页。

曾繁仁先生积极响应,并从学理上为文艺美学的出场作了合法性论证。在曾繁仁看来,文艺美学的产生既是挣脱传统的主客二元对立的旧认识论美学的需要,也是我国新时期学术研究冲破旧的理论束缚的重要成果;文艺美学的产生是中国美学在新时期发扬光大与现实文学艺术发展的需要,也是学科自身的一种内在要求;文艺美学是全球化语境中中西文化交流对话的必然结果,又是中国学者对于学术民族化的自觉追求。

从建国后至新时期以前,我国文艺理论界占主导地位的文艺学形态是认识论文艺学,其主导文艺观念是文艺反映论和文艺意识形态论。"文艺反映论以唯物主义反映论作为主要的哲学基础,把文艺与生活之间的关系视为文艺学的根本问题,把文艺对现实生活的认识反映作为文艺的本质,同时,它也强调认识功能是文艺的主要社会功能。"[①]比如,以群主编的《文学的基本原理》中指出:"马克思列宁主义的反映论的基本原理,为我们正确地理解古往今来一切文学现象提供了一把钥匙";"文学、艺术和哲学、科学认识和反映的对象,从总的方面说来是共同的,都是客观的现实世界"。[②] 蔡依的《文学概论》也认为"文学是社会生活在人的头脑中反映的产物","反映社会生活是文学艺术和科学(这里指的是社会科学)所共同的",区别在于"它们反映社会生活的方式的不同","通过形象反映社会生活是文学的基本特征"。[③] 后来,由于阶级斗争的扩大化和对文艺政治性和党性原则的增强,文艺反映论慢慢演变成了根深蒂固的文艺意识形态论。所谓"文学是一种社会现象,是一种社会意识形态"[④]。不

---

① 曾繁仁主编:《中国文艺美学学术史》,长春出版社 2010 年版,第 12 页。

② 以群主编:《文学的基本原理(上册)》,上海文艺出版社 1964 年版,第 14 页、第 31 页。

③ 蔡仪主编:《文学概论》,人民文学出版社 1979 年版,第 17、18 页。

④ 蔡仪主编:《文学概论》,人民文学出版社 1979 年版,第 1 页。

管是文艺反映论还是文艺意识形态论在特定的时代语境中均具有历史的合理性，但确实也有忽略文艺的情感性和审美性的弊病，其在本质上还是一种认识论文艺学。“文革”结束后，出于对认识论文艺学的强力反拨，以钱中文、王元骧为代表的部分学者提出了“审美反映论”，审美反映论相对于反映论无疑是一个理论的进步。但它仍然没有突破认识论文艺学的模式，仍然把认识当做文艺的本质和主要功能，审美在其理论框架中只具有附属的意义。20 世纪 80 年代后期，以童庆炳为代表的部分学者提出了“审美意识形态论”，审美意识形态论相对于意识形态论无疑是一种历史的进步，具有重要的历史功绩。但这一提法也有着难以克服的理论困境：到底是审美还是意识形态是文艺的本质？二者之间的关系是怎样的？正是出于对“审美反映论”和“审美意识形态论”理论缺陷的超拔，文艺美学应运而生了。曾繁仁说：“文艺美学主要以美学的方法研究文艺，把文艺的审美属性、审美规律和审美功能作为主要研究对象，它不在审美与反映的关系、审美与意识形态关系等问题上做过多纠缠，但它也并不否认对这些问题的研究的学术价值。它也不否认文艺除了审美的属性和价值外还有其他属性和价值，但它把审美属性和审美价值视为主要属性和价值，并作为自身的研究重心。”[①]由此看来，文艺美学的产生对于纠正我国长期以来占据统治地位的认识论文艺学的偏颇，确实有着非常重要的意义。

文艺美学的产生还与我国新时期以来美学学科的学科转向密切相关。从建国至新时期之前，我国美学研究领域在日益政治化的背景之下展开了唯物主义与唯心主义的斗争，学界争论的主要话题是美的本质是主观的还是客观的，美学研究成为脱离具体审美经验、艺术经验和人生经验的玄谈。这样一种美学研究模式不但使美学研究

---

① 曾繁仁主编：《中国文艺美学学术史》，长春出版社 2010 年版，第 16 页。

逐渐丧失应有的学术自由，也使美学研究逐渐脱离现实生活基础。因此，“文革”结束后，出于对认识论美学和意识形态化美学的纠正，我国美学研究开始走出美学研究的玄思化和政治化，重视具体的审美经验和艺术经验的研究，逐渐转变成以文艺为研究中心的美学。“当美学研究的重点日益转向艺术，转向艺术的审美特征和具体规律时，美学就越来越‘文艺美学化’了，或者说，由哲学美学转变成文艺美学了。”①

当然，我国学者在新时期提出并创建文艺美学学科，也受到了当代国际学术研究日益走向学科交叉和融合的发展趋势的启发与影响。由于特殊的历史背景和学术背景，我国一直把美学与文艺学作为两个学科来研究。如国务院学位委员会办公室和教育部研究生工作办公室编辑的《授予博士硕士学位和培养研究生的学科专业简介》中，美学属于哲学的二级学科，而文艺学属于中国语言文学的二级学科。然而随着现代西方哲学的艺术学转向和西方现代文学的文本学转向和语言学转向的影响，文艺学和美学的界限变得日益模糊起来。由此可见，文艺美学的兴起，“不但适应了我国当代文艺学和美学两大学科的研究走向，也与当代世界的学术发展态势相一致”②。需要指出的是，文艺美学虽然同文艺学、艺术学与美学密切相关，但它既不是它们的分支学科，也不是它们的简单相加，而是三种学科交叉统一的新兴学科。曾繁仁说：“文艺美学学科的研究对象是具有美学属性的鲜活具体的艺术品，主要从美学的角度探索文本的结构、创作与接受的规律等。”③曾繁仁对文艺美学研究对象的界定，从根本上规范了文艺美学的研究内容与范畴，并指导了艺术创作的方向，它不仅从本体论的高度将艺术看做是人的生存方式和灵魂栖息之所，而且

---

① 曾繁仁主编：《中国文艺美学学术史》，长春出版社 2010 年版，第 21 页。

② 曾繁仁主编：《中国文艺美学学术史》，长春出版社 2010 年版，第 27 页。

③ 曾繁仁：《美学之思》，山东大学出版社 2003 版，第 142 页。

使新时期的艺术创作与接受回归了审美。

文艺美学学科的发展还是现实艺术发展的需要。当下，随着市场经济和大众传媒的发展，文艺作品愈来愈产业化与市场化。在这样的情况下，大量良莠不齐的文艺作品蜂拥而至，充斥着文艺市场。这一方面使文艺的受众对象较前扩大、文艺作品的影响力空前增大，但同时又导致了不健康艺术产品的普泛化。面对大众文化的挑战，“文艺美学学科的发展承担起在市场经济与信息时代的新形势下从审美的创造与接受的角度，探索通俗性与审美性、娱乐性与陶冶性的有机统一性等等问题。使得新时代的文学艺术在适应时代与大众文化消费需求的同时，提高作品的美学品位。在满足人们娱乐需要的同时，起到美化人生、培育青年一代健康的审美观的作用”①。

国内国际的学术背景只是为文艺美学的产生提供了可能的条件，真正促成这一学科的产生，还是我国当代学者自觉的理论创构。在当今经济与信息全球化时代，世界各国的文化交流和文化联系越来越密切，与此同时，世界各国也越来越意识到保持文化的本土性与民族特色的重要意义。正是在这样一种背景之下，我国当代学者日益意识到学术研究不能走完全西化的道路，应该自觉追求学术的民族化。所以，“文艺美学学科的提出与创立，就是我国当代学者在全球化语境中，对学术研究的现代性与民族性双重追求的结果。它既显示了我国学者对新时期以来的文艺现实和文艺学、美学困境的密切关注，也显示了我国学者对传统文艺美学资源的重视和有意识继承”②。曾繁仁先生博通古今，深谙中国古典美学诗性智慧与生态智慧，他以中国儒家的“位育中和”为学术视点，发现了“中和论美学思想”与西方“和谐论美学思想”不同，他说：“中国古代的‘中和之美’

---

① 曾繁仁：《美学之思》，山东大学出版社 2003 版，第 143 页。

② 曾繁仁主编：《中国文艺美学学术史》，长春出版社 2010 年版，第 31 页。

的内涵是反映了人自身的'性'与'情'、人与社会、人与自然之间宏观的协调关系,以'天人合一'作为其文化背景、哲学依据与美学理想。而希腊古代的'和谐之美'则局限于微观的个体自身,以具体的物质形式的对称、比例、秩序为其特征,以毕达哥拉斯作为世界本原的'数'作为其哲学依据。中国古代的'中和之美'侧重于社会,强调美与善的统一,主张'诗言志'、'美善相乐'、'温柔敦厚'。而希腊古代的'和谐美'所侧重的是客观自然,强调美与真的统一,主张'摹仿说'、'必然律'等。"①

曾繁仁发掘了中国传统美学与文论中经验方法论的价值。中国古代学术在"天人合一"哲学思维的影响,常立足于具体的文本或自然天象,采用经验描述的方法。这种经验的方法"不是以思辨哲学、社会学、心理学或语言学等现代科学为参照研究文艺,而是凭借'经验'把握对象;不是诉诸对象以纯思辨的理性分析,而是给对象以浑整的经验性感悟;不是用明晰的概念给文艺的本质和规律以确定性的界说,而是以经验的多义性展开形象的、直观的描述"②。诚然,从自然科学研究的方法来看,这种经验的研究方法无法对对象作出客观、精确的描述。但这种方法对文艺研究却具有其适用性。因为文艺本身就是主观性和客观性的统一,文艺的审美经验本身就富有流动性、变化性和生成性特点。然而,随着人类文艺实践的发展和学术研究的进展,这种研究方法不再具有普遍适用性了。曾繁仁批判地继承了这种研究方法。他说:"文艺美学研究并不排除自上而下的逻辑推演方法,但主要采取自下而上的研究方法,着重从具体作品的创作、文本与接受出发探寻其规律。同时,借助新时期比较流行的文化研究、心理学研究、原型研究的方法、比较的方法等。总之在方法上

---

① 曾繁仁等:《现代美育理论》,河南人民出版社 2006 年版,第 269 页。

② 赵宪章:《中国古代文论:文艺学经验方法的历史型态》,见谭好哲主编《从古典到现代——中国文艺美学的民族性问题》,齐鲁书社 2004 年版,第 201 ~ 202 页。

力争做到自上而下与自下而上相统一，以自下而上为主、同时兼取其它方法，做到具有更大的包容性。”①鉴于此，曾繁仁以中国古典的经验描述方法为基点，创造了审美经验现象学方法，这种方法尊重审美主体的意向建构性，使艺术审美真正发挥了提升人类生存境界的作用。

二　文艺美学的学科定位：新兴的边缘交叉学科

当下，关于文艺美学的学科定位与内涵，学界有不同的看法，大致有“分支说”、“交叉说”与“独立品格说”这几种。

“分支说”内部有两种不同的倾向。一种倾向认为，文艺美学是美学的下属分支学科。主要代表学者有周来祥、王元骧、陈炎、邢建昌等人。周来祥认为文艺美学“是美学的一个分支学科，它是整个美学学科辩证发展过程的一个中间环节”，“文艺美学是承美学而发展的，它要以美学的逻辑终点，作为自己的逻辑起点的，它要以美学揭示的一般的审美规律，作为自己的基础，去进一步研究艺术的特殊规律”。② 在他看来，文艺美学以艺术的一般规律为逻辑起点，以部门美学为其逻辑终点，文艺美学处于一般美学与部门美学之间，不能作为文艺学与美学之间的交叉学科，而只能作为“美学的中介学科和分支学科”③而存在。王元骧则把文艺美学视为“哲学美学的一个分支和子系统”，认为“文艺美学应该是介于美学与艺术理论之间的一门学科”。④ 陈炎在《文艺美学、文艺社会学、文艺心理学的学科分野》

---

① 曾繁仁：《中国文艺美学学科的产生及其发展》，载《文学评论》2001 年第 5 期。

② 周来祥：《文艺美学》，人民文学出版社 2003 年版，第 13 页。

③ 周来祥：《三论文艺美学的对象、范围和学科定位》，载《广西师范大学学报（哲学社会科学版）》2004 年第 3 期。

④ 王元骧：《“文艺美学”之我见》，见曾繁仁、谭好哲主编《学科定位与理论建构——文艺美学论文选》，齐鲁书社 2004 年版，第 97 页。

一文中也持有类似的观点，他也明确提出，文艺美学是“美学这一基础学科在文学艺术领域中所生发出来的一个分支学科”，它以美学的视角，采用概念设定、范畴演绎和体系建构的方法研究文艺的审美特征与美学规律。[①] 邢建昌在《文艺美学研究》一书中认为，文艺美学与美学不是简单的并列交叉关系，而是一种垂直关系，美学是文艺美学的“元理论”，文艺美学的学科定位，首先有赖于明确美学的学科定位。[②] 另一种倾向认为，文艺美学是文艺学的下属分支学科。持此种观点的学者主要以王一川为代表。王一川在《今日文艺美学的限度与开放》一文中指出：“文艺美学就是现行文艺学的一个分支学科，而不必硬扯到属于另一个一级学科的美学上去；而无论文艺学还是文艺美学虽然字面上都包含‘文学’与‘艺术’，实际上却是主要地指文学，也就是文学学和文学美学。……如此，文艺美学就是指文学这门艺术的美学研究。”他虽然将文艺美学定位为“文艺学或文学理论的一个分支”，但同时也承认文艺美学也是向艺术和美学视野敞开的，具有开放性，即文艺美学“是在艺术视野中研究文学审美的学科”。“文艺美学诚然被固定在文艺学(也就是文学学)学科格局内，但是，它在学科视野上却应有其开阔度：一是把文学当做一门艺术去研究，必然具有更宏阔的艺术视野，可以实现文学与其他艺术之间的相互比较、关联、渗透；二是由于标举了美学，这就有了更宽阔的美学视野，实现文学美学与其他艺术美学间的融会贯通。”[③]无论把文艺美学作为美学或文艺学的下属分支学科，都是建立在将文艺美学作为一个三级学科的前提之下，这无疑会在学理之上消解文艺美学学科自身的独立性。

---

① 陈炎：《文艺美学、文艺社会学、文艺心理学的学科分野》，见曾繁仁、谭好哲主编《学科定位与理论建构——文艺美学论文选》，齐鲁书社 2004 年版，第 124 页。

② 邢建昌：《文艺美学研究》，河北人民出版社 2006 年版，第 3 页。

③ 王一川：《今日文艺美学的限度与开放》，载《当代文坛》2006 年第 6 期。

“交叉说”认为文艺美学是美学与文艺学相互交叉的产物。持有这一观点的主要代表学者有谭好哲、杜书瀛、胡经之、冯宪光、马龙潜等人。谭好哲在《文艺美学的学科交叉性与综合性》一文中提出，我们应该把文艺美学看做是“美学研究也是文艺学研究的一种新的现代形态”，并认为仅从学科交叉的角度来看，文艺美学是在文艺学和美学这两个学科的知识背景上发展起来的新兴文艺研究学科，既依托文艺学的现代进展，又借助美学的理论世界。也就是说，“文艺美学在学科位置上主要应属于两个学科交叠、合流的部分”①，把文艺美学作为美学或文艺学的下属分支学科，从所谓“一般美学”和“一般文艺学”的逻辑预设出发对文艺美学的定位、性质及相关问题进行简单逻辑推演和学术克隆的做法是不可取的。杜书瀛在《文艺美学诞生在中国》一文中指出文艺美学介于美学和文艺学之间，既与美学相关又与文艺学相关；并且分别从美学和文艺学两个系统对文艺美学学科的交叉性进行了测定。② 胡经之在《发展文艺美学》一文中提出，文艺美学“不是传统的艺术哲学，也并非过去所说的文艺理论，而是和美学、文艺学相交叉的边缘学科”。③ 冯宪光则在《文艺美学是一门“间性”学科》中，借助于俄国理论家巴赫金的对话理论和文本间性理论将文艺美学理解为“文艺学与美学的对话性的理论构成”，将文艺美学表述为“一种涉足于文艺学和美学之间的间性理论”。④ 此外，马龙潜在《对文艺美学学科定位问题的思考》一文中则提出文

---

① 谭好哲：《文艺美学的学科交叉性与综合性》，见曾繁仁、谭好哲主编《学科定位与理论建构——文艺美学论文选》，齐鲁书社 2004 年版，第 114 页。

② 杜书瀛：《文艺美学诞生在中国》，见曾繁仁、谭好哲主编《学科定位与理论建构——文艺美学论文选》，齐鲁书社 2004 年版，第 19 页。

③ 胡经之：《发展文艺美学》，见曾繁仁、谭好哲主编《学科定位与理论建构——文艺美学论文选》，齐鲁书社 2004 年版，第 63 页。

④ 冯宪光：《文艺美学是一门“间性”学科》，见曾繁仁、谭好哲主编《学科定位与理论建构——文艺美学论文选》，齐鲁书社 2004 年版，第 143 页。

艺美学"集中体现了美学和文艺学内在的沟通性和关联性",是一门"横跨于美学和文艺学这两大学科之间的独立学科"。① 尽管这些学者的具体表述略有不同,但总的来说,他们都认为文艺美学既与美学相关又与文艺学相关,是文艺学与美学的交叉学科。

此外还有"研究视角说"。董学文指出:"'文艺美学'这四个字在逻辑上是有毛病的,在学科意义上是不存在的。"并接着从文艺美学研究对象的模糊和重叠,缺乏比较稳定、固定的概念群等原因分析了文艺美学不能成为学科的原因。在他看来,文艺美学只是一个研究视角、研究方向,充其量只能成为一个三级学科或四级学科。② 面对聚讼纷纭的论争,有的学者主张采用现象学的"悬置"方法,对文艺美学的学科问题"存而不论"。如仪平策在《回到艺术的审美实事本身——文艺美学定位理论批判》一文中便提出了"文艺美学学科定位在学理上是否绝对必要"的追问,还指出现在我们应当去做的就是从那些形而上的、纯然预设的话题中走出来,真正切实地"回到艺术的审美实事本身",因为"艺术的审美实事才是文艺美学所应回归的真正家园",③也正是艺术的审美实事规定了文艺美学的学术疆界。

曾繁仁扬弃了以上种种说法,提出了"独立品格"说,在他看来,文艺美学是在特定的历史文化背景下产生的一门新兴边缘交叉学科。"它既不是美学与文艺学的分支学科,也不是两者之间的中介学科,更不同于传统的艺术哲学,而是既同文艺学、美学、艺术学密切相

---

① 马龙潜:《对文艺美学学科定位问题的思考》,见曾繁仁、谭好哲主编《学科定位与理论建构——文艺美学论文选》,齐鲁书社 2004 年版,第 137 页。

② 董学文:《对文艺美学的质疑》,见教育部普通高校人文社会科学研究基地、山东大学文艺美学研究中心主编《文艺美学研究(第一辑)》,山东大学出版社 2002 年版,第 304 ~ 305 页。

③ 仪平策:《回到艺术的审美事实本身——文艺美学定位理论批判》,见教育部普通高校人文社会科学研究基地、山东大学文艺美学研究中心主编《文艺美学研究(第一辑)》,山东大学出版社 2002 年版,第 199 页。

关，但又同其有着质的区别的正在建构中的新兴学科，具有明显的建构性、交叉性、跨学科性和开放性。”[①]接着，他从文艺美学的内涵来论证其“独立品格”性：其一是新的视角。“传统的美学、文艺学与艺术学一般主要取哲学的视角，将美、文学与艺术的哲学与社会学本质作为研究的出发点。而文艺美学学科则将文艺的哲学与社会学本质的研究作为前提，将哲学、社会学的探讨放到学科基础的层面之上。作为学科本身则取美学的视角，对文学艺术进行全方位的美学的研究。”[②]即文艺美学超越了传统美学、文艺学研究中的纯理论探讨，面对着鲜活生动的文艺现实，立足于对具体文艺作品的审美解读。其二是新的方法。传统的美学、文艺学与艺术学主要采取自上而下的方法，而新兴的文艺美学主要采取自下而上的方法，但并不排除自上而下的逻辑推演方法。曾繁仁说：“文艺美学学科尽管面对具体的文学艺术事实，主要采取自下而上的方法，但并不排斥自上而下的方法。因为，任何学科的建设都离不开逻辑思辨，而人文精神探索与文化研究所涉及到的广泛社会层面又都是文艺美学学科发展所须臾难离的。”[③]其三是新的资源。新时期以来，我国美学与文艺学主要借助西方的理论资源与我国近百年的研究成果，这严重制约了我国文艺学的发展，而新兴的文艺美学学科则兼收并蓄古今中西的各种美学资源，尤其是当代的艺术成果。“文艺美学学科所使用的资源包括西方理论范畴、中国当代成果、中国古代美学与文艺学的优秀遗产以及各类部门艺术的成果。特别是当前具有广泛影响的电视文艺与网络文艺。”[④]其四是新的体系。即文艺美学不仅从历时性考察其古

---

① 曾繁仁：《转型期的中国美学——曾繁仁美学文集》，商务印书馆 2007 年版，第 37 页。

② 曾繁仁：《美学之思》，山东大学出版社 2003 年版，第 146 页。

③ 曾繁仁：《美学之思》，山东大学出版社 2003 年版，第 147 页。

④ 曾繁仁：《美学之思》，山东大学出版社 2003 年版，第 147 页。

代、现代与未来艺术的发展形态，而且从共时性考察文本、创作与接受中的不同表现等。其五是新的精神。文艺美学学科作为一门新兴学科，贯穿激荡着一种新的时代精神，这种时代精神是人文主义与科学主义、实践精神与中华民族精神的高度统一。

曾繁仁对文艺美学学科内涵的界定，不仅为该学科的成立提供了合法性依据，而且指明了该学科的发展路径。对于文艺美学的学科建设，曾繁仁认为要着重解决以下三个大的方面的问题：其一，在基本理论方面，着重探讨马克思主义及其美学、文艺学理论对文艺美学学科的指导作用；文艺美学的学科定位及其发展趋势；文艺美学与美学、文艺学、艺术学以及部门美学的关系；文艺美学的基本理论、范畴与体系建设。其二，在史的方面，着重探讨中国文艺美学的发展历程；中国古代文艺美学的现代价值；西方美学与文艺学思想对中国文艺美学学科建设的影响。其三，在实践方面着重探讨各艺术门类创作与接受实践同文艺美学学科建设的关系；文艺美学与中国当代文化产业及审美文化的关系；审美教育的当代意义及实践。①

① 曾繁仁：《美学之思》，山东大学出版社 2003 年版，第 149 页。

第二章　文艺美学的学科特性

一　文艺美学的学科属性:人文学科

长期以来,我国学界深受苏联季摩菲耶夫与毕达可夫认识论的影响,把所有学问分成自然科学与社会科学两大类。在这种大门类体制下,美学与文艺学就很自然地被划分到社会科学的领域之内。很显然,这种划分法抹杀了美学与文艺学的人文特性,是不科学的。曾繁仁说:“人文学科与社会科学是有着明显的区别的,人文学科是以人学理论为指导,以人性为研究对象,以人的灵魂铸造为其目的的,主要关注的是人的生存状态,属于存在论的范围。而社会科学则是以客观的社会现象为研究对象,以本质与规律的揭示为其目的的,属于认识论的范围。”①既然美学与文艺学是人文学科,那么,作为美学与文艺学交叉学科的文艺美学当然就是一门人文学科了。曾繁仁对文艺美学学科属性的判定,使该学科回归了学科本源,实现了由认识论到存在论的转变。这就说明,文艺美学作为人文学科,不能像社会科学那样价值无涉或价值中立,而应该有明显的价值诉求。一方面,文艺美学应该通过对美的艺术作品的研究与鉴赏,提高接受者的审美力与创美力;另一方面,文艺美学还应贯注着高尚的伦理价值诉求,表现出对人类生存的终极关怀。

---

① 曾繁仁:《转型期的中国美学——曾繁仁美学文集》,商务印书馆2007年版,第59页。

新时期以来，我们在以学科为基础的现代大学教育制度的影响下，在学科建设的层面上总是将文艺与美学作为一门社会科学来看待，这固然有学术语境的因素，但主要原因还在于，美学与文艺学作为人文学科面临一系列二律背反式的矛盾。这种矛盾表现在以下三个方面：首先是智性与非智性的矛盾，即美学与文艺学作为学科，它具有智性的特点，但按美学与文艺学的本性来讲，它们是一门情感教育课程，又具有非智性特点。其二，就是审美的个别性与共通性的矛盾，即其审美对象是个别性的，但其情感判断又具有共通性。其三，是界说与不可界说的矛盾。“美学与文艺学作为人文学科以人性与人文主义作为研究对象，实际上是以存在于空间与时间之中的‘在世’之人作为研究对象的，这就使其具有难以界说性，而其作为学科又应有着可界说性。”[①]那么如何解决这三对矛盾呢？曾繁仁认为，对于文艺学与美学中智性与非智性的矛盾，应该兼容知识性与情感性教育，在二者之间寻找一个适当的“度”；对于审美中个别性与共通性矛盾，则应该在马克思主义人学理论的指导下，以审美经验现象学中“主体间性”来解决；对于界说性与不可界说性之间的矛盾，则应该包容多元阐释而不必尊于一律。

华勒斯坦认为，任何学科“必须拥有一个有机的知识主体，各种独特的研究方法，一个对本研究领域的基本思想有着共识的学者群体”[②]。按照这一标准，文艺美学具备了新兴学科的要求：该学科具有以艺术的审美经验为基本出发点的理论体系、审美经验现象学的研究方法以及正在形成的学者群体。关于文艺美学的学科定位，学界众说纷纭：有人认为它是美学的分支学科，有人认为它是美学与文

---

① 曾繁仁：《转型期的中国美学——曾繁仁美学文集》，商务印书馆 2007 年版，第 65 页。

② ［美］华勒斯坦等著，刘健芝等编译：《学科·知识·权力》，生活·读书·新知三联书店 1999 年版，第 13 页。

艺学的中介学科,有人认为它是艺术哲学,更有甚者完全否定文艺美学学科存在的合理性与必要性。曾繁仁说:“文艺美学……既不是美学与文艺学的分支学科,也不是两者之间的中介学科,更不同于传统的艺术哲学,而是既同文艺学、美学、艺术学密切相关,但又同其有着质的区别的正在建构中的新兴学科,具有明显的建构性、交叉性、跨学科性和开放性。”①在曾繁仁看来,文艺美学的建构性不仅表现在该学科本身由众多美学工作者积极参与,还表现在这个学科正处于构建过程中;文艺美学的交叉性不仅表现在它跨越了美学、文艺学和艺术学,而且还跨越了教育学、心理学、社会学等学科;而文艺美学的开放性则表现在它是一门动态的、处于不断发展之中的人文学科。

二　文艺美学的研究对象:审美经验

任何一门学科都应有自己的研究对象,人文学科当然也不例外。《简明不列颠百科全书》在“人文学科”条目指出:“人文学科(humanities),学院或研究院设置的学科之一,特别在美国的综合性大学。人文学科是那些既非自然科学也非社会科学的学科总和。一般认为人文学科构成一种独特的知识,即关于人类价值和精神表现的人文主义的学科。”②也就是说,人文学科是以“人文主义”、“人的价值”和“人的精神”作为自己研究对象的。目前,学界对文艺美学的研究对象众说纷纭、异彩纷呈。周来祥先生认为,文艺美学应侧重于“艺术审美本质”的探讨,因为“艺术的审美本质是整个文艺美学理论体系的逻辑起点,不首先把艺术之所以为艺术的独特本质搞清

---

① 曾繁仁:《转型期的中国美学——曾繁仁美学文集》,商务印书馆 2007 年版,第 37 页。

② 《简明不列颠百科全书》第 6 卷,中国大百科全书出版社 1986 年版,第 760 页。

楚，其他问题就失去理论基础，整个理论体系就无从建立"[①]。胡经之先生认为，文艺美学的研究对象就是艺术的审美特性和创美规律，他说："文艺美学的研究重心，乃是放在文学艺术的审美特性和创美规律这一层面，兼及其他两个层面。"[②]陆贵山先生则认为，文艺美学的研究对象就是艺术美，他主张将艺术美的概念加以泛化，将艺术美放大为艺术审美。"文艺美学的研究对象是文艺审美活动的全方面和全过程，是文艺审美经验和审美意识的多样式和多形态。文艺美学不仅要研究'天人合一'和'主客统一'情境下所产生的艺术的优美，而且同样需要研究'天人分二'和'主客对立'情境下所产生的艺术的一切非优美的审美形态，如壮美、崇高、悲剧、喜剧、滑稽、荒诞、丑及其相关涉的异化、病态、畸形、黑暗、专横、强权龌龊、腐败现象等等。"[③]谭好哲在总结了周来祥、胡经之、杜书瀛几位专家学者对文艺美学研究对象的论述的基础上，指出"文艺美学应该是以从创作到作品再到接受这一艺术审美活动的完整过程和整体系统为研究对象，以揭示文学艺术的审美本质和审美规律。同时，由于艺术审美问题分为不同层次，自上而下，最抽象的是艺术的审美本质问题，然后是所有艺术审美活动共同的美学规律，再后是具体艺术活动和艺术形式特有的美学规律和审美特点，因而文艺美学对文艺审美问题的研究从理论抽象层次上分也是可以有不同程度和形态的"[④]。

与上述将整个艺术作为文艺美学的研究对象的观点不同，有的学者认为文艺美学的研究对象仅仅限于文学。如杜卫就认为，如果

① 周来祥：《文艺美学》，人民文学出版社 2003 年版，第 11 页。

② 胡经之：《发展文艺美学》，见曾繁仁、谭好哲主编《学科定位与理论建构——文艺美学论文选》，齐鲁书社 2004 年版，第 62 页。

③ 陆贵山：《开掘和拓展文艺美学的研究空间》，见曾繁仁、谭好哲主编《学科定位与理论建构——文艺美学论文选》，齐鲁书社 2004 年版，第 71 页。

④ 谭好哲、程相占主编：《现代视野中的文艺美学基本问题研究》，齐鲁书社 2003 年版，第 12 页。

将文艺美学学科的研究对象规定为整个艺术,那么,文艺美学将等同于艺术哲学,也就等同于美学。因此,“作为设置在汉语言文学系当中的文艺美学学科应该以文学为基本对象”①。既然是以文学为对象,那么,“文艺美学就理所当然地要从文学艺术层面进一步具体到文学层面,所以,单单讲文学是‘意识形态’或‘审美’或‘审美意识形态’都是不够的,因为它们都没有顾及文学的文体特征”。杜卫还指出“文学作为语言艺术是一种由话语组织以感性的方式呈现感性生命意义的文体,在这里,感性(审美)和话语是我们切入文学的两个基本要件,也是文艺美学切入文学研究的工作平台。所以,文艺美学的基本问题应该是‘审美话语’,或者说是作为审美话语的文学”。②

曾繁仁通过对文艺美学学科产生背景的思考,将文艺美学学科的研究对象确定为文学艺术的审美经验。并认为这个审美经验包含两个方面的内容:“一个是直接经验,就是审美者对文学艺术作品直接的审美经验,也可以说就是英国美学史家鲍桑葵所说的审美意识;另一方面的内容是间接经验,就是其他美学家和文艺鉴赏家对各种文学艺术作品的审美经验,这是属于他人的经验,特别是众多美学家的经验,具有很高的水平,也是非常重要的。”③曾繁仁的这一论断是建立在对世界和中国哲学—美学转型分析的基础上的。因为从19世纪后期开始,特别是20世纪以来,西方哲学与美学领域发生巨大的变化,这种变化表现在由思辨哲学到人生哲学,由对美的本质主义探讨到具体的审美经验研究的转型。诚如李斯特威尔在《近代美学

① 杜卫:《关于文艺美学的“学科定位”问题》,见教育部普通高校人文社会科学研究基地山东大学文艺美学研究中心编《文艺美学研究(第一辑)》,山东大学出版社2002年版,第134页。

② 杜卫:《关于文艺美学的“学科定位”问题》,见教育部普通高校人文社会科学研究基地、山东大学文艺美学研究中心编《文艺美学研究(第一辑)》,山东大学出版社2002年版,第135页。

③ 曾繁仁主编:《文艺美学教程》,高等教育出版社2005年版,第6页。

史评述》中所说："整个近代思想界，不管有多少派别，多少分歧，都至少有一点是共同的。这一点也使得近代的思想界鲜明地不同于它在上一个世纪的前驱。这一点就是近代思想界所采用的方法，因为这种方法不是从关于存在的最后本性的那种模糊的臆测出发，不是从形而上学的那种脆弱而又争论不休的某些假设出发，不是从任何种类的先天信仰出发，而是从人类实际的美感经验出发的，而美感经验又是从人类对艺术和自然的普遍欣赏中，从艺术家生动的创作活动中，以及从各种美的艺术和实用艺术长期而又变化多端的历史演变中表现出来。"①长期以来，我国美学与文艺学学科在传统认识论哲学的指导之下，将美学与文艺学的任务确定为对美与文艺本质的认识。这不仅抹杀了审美与文艺之情感与生命生存的特性，而且抹杀其作为人的存在的重要方式的基本特点。正因此，曾繁仁超拔了当代美学与文艺学的学科局限，以文学艺术的审美经验作为文艺美学学科的出发点。这一理论出发点既包含了审美与文艺的情感与生命体验特点，也包含了它的由"此在"走向"存在"之生命与历史之深意。这不仅是对传统的本质主义与认识论美学的反驳，也是向审美与文艺真正本源的一种回归。

曾繁仁把文艺美学的理论出发点确定为审美经验，还是为了促进文艺美学研究与当下生活现实和文艺现实的联系。众所周知，20世纪中期以来，以影视文化、文化产业为标志的大众文化方兴未艾。在这种文化语境下，审美与生活、艺术与商品、文化与文艺、欣赏与快感之间的界限变得模糊了起来。面对当下审美生活化和生活审美化的艺术发展趋向，曾繁仁说："审美的生活化与生活的审美化是两个紧密相联、统一为一体的部分，都是对资本主义工业文明以来艺术与

① ［英］李斯特威尔著，蒋孔阳译：《近代美学史评述》，上海译文出版社1980年版，第1页。

生活分裂、走向异化的严重问题的解决。”[1]在曾繁仁看来，所谓审美的生活化，实际上是解决艺术与生活相脱离、承认并正视审美所必然包含的快感内容与文艺所必然包含的生活内容，使艺术走向生活与万千大众，成为人们生存方式之一。而所谓生活的审美化，就是指审美经验不仅包含着原生态的生活和感性的生活，而且包含着崇高的、诗性的生活。他说：“如果说审美的生活化是一种回归，那么生活的审美化则是一种提升。没有回归与提升结合，那么真正的审美与文学艺术都将不复存在，而只有两者的统一才是审美与文学艺术要旨之所在。因为没有前者，审美与文艺必将脱离大众与当代文化现实，而没有后者则审美与文艺又不免陷于低俗与平庸。”[2]因此，只有以文学艺术的审美经验作为文艺美学学科的理论出发点，才能实现审美的生活化与生活的审美化的有机结合，并为文艺美学学科建设奠定坚实的基础。

以文学艺术的审美经验作为文艺美学学科的理论出发点也是为发挥中国传统美学的当代意义。据我国学者陈伟研究，中国美学自五四运动以来发生了某种程度的断裂。此前是传统形态的美学，此后则是受西方美学理论话语影响的现代美学。这两种美学形态尽管有所承接，但在理论内涵、话语范畴和精神实质上有着明显的区别。“传统的古典美学是和谐型的美学，在其中，主体与客体、感性与理性、现实与理想是和谐统一的，虽然它较多地偏向客体、理性和理想方面。而现代美学是对立崇高型的，在其中，主体与客体、感性与理性、现实与理想是对立的，并且于对立中更重主体、感性和现实的方

---

① 曾繁仁：《转型期的中国美学——曾繁仁美学文集》，商务印书馆2007年版，第45页。

② 曾繁仁：《转型期的中国美学——曾繁仁美学文集》，商务印书馆2007年版，第45页。

面。”[①]因此,中国传统美学的现代价值问题被严峻地提到我们面前。曾繁仁认为,中国传统美学虽没有西方美学那样借以反映审美与艺术本质的概念范畴,但具有十分丰富的内涵与价值。诸如中国传统“意境说”、“养气说”、“妙悟说”、“气韵说”,“品味说”与“性灵说”描述了审美主体的审美状态,传达了只可意会不可言传的生存体验,这是西方本质论美学所无法比拟的。因此,新时期的文艺美学如能以文艺的审美经验作为理论出发点,必将使中国传统的文艺理论遗产散发出新的时代魅力。

“经验”一词在世俗社会中含有实际性、过去性和积累性特点,而在英文中,“经验”(experience)一词源自希腊文的 empeiria,意指某种“尝试行为”(act of trying)。据韦伯词典的介绍,“经验”(experience)的意思主要包括以下八种:一、对事件的直接观察或参与,借以构成知识的基础;二、受直接观察或参与的影响,或者通过这种观察和影响而得到的事实、状况;三、由直接观察或参与到事件或具体行为当中而获得的知识和技能;四、参与到那种能获得知识、技能活动中的时间长度;五、构成个体生活的感觉事件;六、构成社会、民族或人类历史的感觉事件;七、亲身遭遇或经历过得事物;八、直接知觉事件或现实的行为或过程。由此可知,经验与感性范畴密切相关。

曾繁仁在阅读大量西方美学著作的基础上,以马克思主义唯物实践观为指导,运用审美经验现象学方法,阐述了“经验”的一个基本特征和九个关系。这一个基本特征就是艺术的审美经验是一种关系性与中介性内涵。而这九个关系表现在以下几个方面。

其一,经验与社会实践的关系。首先,文艺的审美经验来自于社会实践。“单纯从具体的审美过程来看,不一定能明确看出社会实践之基础作用,但若从总体上看,从社会存在决定社会意识的角度看,

---

① 陈伟:《中国现代美学思想史纲》,上海人民出版社 1993 年版,第 30 页。

审美经验的基础肯定是社会实践。”[①]很显然，曾繁仁这一思想观念深受马克思主义唯物实践观的启发。众所周知，马克思曾说过：“社会的人的感觉不同于非社会的人的感觉。只是由于人的本质的客观地展开的丰富性，主体的、人的感性的丰富性，如有音乐感的耳朵、能感受形式美的眼睛，总之，那些能成为人的享受的感觉，即确证自己是人的本质力量的感觉，才一部分发展起来，一部分产生出来。因为，不仅五官感觉，而且所谓精神感觉、实践感觉（意志、爱等等），一句话，人的感觉、感觉的人性，都只是由于它的对象的存在，由于人化的自然界，才产生出来的。五官感觉的形成是迄今为止全部世界历史的产物。”[②]这就是说，作为“人的感觉”一部分的审美感觉和审美经验是以往全部生产劳动发展史的产物。生产劳动创造了美，也创造了主体的审美感觉和审美经验。从哲学的彻底性来看，诚然是马克思主义的唯物实践论之社会实践观更能说清经验的来源与内涵。“但唯物实践观的理论指导与社会实践的基础地位仍是在理论前提的位置之上，而不能代替具体的审美经验。”[③]曾繁仁对审美经验与社会实践关系的认识，既避免了当代西方哲学的唯我主义，又避免了传统美学理论以哲学代美学、以普遍代特殊的弊端。

其二，经验与主体的关系。对于传统“主客二分”的艺术审美经验，当代美学家多有论述，且都以自己的审美经验论予以超越。如杜威的实用主义审美经验论，就是想通过对“生活经验”的强调来消解主客对立；阐释学美学的审美经验论强调读者审美经验对文本意义的生成作用；现象学美学主张对以往审美经验的“悬搁”来消融主客

---

① 曾繁仁：《转型期的中国美学——曾繁仁美学文集》，商务印书馆2007年版，第42页。

② 《马克思恩格斯全集》第3卷，人民出版社1995年版，第305页。

③ 曾繁仁：《转型期的中国美学——曾繁仁美学文集》，商务印书馆2007年版，第42页。

二分。曾繁仁认为,真正能从根本上超越传统主客对立思维方式的还是马克思的社会实践论。因为马克思所主张的社会实践是基于这样一个最基本的社会历史事实,这就是人“首先必须劳动,然后才能争取统治,从事政治、宗教和哲学等等”①。所以,马克思所说的社会实践活动是以物质资料的生产为基础的,是“自然界的人化”和“人的对象化”的根本意义上的统一,是实践主体与实践客体的根本意义上的融合,因而也是对主客对立思维方式的根本意义上的超越。因此,审美经验既不是纯主体之经验,也不是纯客体之经验,而是包含着消融了主客二分的经验。

其三,经验与想象的关系。毋庸置疑,文艺的审美经验之发生是通过艺术想象的途径实现的。“艺术想象犹如一个大熔炉,能将感性、知性、情感等等熔于一炉,最后形成完整的审美经验,并使审美者进入一种特有的审美生存的境界。”②在曾繁仁看来,无论是唯美主义的所谓完全超脱现实的“纯粹审美想象”,还是自然主义的所谓绝对照抄现实的“录像机式的想象”,还是弗洛伊德主义的源于性本能的“白日梦式的想象”,都是对审美想象的片面理解,而真正的审美想象则是通过感性去阐明意识经验或存在的意义。所以,审美想象是以感性为基础、以知性为主导、以情感为动力的想象;它是在一种特殊的审美情景(把审美对象与现实分开,并对审美对象采取一种“静观”的态度)中发生的,并且是为了一种特殊的审美目的(主要是创造可感可思的审美意象)而展开的想象。

其四,经验与表现的关系。经验与情感表现的关系一直是当代经验论美学研究的热点。克罗齐的“直觉表现说”就认为“直觉是表

---

① 《马克思恩格斯选集》第3卷,人民出版社1972年版,第41页。

② 曾繁仁:《转型期的中国美学——曾繁仁美学文集》,商务印书馆2007年版,第42~43页。

现,而且只是表现(没有多于表现的,却也没有少于表现的)”[①]。格式塔心理学家阿恩海姆认为:“不论是在我们自己的心灵中,还是在人与人之间的关系中;不论是在人类社会中,还是在自然现象中;都存在着这样一些基调。那诉诸于人的知觉的表现性,要想完成它自己的使命,就不能仅仅是我们自己感情的共鸣。我们必须认识到,那推动我们自己的情感活动起来的力,与那些作用于整个宇宙的普遍性的力,实际上是同一种力。只有这样去看问题,我们才能意识到自身在整个宇宙中所处的地位,以及这个整体的内在统一。”[②]杜威则认为情感与思想和意义都是不可分割的,艺术作品所表现的,并不是情感,而是带有情感的意义。曾繁仁认为,审美经验虽有着个体的、时代的、民族的和艺术门类的差异性,但在表达方式都倾向于表现,也只有通过表现,才能显示出审美经验的质的规定性。

其五,经验与快感的关系。经验论虽具有形而上的意蕴层,但还是建立在感觉与快感基础上的。当然,审美的快感决不同于动物式的本能快感,而是含有感官愉悦、心理愉悦和精神愉悦三个层次。“感官愉悦是指人们在审美活动中所获得的感觉器官上的舒适和愉快,这无疑属于浅层次上的审美快感。心理愉悦是指人们在审美活动中从艺术品的外在形态和造型上的特点深入到它所创造的独特的艺术世界时,人的想象力受到鼓舞,各种各样的情感也被调动和激发起来并在艺术的虚构世界中获得了充分的宣泄,从而使我们在日常生活中所形成的心理上的郁闷和紧张可能得到一定程度上的疏通和缓解,由此体验到一种如释重负般的心情舒畅感。而审美快感的最深的层次则是精神愉悦,是指人在从事审美活动时,由于受到审美对象中内含的崇高的思想境界和精神力量的感染,感到自己在文化素

---

① ［意］克罗齐著,朱光潜译:《美学原理》,外国文学出版社 1983 年版,第 18 页。

② ［美］鲁道夫·阿恩海姆著,滕守尧、朱疆源译:《艺术与视知觉》,中国社会科学出版社 1984 年版,第 625 页。

养、道德情操、审美情趣等方面有所提高和升华，从而获得一种精神上的充实和满足。”[①]也就是说，审美快感既不是单纯的感官愉悦，也不是单纯的精神愉悦，而是从感官愉悦到心理愉悦再到精神愉悦的一个逐层递进深化的感受过程。当前，随着大众文化的兴起与生态美学的勃兴，康德关于“判断先于快感”的审美铁律已不能解释日新月异的审美现象，曾繁仁吸收了叔本华、尼采、杜夫海纳、杜威美学的理论资源以及中国古典美学的生态智慧，将其调整为“判断与快感相伴”[②]。曾繁仁这一论断从根本上超越了德国古典美学身与心、感性与理性二元对立的思维局限，进一步彰显了审美的内在张力与魅力。

其六，经验与接受的关系。长期以来，文艺接受一直被看做是一种次要的和边缘性的活动，与文艺的本体存在几乎无关。但随着现代阐释学和接受美学的出现与传播，艺术接受的本体性意义终于得到了确证。曾繁仁认为，主体对艺术对象的感觉经验是文艺接受活动的起点，但所有的“经验”都是此时此地的，都是当下视阈与历史视阈、阐释者视阈与文本视阈的融合。在艺术接受过程中，艺术品作为经验对象，引发观赏者的艺术经验和审美经验，同时欣赏者在本次接受行为之前已经形成的艺术经验和审美经验也参与并影响着他对眼前的艺术对象的经验结果。因此，在某种程度上说，艺术经验伴随着艺术接受的始终。正如前苏联美学家鲍列夫所说：“艺术欣赏是艺术作品同艺术接受者之间的一种相互关系，这种关系取决于后者的主观特点和艺术篇章的客观属性，取决于艺术传统、社会舆论以及作者和欣赏主体同样依赖的语言符号的表义功能。所有这些因素都历史地决定于时代、环境和教养。欣赏的主观方面决定于欣赏者本人所固有的个人素质：才分、想象力、记忆力、个人经验、生活印象和艺术

---

① 曾繁仁主编：《文艺美学教程》，高等教育出版社2005年版，第35页。

② 曾繁仁：《是“判断先于快感”，还是“判断与快感相伴”？——新世纪重新阐释康德美学命题的意义》，载《文艺争鸣》2007年第11期。

印象的积累、理智与情感两方面的修养。接受者的艺术欣赏能力也取决于他个人的经历以及他从书中，从其他艺术中得到了哪些知识。后者可称作第二人生经验。”①

其七，经验论与心理学的关系。审美的经验论虽然包含许多心理学内容，但绝不等于心理学。“如果等同的话，文艺美学就将走向纯粹的科学主义，从而完全遮蔽了文艺美学特有的而且是十分重要的人文主义内涵。”②迄今为止，审美心理学研究方面取得了丰硕的成果，著名的有利普斯的“移情说”、谷鲁斯的“内摹仿说”、布洛的“审美距离说”、克罗齐的“直觉表现说”、弗洛伊德的“性本能冲动说”、荣格的“原始意象说”、朗格的“情感符号说”、杜夫海纳的“审美知觉说”、姚斯的“视界融合说”等等。在总结前人研究的基础上，曾繁仁认为审美经验的心理内涵主要涉及审美心理的发生条件、审美心理的构成要素、审美心理的运行机制等这样一些问题。在他看来，审美心理的发生条件取决于审美主体在进入审美活动之前所具有的一种审美态度，这种审美态度就是以静观的方式去观照对象，与审美对象融为一体的非功利态度。关于审美心理的运行过程，曾繁仁认为它包含有审美情感激发、审美能量释放和审美愉悦享受三个阶段。当然，“这只是一种理论上的划分，实际的情况要复杂得多，常常是三个阶段之间会出现交叉和重叠，并没有一个明确的时间次序。而且审美情感的激发要有审美主体对审美客体的审美知觉作为基础，而审美愉悦的程度也是与审美能量释放的大小成正比的”③。所以在承认审美经验所必须包含的心理学内容时，还更应承认其具有拓展

---

① ［苏］鲍列夫著，乔修业、常谢枫译：《美学》，中国文联出版公司1986年版，第318页。

② 曾繁仁：《转型期的中国美学——曾繁仁美学文集》，商务印书馆2007年版，第43页。

③ 曾繁仁主编：《文艺美学教程》，高等教育出版社2005年版，第34页。

到社会的、哲学的与伦理学的深广层面的功能。

其八，经验与真理的关系。关于审美经验的本体论意义，杜夫海纳曾在《审美经验现象学》一书讲道："艺术给予我们感知一个典型对象……时，它促使我们并训练我们去读解表现，去发现只有在感觉中才显示的气氛。它使我们感受情感的绝对经验。我们之所以能够读解现实的诸表现，是因为我们对审美对象这种超现实对象或前现实对象受过这种训练。所以艺术首先具有预备教育的功能。"①杜夫海纳在这里所说的"预备教育的功能"，就是指艺术审美可以提高我们对现实"真理"的理解和认识。曾繁仁认为，审美经验并不导向认知理性的提升，而是通过艺术想象实现对遮蔽之解蔽，走向真理敞开的澄明之境，从而达到人的"审美地生存"、"诗意地栖居"的境界。他说："审美经验、艺术想象、真理的敞开、诗意地栖居都是同格的。"②

其九，经验与对象的关系。传统美学常把审美对象界定为一种客观的实体、自然物与艺术品等等。曾繁仁认为，审美对象是意向性过程中的一种意识现象，即"审美对象只有在审美的过程中，面对具有审美知觉能力的人，并正在进行审美知觉活动时才能成立。它是一种关系中的存在，没有了审美活动就没有审美对象，但并不否认作品作为可能的审美对象而存在"③。的确，在任何艺术的审美活动中，审美对象（艺术作品）都不以纯然客体的方式存在，它只存在于具体的审美活动之中，存在于审美主体与审美客体相互遭遇、相互作用之时。法国美学家杜夫海纳曾从审美经验现象学的视角，阐述了审

① [法]米·杜夫海纳著，韩树站译：《审美经验现象学》，文化艺术出版社 1996 年版，第 584 ~ 585 页。

② 曾繁仁：《转型期的中国美学——曾繁仁美学文集》，商务印书馆 2007 年版，第 43 页。

③ 曾繁仁：《转型期的中国美学——曾繁仁美学文集》，商务印书馆 2007 年版，第 44 页。

美对象的特殊存在方式。他说:“审美对象和艺术作品的区别是:要有审美对象的显现,必须在艺术作品之上加上审美知觉。”[1]这就是说,“审美经验”的产生与“审美对象”的呈现是同时发生的,“审美经验”的产生就意味着“审美对象”的呈现,而“审美对象”的呈现也意味着“审美经验”的产生。“审美经验”与“审美对象”就像一张纸的两面,从主观方面看是“审美经验”,从客观方面看就是“审美对象”,它们是合而为一、不可分割的统一整体。正是在这个意义上,曾繁仁把审美经验看做是审美活动的基本事实,并将其确立为文艺美学研究的理论出发点。

三　文艺美学的研究方法:审美经验现象学方法

每一门独立的学科都有属于自己的研究方法,文艺美学自然也不例外。文艺美学自提出以来,就坚持以马克思主义理论为指导,辩证地看待中外历史上的各种理论研究方法,并不断继承和创新。新世纪以来,伴随着文艺美学研究对象的多样化,其研究方法也呈现出了多维视野的态势,大体可以分为以下几种:

一是以周来祥为代表,认为要全面本质地把握美学规律,只能采取马克思主义辩证思维的方法,即辩证唯物主义和历史唯物主义的方法。周来祥将辩证思维的最基本的特征归结为运用流动概念和流动范畴,认为“它是在概念和范畴的辩证运动过程中再现客观事物辩证发展的历史过程”,“辩证思维主要有分析与综合、归纳与演绎、抽象与具体、逻辑与历史等辩证统一的方法,而对于构造体系来说,最主要是抽象上升到具体、逻辑与历史相统一的方法”[2]。

二是以胡经之为代表,认为文艺美学自己的研究方法就是“从美

---

① [法]米·杜夫海纳著,韩树站译:《审美经验现象学》,文化艺术出版社 1996 年版,第 22 页。

② 周来祥:《文艺美学》,人民文学出版社 2003 年版,第 24、25 页。

学的观点来研究文学艺术，必须把审美体验、艺术感悟和理性分析、理论概括结合起来。从艺术现象的感性具体——知性抽象——理性具体的提升过程中，时常要唤起艺术现象的‘表象’，结合艺术实践来具体论述，最后作出整体把握”①。这与他把文艺美学的研究对象定位为“文学艺术的审美与创美规律”是一致的，在这里体现出的是一种自下而上的归纳总结式的研究方法。

三是陆贵山所提倡的综合研究，“选取从文与史、文与人、文与美和文自身的关系的视角进行综合研究。比较倾向于从哲学高度，运用史学观点、人学观点、美学观点和文本学观点对文艺进行宏观辩证的综合研究”②。这种综合研究实际上是对历史主义的文论学理系统、人本主义的文论学理系统、审美主义的文论学理系统和文本主义的文论学理系统进行宏观辩证的综合和创新，从史学的、人学的、美学的和文本学的多重学科角度来发掘文艺内部复杂的结构链和系统质。

四是王元骧提出的将美的哲学思考与艺术实践活动实际经验的具体分析结合起来的方法。王元骧认为文艺美学的研究方法应该把哲学—美学中纯属于演绎的、思辨的、自上而下的、“蜘蛛织网”式的方法转而向归纳的、经验的、自下而上的和“蜜蜂采蜜”式的方法开放。③ 也就是说，要将这两种方法结合起来，达到逻辑的与历史的有机的统一，才能使文艺美学的研究方法臻于完善。与此类似，谭好哲也提出了综合性与跨学科的研究方法。谭好哲认为文艺美学与一般

---

① 胡经之：《发展文艺美学》，见曾繁仁、谭好哲主编《学科定位与理论建构——文艺美学论文选》，齐鲁书社 2004 年版，第 62～63 页。

② 陆贵山：《文学研究的综合与创新》，见教育部普通高校人文社会科学研究基地、山东大学文艺美学研究中心编《文艺美学研究（第二辑）》，山东大学出版社 2003 年版，第 31 页。

③ 王元骧：《“文艺美学”之我见》，见曾繁仁、谭好哲主编《学科定位与理论建构——文艺美学论文选》，齐鲁书社 2003 年版，第 97 页。

的文学理论偏重于社会学、心理学及其他实证的、经验感悟式的研究方法不同，采取的是综合性和跨学科的研究方法，一方面实现“经验与理念、历史与逻辑的结合，达到归纳与演绎、分析与综合的统一”①，另一方面，“无论是传统美学、文艺学自上而下的哲学演绎方法，还是现代美学、文艺学大多采取的自下而上的实证式、经验式研究方法，无论是建立在审美体验基础上的文本分析方法，还是在诸多人文社会学科领域共用的社会学、心理学、文化学、原型分析、比较研究等方法，甚至从自然科学领域移植过来的系统论、控制论、信息论、传播学等研究方法，文艺美学研究都可以兼取与包容”②。

前已论述，曾繁仁主张以“审美经验”作为文艺美学的研究对象，与此相对应，他主张以审美经验现象学的方法来直接面对文艺审美经验本身。这种审美经验现象学的方法，完全不同于从抽象的本质或定义出发的传统研究方法，而是自下而上的研究方法与自上而下的研究方法的统一。即文艺美学研究既要直接面对文本和读者的审美经验本身，从中总结出一般性的文艺理论规范，又要借助共通性的文艺理论规范，使自己的研究贴近文艺现实，指导文艺向健康的方向发展。

文艺美学的产生是由文艺学与美学从外部研究到内部研究的转向而成，内部研究当然是其研究的重点，但曾繁仁并不排除外部的研究。他说：“从社会的角度，我们向来认为文学艺术不仅是审美的现象，而且是一种社会的现象，具有政治的、经济的、时代的等诸多社会属性。从意识形态的角度我们向来认为，文学艺术作为意识形态的一种，从一个特殊的侧面反映了社会政治与经济，乃至生产关系与生

---

① 谭好哲：《文艺美学的学科交叉性与综合性》，见曾繁仁、谭好哲主编《学科定位与理论建构——文艺美学论文选》，齐鲁书社2003年版，第118～119页。

② 谭好哲、程相占主编：《现代视野中的文艺美学基本问题研究》，齐鲁书社2003年版，第14～15页。

产力的诸多特性。而从文化的视角说,当前文化研究的方法已经成为文艺研究的最重要方法之一。诸如种族的、女权的、后殖民的、生态的、文化身份的崭新角度,的确能给文学艺术以崭新的阐释。但我们向来认为文化研究只不过是文艺研究的重要方法之一,而不是全部。”①由此可见,曾繁仁并不同意当前西方某些研究者以文化研究取代或取消文艺研究的做法,而主张运用审美经验现象学的方法。因此,文艺美学的研究“重点在历史的、当代的文艺的审美经验事实,包括作者自身的审美经验,主要以此为据提炼出理论的观点。当然也要借助当代流行的各种理论的概念和话语,但不为其所束缚,而以审美经验的事实为依据,对其进行必要的补充、充实、发展和突破”②。在曾繁仁看来,审美经验现象学方法具有如下四个特征:

第一,审美态度的改变性。即通过审美主体的审美态度将日常的生活经验改造为审美经验。这也就是波兰美学家罗曼·英伽登所说的“预备审美情绪”。例如,当我们开始面对巴黎罗浮宫美术馆所藏艺术精品雕像《米罗岛的维纳斯》时,会以日常经验的态度权衡其大理石的特性、质量和价值等,但当我们进入“预备审美情绪”时,就会中断对于周围物质世界的日常经验活动,进入一种精力空前集中的审美经验状态。第二,审美知觉的构成性。即审美对象作为一种关系中的存在,只有面对具有审美知觉能力的人,在主体的审美知觉过程中才能成立。比如雕像《米罗岛的维纳斯》放在艺术馆里,没人鉴赏它,它只是一种客观存在,它只能作为可能的审美对象而存在,而只有鉴赏者通过审美知觉对其进行观照时,维纳斯雕像才能成为审美对象。第三,审美想象的填补性。即主体的艺术想象可以填补文本的“未定域”,对文本的意义进行再创造,发现创作

① 曾繁仁主编:《文艺美学教程》,高等教育出版社2005年版,第15页。
② 曾繁仁主编:《文艺美学教程》,高等教育出版社2005年版,第15页。

者未曾意识到而文本本身又客观显示的意义。第四,审美价值的形上性。审美不是"价值无涉"或"价值中立",而是一种提升人的生存境界的特殊方式。

审美经验现象法是曾繁仁借鉴西方现象学独创的一种全新的审美方法,它既重视审美主体的感觉又包含尊重他者的"间性",既注重审美知觉又重视超越性"存在"的审美态度,它不仅使文艺美学的研究走上健康的发展之路,而且对当代的审美教育有着深刻的启示。需要指出的是,曾繁仁虽然推崇审美经验现象法,但并不认为它是唯一的文艺美学研究方法,他还推崇互动式的审美教育方法。他说:"我们不想采取传统的教化与灌输的方式,而是采取作者与读者(首先是学生)平等对话的方式。因为,我们的理论出发点是审美经验,经验既具有社会共通性,同时也具有明显的个人感悟性。……这就是一种新型的互动式的教与学,可能激起学生更大的学习主动性,充分调动其探索新问题的兴趣。"①

① 曾繁仁主编:《文艺美学教程》,高等教育出版社2005年版,第15页。

第三章　文艺学的学科建设

一　面对中西文论:去粗存精

新时期以来,中西文论一直处于碰撞与对话之中,在这种对话交流之中,我国文论虽有许多创获,但也遇到一系列十分尖锐的理论论争。这些理论论争大致说来表现在四个方面:首先是西方文论特别是西方现代文论的性质问题。众所周知,新中国成立以来,我国对西方文论,特别是对于西方现代文论,因其属于剥削阶级意识形态特别是资产阶级意识形态,我们对其是持否定态度的。面对这种偏激的文艺观,曾繁仁指出,政治哲学立场错误唯心并不意味着其美学文学理论没有价值。比如古希腊的柏拉图与德国古典美学家康德、黑格尔都持唯心主义立场,但其美学思想对中国文艺的发展产生过积极的影响;马克思主义文艺理论产生于德国帝国主义时期,但我们奉之为经典。“一定的文化形态都是一定社会的反映,当代资本主义的经济社会发展比我们先进,已经完成了现代化建设,历经了现代化的全过程,那就必然对于现代化过程中的一系列经济社会问题有其文化的与艺术的思考与反映。也许,这种思考与反映是扭曲的,但其毕竟是进行了反映,也就因此对于我们这些后发展国家有其极为重要的参照价值。”①我国著名文艺理论家朱立元在评价西方现代美学时也

---

① 曾繁仁:《转型期的中国美学——曾繁仁美学文集》,商务印书馆 2007 年版,第 68 ~69 页。

指出:“把现代西方美学放在整个现代西方科学文化发展的总背景上审视,从人类历史与文化进步的总趋向来衡量,那么,应当承认现代西方美学‘离经叛道’的反传统倾向,它的许多别出心裁的新花样,它的‘百家争鸣’、频繁更替,并不能简单地斥之为‘堕落’与‘倒退’,而恰恰应当看成是对传统美学的超越与推进,是美学科学的巨大历史进步。”[①]由此可见,西方现代文论并不全是糟粕,而是先进性与没落性、创新性与荒谬性共存的。

其次,是西方现代文论与我国社会现实的“时空错位”问题。西方现代文论是西方现代与后现代社会的产物,而我国当前正处于现代化过程之中,不仅存在着现代的生活文化状况,而且存在着大量的前现代生活文化状况。但这并不意味着,西方文论在中国当下没有实际运用价值,因为“文论精神与时代精神,既有一致性,又有矛盾性。前者是指一个时代的文论精神受时代精神的制约,是时代精神的一种体现,后者是指文论精神对时代精神的有限背离或反叛。”[②]因此,“我们的确应该紧密结合中国的现实与语境来借鉴和引进西方文论,特别是西方后现代文论”[③]。当然,曾繁仁也认识到了西方后现代文论中“解构性”与“建构性”并存的状况。对于解构的后现代,他是反对的;但对建构的后现代,他是认同的,因为在他看来,建构的后现代可以反思超越现代性的负面影响,对中国当下的文化建设具有积极的作用。这诚如大卫·雷·格里芬在《后现代科学》中所说:“我的出发点是:中国可以通过了解西方世界所做的错事,避免现代

① 朱立元主编:《现代西方美学史》,上海文艺出版社1996年版,第1051页。

② 杨从荣:《西方文论教学的当代性初探》,载《重庆师院学报(哲社版)》1994年第3期。

③ 曾繁仁:《转型期的中国美学——曾繁仁美学文集》,商务印书馆2007年版,第70页。

化带来的破坏性影响。这样做的话,中国实际是‘后现代化’了。”[①]因此,解决“时空错位”的重要途径就是借鉴引进都必须从中国的现实语境出发,而绝对不能脱离现实地照搬。

其三,中国传统文论的话语转型问题。新时期以来,西方文论术语、概念、范畴如潮水般地涌向中国,这一方面促进了中国文论的现代建构,但同时也如某些学者所言:“一旦离开了西方文论话语,就几乎没办法说话,活生生一个学术‘哑巴’”,而解决的途径则是“重建中国文论话语系统”。[②] 这种“失语症”的提出诚然关注了中华民族古典文论的价值,有其文化本位的立场,但没有顾及到中国当代文论的现实。因为“我国新时期的文论建设不是以古代文论为其出发点,而是以现代文论为其出发点的,新时期对于西方文论的引进是在现代文论基础之上的引进与融合。当代文论建设中的确存在‘食洋不化’的问题,但从总体上看这只是一个过程,是发展中的某种现象,不能提到‘失语’症的高度认识。而推倒现代文论,‘重建中国文论话语系统’,既是完全没有可能的,也是不现实的”[③]。与“失语症”的讨论相继,20 世纪 90 年代中期,我国文论界开展了“中国古代文论现代转换”的学术讨论。有的论者认为,古今文论是“宿命的对立”,根本无法转换;有的论者则试图对中国古代文论整体范畴进行现代转换。曾繁仁认为这两种看法都有其偏颇之处,他说:“所谓古今文论‘宿命的对立’,其实质是完全否定了人类文化所具有的某种共通性和历史继承性。而中国古代文论范畴的‘整体转换’也完全没有正视‘五四’以来我国新文化运动整体上对于古代文化的超越,而倒退到

---

① [美]大卫·格里芬编,马季方译:《后现代科学——科学魅力的再现》,中央编译出版社 2004 年版,第 13 页。

② 曹顺庆:《文论失语症与文化病态》,载《文艺争鸣》1996 第 2 期。

③ 曾繁仁:《转型期的中国美学——曾繁仁美学文集》,商务印书馆 2007 年版,第 71 页。

过去是完全没有可能的。”[①]在曾繁仁看来，中国古代文论范畴局部转化并非没有可能性，他举例说，王国维对“境界说”的运用，我国当代学者对“意境说”的改造，海外华人学者对“感通说”的发展等都是古代文论转换的成功范例。当然，中国古代文论的现代转化不能仅仅局限于范畴的转换，而应对蕴涵在古代文论之中的中国哲学与艺术精神进行现代转换。他举例说，海德格尔借鉴了中国古代“天人合一”的思想，创造性地提出“天、地、人、神四方游戏说”；法籍犹太画家莱布·布兰斯维格借鉴中国古代的“诗言志”理论和北宋米芾的画论，创造了一幅控诉纳粹大屠杀的拼贴画等等，都是成功的典范。尤为可贵的是，曾繁仁没有空谈中国古典文论的现代转型，而是以自己的实证研究作了表率，他所倡导的生态美学就是站在中国古典文论的基点上，吸取中国传统艺术精神而作的一次成功的转型。

其四，文论话语的全球化与本土化问题。全球化与本土化是一对矛盾的范畴，也是当今学界争论的焦点。有的学者认为，经济文化全球化必然泯灭本土化与民族化，而有的学者则认为，经济文化的本土化与民族化只会使世界经济文化日益走向多元，走向繁荣。面对针锋相对的争论，曾繁仁较赞同鲁迅的观点，“现在的文学也一样，有地方色彩的，倒容易成为世界的，即为别国所注意。打出世界上去，即于中国之活动有利”[②]。因此，他主张把“开放吸收”和“以我为主”结合起来，以积极主动的态度参与世界文论的交流对话。他说：“这里的关键是处理好全球化与民族化的关系。一方面，我们应以积极的态度迎接因经济全球化所带来的文化与文论加速交流的新的形势，因势利导促进中西文论交流，加速我国文论发展。同时，我们也

---

① 曾繁仁：《转型期的中国美学——曾繁仁美学文集》，商务印书馆2007年版，第71页。

② 鲁迅：《致陈烟桥》，见《鲁迅全集》第13卷，人民文学出版社2005年版，第81页。

应进一步增强民族的文化自觉，加速我国当代文论民族化的进程，在现有基础上建设具有中国风格的当代文论话语和文论精神。”①

二　建设新文论的方法：综合比较

对于当代文论的建设，曾繁仁认为应该在既有研究成果的基础上，坚持并发展综合比较的方法和道路。他指出：“新时期的综合比较也告诉我们一条最基本的经验，那就是必须在马克思主义的指导之下，具体地说就是在新时期‘解放思想，实事求是’这一马克思主义思想路线的指导之下，这样我们才能明确方向，破除障碍，大胆吸收与创造。同时，我们还应贯彻这一思想路线中十分可贵的与时俱进的精神，不断以文学艺术的新的经验和新的成果补充到马克思主义文艺理论之中。”②在曾繁仁看来，我国当代文论的建设，只有坚持马克思主义理论的指导，才会具有更加明确的方向和扎实的根基，才会更有效地吸收消化西方文论的营养。在总结新时期 30 年文论建设经验的基础上，曾繁仁指出我国当代文论的建设应更多地立足于建构，而不是西方文论的简单移植。他举例说：“‘新理性精神’的提出，就既吸收西方当代人文精神理论、对话理论，又努力结合中国当代现实，是一种新的文论建构的努力；文化诗学理论，既吸收西方当代文化理论，同时又注重我国传统诗学精神，将两者加以融合；当代生态存在论文艺学与美学理论，则既吸收西方现代生态哲学、环境美学与生态批评理论，同时又吸收中国传统儒道‘天人合一’思想，并紧密结合中国当代现实，也是一种中西与当代融合的尝试；文艺美学理论是改革开放初期即已提出并不断有所发展的文论形态，既吸收西

① 曾繁仁：《转型期的中国美学——曾繁仁美学文集》，商务印书馆 2007 年版，第 72 页。

② 曾繁仁：《转型期的中国美学——曾繁仁美学文集》，商务印书馆 2007 年版，第 80 页。

方当代文论内部研究与审美研究成果，又与我国古代诗论、画论与书论等理论成果相结合，是一种有生命力的中国当代文论话语；当代批评理论是将西方当代文本批评理论与中国古代批评理论结合的尝试。”①

中国新时期文论建设除坚持马克思主义指导之外，还必须紧密结合中国的实际。当下，我国面临着社会文化转型的形势：“从社会的角度说，当前所面临的是从传统的计划经济到社会主义市场经济、由农业社会到工业社会与后工业的信息社会以及由乡村状态到大幅度城市化的转变。而从文化的角度说，则是从印刷的纸质文化到电子与网络文化、由知识阶层的精英文化到受众空前的大众文化、由文化的封闭到全方位开放的转变。而对文艺学学科来说更为重要的是当代出现的哲学理论形态的转型，即哲学领域由古典形态到现代形态的转型，表现为由主客二分到有机整体、由认识论到存在论、由人类中心到生态整体、由欧洲中心到多元平等对话的转变等等。”②为此，曾繁仁建言以科学发展观为指针，从构建和谐社会的理论中吸取营养，来完成我国文艺学的现代转型，以适应日益发展的新的社会与审美现实的需要。

其三，我国的文艺学建设还必须回归人文，坚持价值判断功能。在曾繁仁看来，文艺学作为人文学科并不能停留于对文艺本质特征与审美规律的探求，而应该以人性的研究为宗旨，从多侧面的维度去描述人的审美经验，并通过这种描述来揭示人的审美生存状态。新时期以来，我国一方面以其空前规模的市场化、工业化与城市化使人们的生活越来越美化，但另一方面，又由此造成了金钱拜物、工具理

---

① 曾繁仁：《转型期的中国美学——曾繁仁美学文集》，商务印书馆2007年版，第81页。

② 曾繁仁：《当代社会文化转型与文艺学学科建设》，载《文学评论》2004年第2期。

性盛行、人的心理危机加剧等人们精神状态的非美化。这种社会文化领域中美与非美并存的现象,为文艺学学科的发展提出了新的时代课题。那么,文艺学该如何发挥价值判断功能,持守人文学科的责任呢?曾繁仁说:“首先是审美的价值取向,分清美与丑的界限。这是文艺理论学科特性之所在,其它的价值判断都寓于审美的价值取向之中。它们包括道德的价值取向,旨在分清善与恶的界限;再就是意识形态方面的价值取向,旨在分清是否有利于人民的界限。最后是对于人类前途命运的价值取向,包含对于人类前途命运终极关怀的内容。这些恰是文艺学的当代价值之所在。”①

① 曾繁仁:《转型期的中国美学——曾繁仁美学文集》,商务印书馆2007年版,第85页。

第一编

曾繁仁美育思想：人生存在论

第一章　曾繁仁美育思想的理论来源

任何一种思想的形成，不仅是一种社会存在的反映，而且它还必须建立在前人思想成果的基础之上。正是在变动不居的现实性与理论的连续性中，人类的思想长河才源源不断。曾繁仁的美育思想形成于20世纪90年代，其时中国社会正处于从计划经济向市场经济的转变过程中，人们的思想行为、价值观念也处于转变时期，健康审美力的培养与健全人格的塑造成了社会主义精神文明建设的重要内容，而此时中国的学术正处于一个丰收期，各种外来的学术思潮纷纷被介绍到中国来。正此风云际会之时，曾繁仁广泛吸收西方美学思想的精华，从自己的学术背景与时代需要出发，博采众家之长，开拓性地建构了自己的审美教育思想。曾繁仁美育思想的理论来源是多方面的，大而言之，一为“西学”，二为“国学”。“西学”为西方古代的“和谐论”美育思想、西方现代美学的“美育转向”、西方现代教育中的美育，而“国学”主要指中国古代“中和论”美育思想，中国近现代美育家梁启超、王国维、蔡元培、朱光潜、丰子恺的美育思想等。

一　西方古代“和谐论”美育思想

“和谐”是西方美学的审美指归，早在德谟克利特时代，西方人就把“美”视为数的和谐。德国美学家温克尔曼所说的“高贵的单纯和静穆的伟大”，黑格尔所说的“内容和完全适合内容的形式达到独立完整的统一，因而形成一种自由的整体”，指的均是一种和谐美。在曾繁仁看来，这种“和谐美”具体表现为理念与形式的统一，其形式美的内涵则可归结为“对称、比例、黄金分割”等，而雕塑为其最典范的艺术形式。

柏拉图是古希腊最著名的哲学家与美学家，其哲学观念与美学理论为西方文化的重要源头之一。在中国学者看来，柏拉图是古希腊贵族阶级的代表，其美育思想是为了培养城邦的保护者，从根本上说是为贵族阶级服务的。但曾繁仁从其美育理论中发现了两个十分有价值的观点。其一是幼儿教育论，“一切事是开头最关重要，尤其是对于年幼的，你明白吧？因为在年幼的时候，性格正在形成，任何印象都留下深刻的影响”①。其二为自然美育论，“我们不是应该寻找一些有本领的艺术家，把自然的优美方面描绘出来，使我们的青年们像住在风和日暖的地带一样，四围一切都对健康有益，天天耳濡目染于优美的作品，像从一种清幽境界呼吸一阵清风，来呼吸它们的好影响，使他们不知不觉地从小就培养起对美的爱好，并且培养起融美于心灵的习惯吗?”②柏拉图的这两种美育思想对曾繁仁美育思想的发展影响很大。前者使曾繁仁先生在任山东省教委主任时十分重视中小学美育的实施，而后者则使他后来明确提出了生态美育思想。

对于悲剧的作用，亚里士多德提出了著名的“陶冶”说，即“Katharsis”（卡塔西斯）。学界对其含义自古以来就有争论，我国学者也有不同看法：一种是将“卡塔西斯”解释为宗教中的“净化”，即通过悲剧的怜悯与恐惧来净化其中的痛苦、利己、凶杀等坏的因素；第二种是将“卡塔西斯”解释为医学中的“宣泄”，即通过悲剧的怜悯与痛苦使其中过分强烈的情绪因宣泄而达到平衡，因此恢复和保持

---

① ［古希腊］柏拉图著，朱光潜译：《柏拉图文艺对话集》，人民文学出版社 1978 年版，第 22 页。

② ［古希腊］柏拉图著，朱光潜译：《柏拉图文艺对话集》，人民文学出版社 1978 年版，第 50 页。

住心理的健康；第三种是将“卡塔西斯”解释为“陶冶”，认为“悲剧使人养成适当的怜悯与恐惧之情”。曾繁仁比较赞同“陶冶”说。正因艺术具有“陶冶”人性情之功能，艺术品是实施美育的最好教材，曾繁仁说：“艺术品的形象性与情感性的高度统一的特点，决定了艺术教育所产生的这种肯定性的情感激动必然是极其强烈的，具有一种动人心魄的神奇的魔力和巨大的感染力量。”①

贺拉斯的美育思想主要体现在“寓教于乐”上。即娱乐是手段，教化才是目的。贺氏认为，“神的旨意是通过诗歌传达的；诗歌也指示了生活的道路”。诗歌的作用是，“划分敬渎，禁止淫乱，制定夫妇礼法，建立邦国，铭法于木……激发了人们的雄心奔赴战场”。② 曾繁仁吸取了贺拉斯的理论精华，认为艺术教育是娱乐与教育的直接统一，它具有不同于政治教育的优点。他说：“文艺的教育作用是以娱乐的形式出现的，没有娱乐就没有艺术的教育，也没有艺术的欣赏。”③审美虽然是一种享乐，但又不是一般意义上的享乐，而是一种高级的精神性的享乐，在这种“享乐”中包含着深厚的伦理道德的因素。因此，艺术教育尽管以娱乐性为其特点，但绝不是单纯的娱乐，而是在娱乐中渗透着理性，包含着教育。曾繁仁将艺术的这种作用称为感情的“偷袭”。他说：“在艺术教育中，受教育者常常是不知不觉地被艺术形象所征服，从而当了它的‘俘虏’。”④

让·雅克·卢梭是法国启蒙运动中著名的作家、思想家，其教育小说《爱弥儿》针对当时法国的封建专制统治及其对人的自然本性的戕害，虚构了主人公“我”对孤儿爱弥儿在大自然中按照自然的法则

---

① 曾繁仁：《现代美育理论》，河南人民出版社 2006 年版，第 94 页。

② ［古罗马］贺拉斯著，杨周翰译：《诗艺》，人民文学出版社 1982 年版，第 158 页。

③ 曾繁仁：《美育十五讲》，北京大学出版社 2012 年版，第 112 页。

④ 曾繁仁：《美育十五讲》，北京大学出版社 2012 年版，第 114 页。

进行教育的过程,针锋相对地提出了一种相异于贵族“文明”教育的“自然教育”。卢梭的“自然教育”思想表现在四个方面:第一,批判文明,崇尚自然。卢梭在小说中塑造了爱弥儿的自然秉性。“再没有哪一个人能够比爱弥儿更得体地按照自然的秩序和良好的社会的秩序而对人表示其尊敬了;不过,他始终是先按自然的秩序而后按社会的秩序去尊敬人的;他对一个比他年长的平民,比对一个跟他同年的官员更尊敬。”①不难看出,卢梭对“自然状态”、“自然美”的倡导,突破了西方的“艺术中心论”,开拓了绵延已久的自然文学与自然美学。第二是批判文明人,培养“自然人”。在卢梭看来,所谓“自然人”(乡村人)是将古代的忠诚、勇敢道义等“自然的感情保持在第一位的人”,而“文明人”(城市人)是一种被封建专制制度所腐蚀了的人。那么,如何培养“自然人”呢? 卢梭的回答是:“遵循自然,跟着它给你画出的道路前进。”②曾繁仁认为,卢梭的这种美育方式在今天看来虽有启发意义,但其局限性也很明显。“他所说的‘自然状态’与‘自然人’都是在抽象的意义上说的,尽管在哲学上具有与‘文明状态’、‘文明人’参照的作用,但毕竟抽离了它的社会历史内涵,是一种历史唯心主义的非科学的理论预设。”③第三,批判理性,推崇感性。卢梭强烈批判了当时颇为时髦的“用理性教育孩子”的观念。他说:“用理性去教育孩子,是洛克的一个重要原理;这个原理在今天是最时髦不过了;然而在我看来,它虽然是那样时髦,但远远不能说明它是可靠的;就我来说,我发现,再没有谁比那些受过许多理性教育的孩子更傻的了。在人的一切官能中,理性这个官能可以说是由其他各种官能综合而成的,因此它最难于发展,而且也发展得迟;但是

---

① [法]卢梭著,李平沤译:《爱弥儿》,商务印书馆 1996 年版,第 496 页。
② [法]卢梭著,李平沤译:《爱弥儿》,商务印书馆 1996 年版,第 23 页。
③ 曾繁仁:《美育十五讲》,北京大学出版社 2012 年版,第 168 页。

有些人还偏偏要用它去发展其他的官能哩!"①与此相对,他对感性与感性教育进行了充分的肯定,将感性看做人的生存的基础与前提。他说:"由于所有一切都是通过人的感官而进入人的头脑的,所以人的最初的理解是一种感性的理解,正是有了这种感性的理解做基础,理智的理解才得以形成。"②正是受卢梭美育思想的影响,曾繁仁极力强调美育在教育中的情感协调功能与"中介性"地位,并把它从德智体三育中分离出来,赋它以本体论地位。第四,卢梭批判人为的"臆造的美",力倡感性的"自然美"。曾繁仁认为,卢梭对感性自然美的倡导与人为臆造美的批判,实际上是对贵族阶级的奢靡和虚华之美的批判与原生态之美的赞叹。正是在吸取卢梭美育智慧的基础上,曾繁仁提出了独具特色的"审美力"概念。曾繁仁肯定了卢梭的美育贡献,但对其局限性也有一定的认识。"他对感性、感性教育,自然状态与自然人的突出强调,对理性、理性教育、城市与城市文明的有力批判尽管具有重要意义与价值,但也无可避免地存在着强调一方,忽视另一方的片面性。他的欧洲中心主义与男权中心主义思想也常常不由自主地流露出来。例如,他说'无论黑人或拉普兰人都没有欧洲人那样聪慧'就是一例。"③

狄德罗是法国启蒙运动最重要的领袖,唯物主义美学的代表。其美育思想主要表现在以下三个方面:第一,批判唯心主义"唯理论"美学观,力倡"关系论"唯物主义美学与美育思想。狄德罗在美学史的重要贡献在于提出了著名的唯物主义的"关系论"美学观。"总而言之,是这样一个品质,美因它而产生,而增长,而千变万化,而衰退,

① [法]卢梭著,李平沤译:《爱弥儿》,商务印书馆2008年版,第89~90页。
② [法]卢梭著,李平沤译:《爱弥儿》,商务印书馆2008年版,第149页。
③ 曾繁仁:《美育十五讲》,北京大学出版社2012年版,第168~169页。

而消失。然而,只有关系这个概念才能产生这样的效果。"①曾繁仁认为,狄德罗的唯物主义的"关系论"美学与美育思想,不仅具有批判古典主义"唯理论"美学的历史意义,而且,对于突破启蒙运动以来主客二分对立的认识论美学与现代美学与美育理论的建设也具有重要的价值与意义。"这一理论告诉我们,审美与美育从根本上来说所要解决的既不是客体之美,也不是主体之美,而是人与对象的审美关系,已经预示了一种人生美学与人生美育的诞生。"②第二,强调"真善美的紧密结合",力主审美与艺术的求真扬善的社会功能。狄德罗在《画论》中提出"真善美紧密结合"的观点。他说:"真、善、美是紧密结合在一起的。在真或善之上加上某种罕见的、令人注目的情景,真就变成了美了,善也就变成美了。"③而且,他对艺术的作用予以了充分肯定。"使德行显得可爱,恶行显得可憎,荒唐事显得触目,这就是一切手持笔杆、画笔或雕刻刀的正派人的宗旨。"④狄德罗对于艺术的教育作用虽然有点夸大其词,但却从根本上颠覆了当时盛行的贵族阶级的古典主义美学。第三,重视艺术鉴赏的特点及艺术鉴赏力的培养,力图更好地发挥艺术的社会教化作用。狄德罗在《关于"私生子"的谈话》中说:"诗人、小说作家、演员,他们以迂回曲折的方式打动人心,特别是当心灵本身舒展着感受这震撼的时候,就更准确更有力地打动人心深处。"⑤而且,艺术的这种打动人心,震撼人心

---

① [法]狄德罗著,张冠尧等译:《狄德罗美学论文选》,人民文学出版社 1984 年版,第 24~25 页。

② 曾繁仁:《美育十五讲》,北京大学出版社 2012 年版,第 171~172 页。

③ [法]狄德罗著,张冠尧等译:《狄德罗美学论文选》,人民文学出版社 1984 年版,第 429 页。

④ [法]狄德罗著,张冠尧等译:《狄德罗美学论文选》,人民文学出版社 1984 年版,第 411 页。

⑤ [法]狄德罗著,张冠尧等译:《狄德罗美学论文选》,人民文学出版社 1984 年版,第 137 页。

的作用应该是长久起作用的，是长留人心的。同时，狄德罗比较全面地论述了艺术鉴赏力的社会教化作用。他说："高度的艺术鉴赏力要求具备丰富的感觉，长期积累的经验，正直而善感的心灵，高尚的精神，略带忧郁的气质，以及灵敏的器官。"[①]曾繁仁认为，狄德罗的美学与美育理论虽然具有鲜明的时代感与革命性，但理论的内在矛盾性也很明显。"他一方面强调了艺术的感性作用，同时在戏剧演出理论中又特别强调凭借理性总结出来的'理想典范'，在论述'天才'时又特别强调了'头脑和脏腑的某种构造，内分泌的某种结构'。"[②]由此见出，狄德罗的美学与美育理论虽然缺乏圆融自洽性，但它颠覆了"唯理论"，适应了新兴资产阶级的现实需要，为他们争取了艺术空间。

德国古典美学是西方古典美学的总结与终结，曾繁仁认为，其在美学与美育史上的贡献表现在：第一，独特的"审美判断力"概念的提出为美学与美育开辟了独立的情感领域。第二，"美在自由说"揭示了美学与美育的本质特征。"'美在自由说'成为西方古典美学的最高级阶段，当然也是古典美的终结，预示着一种新形态的美与美学理论的必然产生。同时，'美在自由说'充分揭示了西方古典形态的美学与美育的本质特征，标志着主体与客体、感性与理性在艺术创造中不受任何障碍制约的高度融合，直接统一。"[③]曾繁仁认为，"美在自由"是德国古典美学对美学与美育本质特征的高度概括，但其表现形态却是有差异的。"作为古典形态的没有完全摆脱主客二分认识论的美，可以是感性与理性直接统一、融为一体的一种物质的、形式的美；但进入现代以来的人生美学，这种'自由'与'解放'应该是进入

---

① ［法］狄德罗著，张冠尧等译：《狄德罗美学论文选》，人民文学出版社 1984 年版，第 71 页。

② 曾繁仁：《美育十五讲》，北京大学出版社 2012 年版，第 176～177 页。

③ 曾繁仁：《美育十五讲》，北京大学出版社 2012 年版，第 180 页.

更加深入的人的生命、心灵与生存的层面，具有更加深广的内涵与意蕴。”①第三，“美在创造”说极大地拓展了美学与美育中人的主体性作用。无论是康德的“审美判断力”的理论、还是席勒有关“审美王国”的论述都是对“美在创造”说的阐释，黑格尔的美学更是将“美在创造”说推到了高峰。“美在创造”正是启蒙主义时期人文精神的一种集中反映。德国古典美学成就诚然巨大，但曾繁仁从后现代性立场上予以审视，发现了其局限性：首先，德国古典美学的理念论哲学根基及其思辨哲学的方法是脱离生活实际的。“德国古典美学，特别是黑格尔美学都不是从生活实际、从人生出发的，而是从抽象的理念出发的，是理念发展的一个过程，是思辨哲学建构的一种需要。对于康德来说，审美判断力的提出则是沟通纯粹理性与实践理性的一种需要。因而，这种美学尽管不乏真理的闪光，但总体上来说是脱离生活、脱离人生的。”②因此，超越德国古典美学，走向生活与人生成为新世纪美学的发展前景。其次，黑格尔的“美是理念的感性显现”的基本美学概念是一种主客二分的认识论哲学的结晶。“黑格尔提出‘美是理念的感性显现’，实际上是将美归结为理念的‘感性显现’阶段，其前提仍然是理念与感性的二分对立，尽管在‘感性显现’阶段二者达到了‘直接统一’，但很快理念将越出感性，重新进入二分对立的新的阶段。这种感性与理性的二分对立实际上是启蒙主义时期主客二分对立认识论哲学的表现，在这种理念论哲学中，理念的自我发展、自我实现成为一种宏观的认识过程。”③再次，康德有关“判断先于快感”的论断是身与心二分对立的表现。“‘判断先于快感’的论断其实是一种身与心二分对立的表现，还是把心看得高于身，对眼耳鼻舌身，特别是鼻舌身等身体快感表现出一定程度的轻视。其实在

① 曾繁仁：《美育十五讲》，北京大学出版社2012年版，第181页。
② 曾繁仁：《美育十五讲》，北京大学出版社2012年版，第183页。
③ 曾繁仁：《美育十五讲》，北京大学出版社2012年版，第183页。

实际的审美过程中是不可能做到‘判断先于快感’的，实际的情况是‘判断与快感相伴’，眼耳鼻舌身所有的感官都在审美中起到十分重要的作用。”[①]最后，黑格尔有关“美学是艺术哲学”的论述充分表现了由“人类中心主义”决定的“艺术中心主义”，这是对自然美的严重忽视。“黑格尔提出‘美学是艺术哲学’，将艺术看做心灵的产品，高于自然。这实际上是一种典型的‘艺术中心主义’，是‘人类中心主义’在美学与艺术学中的反映。”[②]在曾繁仁看来，审美的对象绝不仅仅是艺术，而且还必然地包含自然与社会生活；审美也绝不仅仅是“心灵的产品”，必须借助于自然物与审美对象的质素，它是两者互动的结果。

二　西方现代美学的“美育转向”

众所周知，20 世纪以来的西方现代美学异彩纷呈、更迭频繁，呈现多元、多变的发展轨迹，学界也更多专注于它的种种“转向”，如“非理性转向”、“心理学转向”、“语言论转向”、“文化研究转向”等。曾繁仁早年研究西方美学，在对西方美学的古今对比中，他发现了西方美学的另一种转向：“美育转向”，即“在由古典形态的对美的抽象思考转为对美与人生关系的探索、由哲学美学转到人生美学”[③]。曾繁仁认为，西方美学的这一转向并非偶然，而有着深刻的社会根源，它是在科技主义与工具理性的日益膨胀，人的生存诗性与道德神性日渐失落的情势下，西方社会振拔人类精神的一种需求。

在曾繁仁看来，西方现代美学的“美育转向”，是以康德、席勒为其开端的。因为康德在其哲学体系中第一次把美学由认识论转到价值论，并使之完成由纯粹思辨到人生境界的提升。而席勒所基于的

① 曾繁仁：《美育十五讲》，北京大学出版社 2012 年版，第 184 页。
② 曾繁仁：《美育十五讲》，北京大学出版社 2012 年版，第 184 页。
③ 曾繁仁：《美育十五讲》，北京大学出版社 2012 年版，第 185 页。

"康德的基本原则"则是将美育界定在情感教育范围之内,并明确提出"要使感性的人成为理性的人,除了首先使他成为审美的人,没有其他途径"①。因此,"康德与席勒为西方现代美学的'美育转向'确立了基本方向"②。后来,西方现代美学在叔本华、尼采、弗洛伊德、萨特、福柯等众多美学家的努力下,"人生主义"底蕴日益丰厚。

叔本华与黑格尔是同时代人,但叔本华极力反对黑格尔脱离实际的、纯思辨的哲学与美学理论。他将康德的"善良意志论"改造为"意志主义本体论",力倡一种生命意志哲学—美学思想。从这个意义上说,"叔本华的美学思想与席勒以追求人的全面发展为目的的'自由论'美学—美育思想是一致的"③。叔本华最著名的论断是"艺术是人生的花朵"。他认为,艺术创作同现实生活相比是一种"上升、加强和更完美的发展",而且"更集中、更完备而具有预定的目的和深刻的用心"。④ 由此,他将艺术、审美同人生相联系,开辟了西方古典美学所没有的人生美学,即广义的美育之路。艺术为什么会成为人生的花朵呢?这是因为,艺术具有补偿作用,审美观审可以让人进入一种物我两忘的审美境地。"人在这时,按一句有意味的德国成语来说,就是人们自失于对象之中了,也即是说人们忘记了他的个体,忘记了他的意志","所以人们也不能再把直观者(其人)和直观(本身)分开来了,而是两者已经合一了"。⑤ 由此看出,叔本华的"审美观审论"虽然继承了康德的审美非功利性,但已对康德美学原则有了明显

① [德]席勒著,徐恒醇译:《美育书简》,中国文联出版公司1984年版,第116页。

② 曾繁仁:《美育十五讲》,北京大学出版社2012年版,第186页。

③ 曾繁仁:《美育十五讲》,北京大学出版社2012年版,第188页。

④ [德]叔本华著,石冲白译:《作为意志和表象的世界》,商务印书馆1982年版,第273页。

⑤ [德]叔本华著,石冲白译:《作为意志和表象的世界》,商务印书馆1982年版,第249页。

的超越,即他否定了审美的合规律性。曾繁仁说:"叔本华的审美观审论以及艺术是人生花朵的理论尽管在相当大的程度上把审美归结为一种认识,不可避免地仍然保留着德国古典美学的痕迹,但从总体上说,其唯意志论美学仍然开辟了西方美学的新方向。他以非理性的唯意志论美学全面地批判了黑格尔的古典主义美学,用意志取代认识,抬高直观,贬低唯理性主义,赋予审美以生命的生存意义。这就为西方现代人文主义的人生美学,也就是广义的审美教育的发展奠定了基础。"①

与叔本华的悲观主义和虚无主义相反,尼采主张以强力意志反抗生活的痛苦,创造新的欢乐和价值。在此基础上,他彻底地否定古希腊以来的理性传统、基督教文化、启蒙主义理性精神和传统的生活,宣称"上帝死了"、主张价值的转换与重建。因此,"从某种意义上说西方现代真正意义上的人生美学的转向是从尼采开始的"②。对于人生的悲剧,尼采主张以审美进行补偿和自救。他说:"召唤艺术进入生命的这同一冲动,作为诱使人继续生活下去的补偿和生存的完成。"③他甚至进一步将审美与艺术提到世界第一要义的本体的高度。他在《悲剧的诞生》的前言中说,"我确信艺术是人类的最高使命"。又说,"只有作为一种审美现象,人生和世界才显得有充足理由"。④ 他还说:"艺术,除了艺术别无他物!它是使生命成为可能的伟大手段,是求生的伟大诱因,是生命的伟大兴奋剂。"⑤由此可见,

---

① 曾繁仁:《美育十五讲》,北京大学出版社 2012 年版,第 190 页。

② 曾繁仁:《美育十五讲》,北京大学出版社 2012 年版,第 190 页。

③ [德]尼采著,周国平译:《悲剧的诞生》,生活·读书·新知三联书店 1986 年版,第 12 页。

④ [德]尼采著,周国平译:《悲剧的诞生》,生活·读书·新知三联书店 1986 年版,第 105 页。

⑤ [德]尼采著,周国平译:《悲剧的诞生》,生活·读书·新知三联书店 1986 年版,第 385 页。

在尼采的美学理论中，艺术已被提升到本体的人的生存意义的形而上的高度。在艺术起源论上，尼采提出了著名的生命本能的二元性论，将艺术的起源及其本真内涵与人的生命、与人的本真的生存相联系。他说："艺术的持续发展是同日神和酒神的二元性密切相关的"，"这酷似生育有赖于性的二元性"。① 在悲剧的效果上，尼采提出了"形而上的慰藉说"。曾繁仁认为，形而上慰藉是一种具有本体意义的酒神精神的审美的慰藉，也是审美世界观的确立，人的生存意义的彰显。"如果说，叔本华仍然保留着较多的传统美学的痕迹，那么尼采则将非理性的生命意志哲学—美学理论贯彻到底，完成了由传统到现代的过渡，成为新世纪哲学—美学的真正的先行者，特别成为新世纪人文主义美学的先驱，为精神分析主义、存在主义等哲学—美学理论奠定了基础。"②

杜威是20世纪美国著名的哲学家、教育家和心理学家。他将美国资产阶级的民主观念与商业观念贯注于其经验论美学之中，将艺术从高高的象牙之塔拉向现实的社会人生，对于当代、特别是我国的美学与美育建设产生了重要影响。曾繁仁认为，杜威的美学贡献表现在以下几个方面：第一，提出经验自然主义的美学研究方法。这种方法在某种程度上突破了传统主客二分的思维方式，直接回到了事实本身。第二，杜威提出了"艺术即经验"的重要命题，把艺术与美感和经验联系起来。这一方面充分强调了审美的"感性"特点，同时强调了人的审美的感性与动物感性的必然联系；另一方面，他强调了五官在审美之中的参与作用，"五官是活的生物借以直接参与他周围变动着的世界的器官"③，"感觉素质，触觉、味觉也和视觉、听觉的素质

① ［德］尼采著，周国平译：《悲剧的诞生》，生活·读书·新知三联书店1986年版，第2页。

② 曾繁仁：《美育十五讲》，北京大学出版社2012年版，第195页。

③ ［美］杜威著，高建平译：《艺术即经验》，商务印书馆2005年版，第22页。

一样,都具有审美素质。但它们不是在孤立中而是在彼此联系中才具有审美素质的;它们是彼此作用,而不是单独的、分离的素质”[①]。这就与古典的借助于视听的无利害的“静观美学”划清了界限。第三,杜威从科学主义角度关注美育,提出“艺术生活化”的著名命题。他以经验为中介打破艺术与生活的界限,视审美经验为生活经验的一种,“这种完整的经验所带来的美好时期便构成了理想的美”[②]。而这种“理想的美”的获得,就是个体生命与环境之间由不平衡到平衡所获得的一种鲜活的生活经验。第四,指出艺术是人类文明的记录与显示,强调了审美与艺术的教育作用。他说:“审美经验是一个显示,一个文明的生活的纪录与赞颂,也是对一个文明质量的最终的评断。”[③]因此,艺术对于人类具有潜移默化的作用。“但是艺术,绝不是一个人向另一个人说,只是向人类说——艺术可以说出一条真理,潜移默化地,这项活动将培育出思想。”[④]

“人诗意地栖居于这片大地上”是海德格尔对诗和诗人之本源的发问与回答,也是回答“人是谁以及人把他的此在安居于何处”。艺术何为?诗人何为?海德格尔认为,诗人的使命就是在神祇(存在)与民众(现实生活)之间,面对茫茫黑暗中迷失存在的民众,将存在的意义传达给民众,使神性的光辉照耀宁静而贫弱的现实,从而营造一个美好的精神家园。与传统的符合论真理观不同,海德格尔将真理看做是存在由遮蔽到解蔽的自行显现过程,从而构成了其艺术的本源论。他说:“艺术作品以自己的方式开启存在者之存在。这种开启,也即解蔽(Entbergen),亦即存在者之真理,是在作品中发生的。

---

① 伍蠡甫、胡经之主编:《西方文艺理论名著选编(下)》,北京大学出版社 1987 年版,第 25 页。

② 伍蠡甫主编:《现代西方文论选》,上海译文出版社 1983 年版,第 226 ~ 227 页。

③ [美]杜威著,高建平译:《艺术即经验》,商务印书馆 2005 年版,第 362 页。

④ [美]杜威著,高建平译:《艺术即经验》,商务印书馆 2005 年版,第 387 页。

在艺术作品中,存在者之真理自行设置入作品。艺术就是自行设置入作品的真理。"①面对资本主义的重重危机与人类的生存困境,海德格尔思考人的存在之谜,探问人在何处安置自己的存在。他认为,人的存在只有突破资本主义社会制度和工具理性的重重压力,才能由遮蔽走向敞开,实现真理的自行置入,人才得以进入审美的生存境界。在语言观上,海德格尔提出语言是"存在之家","唯语言才使存在者作为存在者进入敞开领域之中",而语言本身就是根本意义上的诗,"诗乃是存在者之无蔽的道说"。② 诗就是通过语言去神思存在。海氏后期受中国《道德经》中"道大、天大、地大、人亦大,域中有四大,而人为其一"的影响,提出了著名的"天地神人四方游戏说"。曾繁仁认为海氏的"四方游戏说"是对其早期"世界与大地争执"之人类中心主义的突破,是一种生态整体论。他说:"四方中之'大地',原指地球,但又不限于此,有时指自然现象,有时指艺术作品的承担者;而'天空'则指覆盖于大地之上的日月星辰,茫茫宇宙;而所谓'神',实质是指超越此在之存在;而所谓'人',海氏早期特指单纯的个人,晚期则拓展到包含民族历史与命运的深广内涵。所谓'四方'并非是一种实数,而是指命运之声音的无限关系从自身而来的统一形态。'游戏'是指超越知性之必然有限的自由无限。"③而海德格尔正是通过这种四方世界的游戏与可靠持立。存在才得以由遮蔽到解蔽,走向澄明之境,达到真理显现的美的境界。曾繁仁肯定了海德格尔在审美对象、艺术本质论、语言观上的突破,但也认识到了其局限:"其理论自身有不完善性,与审美及艺术的结合有待于加强;在人的存在与现代化以及科技的关系等问题上的把握也有偏颇之处。"④

① 孙周兴选编:《海德格尔选集(上)》,上海三联书店1996年版,第259页。
② 孙周兴选编:《海德格尔选集(上)》,上海三联书店1996年版,第294页。
③ 曾繁仁:《美育十五讲》,北京大学出版社2012年版,第206页。
④ 曾繁仁:《美育十五讲》,北京大学出版社2012年版,第207页。

伽达默尔是当代德国最著名的解释学哲学家和美学家，其阐释学突破了传统的以探寻客观知识为其主旨的认知解释学，构建了一种以追寻存在意义为旨归的“本体论”解释学。伽达默尔将解释学用于美学领域，提出审美教化是造就人类素质的特有方式的观点。他说：“现在教化就最紧密地与文化概念连在了一起，而且首先表明了造就人类自然素质和能力的特有方式。”①在伽氏看来，人是通过教化才能成为解释主体的，只有在教化中的人才具有理解与创造意义的能力，并且能不断提高这种能力。不仅如此，他还将审美教化强调到了改造国家、社会的高度。“对一个爱好艺术的文化社会的教化，就进入了道德和政治上的真正自由状态中，这种自由状态应是由艺术所提供的。”②在这里，迦氏说的“教化”不是传统意义上的自上而下的“教化”，而是广大民众在审美欣赏中通过阐释（游戏）所进行的自我教化。在审美教化的途径上，伽达默尔推崇蕴涵于“真正的作品”中的艺术经验，而这种艺术经验是包含有“游戏”、“象征”和“节日性时间”三个维度的经验。

“关注自我”是福柯“生存美学”的核心命题。福柯指出，对自我的关注不是简单地要求一种淡淡的态度和一种零散的注意力，而是指一整套的事务，包含一种艰苦的劳动，诸如训练、养生、社会实践等；根据一种在希腊文化中源远流长的传统，关注自我是与医学思想和实践紧密联系的，而在关注自我中“认识自我”显然占有极其重要的地位；关注自我的“实践尽管表现不同，但是有着共同的目标，其特征可以用转向自我（epistrophe eis heauton）的最一般原则来规定”③。

---

① ［德］伽达默尔著，王才勇译：《真理与方法——哲学解释学的基本特征》，辽宁人民出版社 1987 年版，第 11 页。

② ［德］伽达默尔著，王才勇译：《真理与方法——哲学解释学的基本特征》，辽宁人民出版社 1987 年版，第 119 页。

③ ［法］米歇尔·福柯著，佘碧平译：《性经验史》，上海人民出版社 2005 年版，第 346 页。

由此,福柯提出了“自我呵护”命题,主张呵护自我的道德优先权。曾繁仁认为,“自我呵护”命题的提出,标志着一个重要的哲学与伦理学转折的开始,即把人的关注点从人与社会、人与他人的关系转到人与实际存在的人自身的关系之上。曾繁仁梳理了人类关注重点的转移,“在人类社会早期的农耕时代,人类所关注的是自然;进入工业社会,人类关注的重点是理性;从20世纪初期开始,特别是‘二战’以后,资本主义制度的弊端愈发突出,工具理性的局限日益明显,人类面临诸多灾难,因此关注的重点转向非理性对理性的突破之上。而进入信息时代以来,网络技术迅速发展,全球化进程不断加速,大众文化日渐勃兴,对工具理性的解构逐步被人的主体性重建所代替”[①]。与人类社会的转型相应,福柯“自我呵护”的侧重点不在人的解放,而在于人的艺术化生活的“创造”。尽管“自我呵护”命题带有审美乌托邦倾向与极端个人主义内涵,曾繁仁仍主张在唯物主义实践观指导下,扬弃其个人主义的内涵,通过倡导“自我呵护”而引导每个人的生活走向“艺术化”的创造。

综上分析不难见出,整个20世纪西方美学的发展趋势是转向了人生,正是从这个角度讲,曾繁仁认为整个西方当代美学就是广义上的审美教育。在他看来,当代西方美学同美育相关的主题有四个:其一是不断突破主客二分的思维模式:“这种对于主客二分思维模式的突破,不仅具有突破工具理性的重要意义,而且对于实现感性与理性、科技与人文、人与自然的统一,以及人的全面完整发展都具有极为重要的指导作用。”[②]其二是对于人性的深度探索;其三是对当代性的诉求;其四则为对“自由”与“人的诗意的栖居”的追求。西方当代美学虽然具有极高的现实性,但其唯心主义也是显而易见的,对

---

① 曾繁仁:《美育十五讲》,北京大学出版社2012年版,第187页。

② 曾繁仁:《转型期的中国美学——曾繁仁美学文集》,商务印书馆2007年版,第194页。

此，曾繁仁先生有所警惕："尽管这些理论家也已意识到症结所在并试图超越，由此他们提出了'回归生活世界'的命题。但这种'回归'仍以唯心主义为基础，从而不免使其理论出现许多内在的矛盾，甚至最后将会走上自我解构之路，这恰是当代西方美学共同弊病之所在。"①

三　西方现代教育中的美育

20 世纪以来，西方现代经济社会文化处于剧烈变动之中，由工业文明进入后工业文明，由工业社会进入信息社会，文化也由一元到多元，呈现出诸多后现代的状况。正是在这种情况下，西方教育出现了专才与通才、智商与情商、科技与人文等等的尖锐斗争，从而出现了形态多样的教育观念与实践，而美育作为一种"情感教育"，始终渗透于教育体系的观念与实践中。通识教育作为一种新兴的教育观念，西方教育界尽管对之褒贬不一，但它始终是一种具有主流地位的教育观念与模式。而美育也成为"通识教育"中不可缺少的重要组成部分。

在曾繁仁看来，"通识教育"与美育的关系首先体现在它作为"自由教育"的人文内涵上。正如哈佛大学第 23 任校长科南特在《自由社会中的通识教育》报告的导言中所指出的那样，"通识教育的核心问题是自由而文雅的传统之持续问题"。而自由教育"Liberal education"就是"博雅教育"，其目的在于培养具有广博知识的"有自由教养的人"。这种"有自由教养的人"恰似中国古代"彬彬有礼"的君子，他不仅具有渊博的知识，而且还具有健全的生活态度、健康的信仰、丰富的情感体验与深刻的思想。从中国古代的教育实践来看，

---

① 曾繁仁：《转型期的中国美学——曾繁仁美学文集》，商务印书馆 2007 年版，第 196 页。

这种“自由人”的培养是靠“礼乐”来完成的，当时的“乐”是诗、歌、舞融为一体的综合艺术形式。今天，随着社会的发展，培养“有自由教养的人”的教学手段与内容也悄然发生了变化，但美育以及与之相关的艺术要素却不可变更，因为“只有美育作为情感教育是一种内在的情感需求，是一种没有任何强制性的自觉自愿的情感追求，具有无比强大的不可代替的力量”①。

高等学校到底是培养“自由人”，还是培养“专业人”；是“通才教育”，还是专才教育；是人文教育，还是知识教育？这些问题一直饱受争议。1945 年，哈佛大学校长科南特指出，通识教育的中心难题是自由与人道传统的延续。纯粹资讯的获得，特殊技术及其才能的发展，都不能给予我们文明赖以保存的广阔理解基础；仅是学科知识、读写以及掌握外语的能力，都不足以提供一个自由民族公民充分的教育背景，因为这样的课程未能触及人作为一个个体的情感经验，以及人作为群体动物的实践经验；通识教育要建立在一个共同的西方文化传统基础上，这就是对人的尊严信念及对同类之责任的承担。② 20 世纪以来，西方在“通识教育”中虽然存在着人文与实用、通才与专才的尖锐而曲折的论争，但教育改革并没有停止过。2004 年 4 月，哈佛大学出台了《哈佛学院课程评估报告》。报告阐述了这次评估的原则：“我们所处的时代日益专业化、日益职业化而且日益碎片化，不但高等教育是这样，整个社会也是如此。正是在这种情形下，我们重申我们对于处理科学中博雅教育的承诺。我们旨在向学生们提供知识、技能以及心灵的各种习惯，使他们能够进行终生学习并适应于无时无刻不在变化的环境。我们试图将学生培养为独立、博学、严格而富有创造性的思想者，使他们具备社会责任感，以便于他们能够在全

① 曾繁仁：《美育十五讲·引言》，北京大学出版社 2012 年版，第 2 页。

② 梁美仪：《从自由教育到通识教育：大学理念的转变与承传》，载香港中文大学通识教育研究中心《大学通识报》2008 年 6 月总第 4 期。

国乃至全球共同体中引导富有成果的生活。”[①]由此可见，“通识教育”的改革总是与美育紧紧联系在一起。尽管西方的“通识教育”基建于它们的文化立场与传统，但“全面发展”、“人格健全”等教育理念却一再得到重视与重申。

在通识教育的实施过程中，艺术教育无疑具有举足轻重的作用，因为它“具有……特有的启迪、熏陶人们心灵的巨大作用”[②]这一点，我们可以从1945年通过的哈佛大学《自由社会中的通识教育》（即通识教育红皮书）中见出。该“红皮书”首先对课程提出了要求，学士学位要修的16门课程中，6门应该是通识教育课程。而这6门课程中，至少要有一门选自人文学科，一门选自社会科学，一门选自自然科学。而人文学科包括4种科目，即文学、哲学、美术与音乐，除哲学外，其余3门均为艺术教育，因此人文学科的主干部分就是艺术教育。同时，红皮书又特别强调了经典的阅读。因为，通识教育将人文教育归结为这样三类课程：以“我”为中心的文明类课程，以人类思想为中心的经典类课程以及以思维训练为中心的批判思维课程。[③] 由此可见，艺术教育不仅在整个高校的发展建设中具有举足轻重的作用，而且在“通识教育”的课程体系中也占据着重要的比重，成为高校人文教育的不可缺少的同时也极为重要的途径。

视觉艺术的兴起是当代审美文化的一种新现象，它一方面拓宽了艺术的疆域，但另一方面又消解了传统的艺术观念。周宪指出：“当代文化的这一转型，表面上看只是电影取代了讲故事或阅读书籍，从而把图像推至主导地位，其实问题远不止这么简单！我们有理由相信，深刻发生的变化就是海德格尔所说的‘世界被把握为图像’。

---

① 转引自程相占：《哈佛访学对话录》，商务印书馆2011年版，第177页。

② 曾繁仁：《美育十五讲》，北京大学出版社2012年版，第114页。

③ 徐慧璇：《美国大学通识教育课程内容之发展与启示》，香港中文大学通识教育研究中心《大学通识报》2008年6月总第4期。

一个可以经验到的发展趋势是,当代文化的各个层面越来越倾向于高度的视觉化。可视性和视觉理解及其解释已成为文化生产、传播和接受活动的重要维度。”①这个转型具有巨大的冲击力,它消解了雅与俗、艺术与生活、艺术与商品、原创与复制等一系列传统的界限。为此,美国哈佛大学成立专门的视觉艺术委员会,在深入调研的基础上起草了一份《视觉艺术报告》。曾繁仁认真解读了此报告,认为其创新性有四:第一,拓展了艺术的领域,以“视觉艺术”取代“美术”。“美术”诚然是一门视觉艺术,但包含的范围过于狭窄,而“视觉艺术”则较为宽阔,它的产品同样可以具有视觉属性方面的和谐有序,因而也同样是美的。第二,强调了视觉艺术在心灵成长中的特殊功能。“心灵成长是其意识领域的扩展。通过一种本质上是审美的造型活动(formative activity),那个意识区域在持久的意象中被锤炼得优秀,潜能得以开发和呈现。”②这就说明造型类的视觉艺术在大脑开发方面具有特殊的作用。第三,突破原有的“美术学”,建构了包括四个单位的视觉艺术教育体系和机构。第四,重申了视觉艺术教育的重要性。曾繁仁认为,视觉艺术虽然具有消解经典、消解崇高、消解责任、消解人文的负面影响,但我们仍要正视它,在坚持有中国特色的文化立场上予以批判性地吸收。

德国的包豪斯学院是一所培养艺术设计人才的专业化学校。它所确立的“艺术与工艺结合”的艺术教育观念标志着艺术教育的一个新时代的开始。包豪斯学院首先在理念与实践上彻底改造了传统的学院式艺术教育,将艺术与技术、教育与生产、理论与实践真正地结合在一起,确立了艺术教育的“双轨教育学制”。其二,它主张为节约成本进行艺术批量生产;“艺术品生产的工业化与批量化,一方面凸

① 周宪:《视觉文化的转向》,北京大学出版社2008年版,第5页。

② 转引自程相占:《哈佛访学对话录》,商务印书馆2011年版,第158页。

现了艺术从未有过的实用与经济价值，同时也对艺术创作特有的独创性形成冲击，是艺术与艺术教育的重大变革”[①]。其三，提出“形式服从功能”的功能主义理念与“以少胜多”的简化原则。其四，将传统艺术的内涵扩大到工业制品与生活用品，将艺术鉴赏中的读、看、听的功能简化到以看即视觉为主的功能。由此可见，包豪斯学院改变了传统审美教育中的纯艺术途径，把艺术拉向了日常生活、经济社会与工艺。然而在德国纳粹政府的粗暴干涉下，包豪斯学院最终走向衰落，“其内因在于十四年中包豪斯内部始终存在着两种办学理念与艺术教育思想的论争”[②]。在曾繁仁看来，包豪斯的艺术与艺术教育理念包含着艺术与非艺术两个截然相反的维度，本身就是一个矛盾的结合体，而这种矛盾双方的博弈最终导致了包豪斯学院的解体。对此，曾繁仁指出，首先，艺术与艺术教育都具有鲜明的时代性，在“后工业时代”，艺术应更多地思考与人生存的关系；第二，我们应该努力探寻艺术与工艺、艺术与工业、艺术与经济以及艺术与生活之间结合的平衡点；第三，普通高校的公共艺术教育应该吸取包豪斯学院的经验教训，着重培养学生的艺术实践能力。

加德纳的“多元智能”理论是一个教育界普遍关注的前沿问题，它因反拨统一规划的应试教育而产生，对美育产生了深远的影响。它“不仅有助于新时期美育理论的发展，而且会为美育研究提供新的方法和理论武器”[③]。“谈到智能的多元化，立刻会出现一个问题，即是否存在单独的艺术智能。按照我的分析，没有。这些形式中的每一种智能，都能导向艺术思维的结果，也即表现智能的每一种形式的

① 曾繁仁:《美育十五讲》,北京大学出版社 2012 年版,第 232 页。
② 曾繁仁:《美育十五讲》,北京大学出版社 2012 年版,第 234 页。
③ 曾繁仁:《美育十五讲》,北京大学出版社 2012 年版,第 249 页。

符号,都能(但不一定必须)按照美学的方式排列。"[①]从这里可以见出,加德纳虽然重视艺术教育的作用,但并不承认审美力的独立存在。曾繁仁认为,这是极不全面的,"加德纳对美育与审美力独立意义的否定,恰恰说明他还没有完全摆脱工业社会传统的'智力第一'理论的影响"[②]。即便如此,加德纳的"多元智能"理论仍功不可没,因为它启发了传统艺术教育的实践途径。如《多元智能》中的情景化个人评估方式对于美育的实施具有重大意义。也正是受加德纳的启发,曾繁仁在其美育实践中实施情景化的个人的评估方式,使美育的考核落到实处。"多元智能"在理论上具有多学科的综合性特点,这一理论"调查参考了不同研究领域,如神经学、特殊群体发展学、心理计量学、人类学、进化论等等。多元智能理论就是设想以上研究的结合成果"[③]。这一点对我国美育研究有很大的启示,这意味着"美育学科应同样具有交叉学科性质,它的发展有赖于多学科的共同攻关突破,当然也要求美育工作者像加德纳那样不断拓宽自己的知识领域,从多学科综合的角度对美育进行整体的把握与研究"[④]。

戈尔曼的"情商"理论及情感教育的实践,对于整个教育领域具有革命性的意义。在传统的意义上,教育和学校的主要功能是传授知识,培养现代生产力的后备军,在此观念的影响下,世界各国兴起以"智商"为主体的"应试教育",而将"情商"与情感教育理论放到了不重要的位置上。戈尔曼的"情商"理论的提出则改变了人们对学校教育的认识。曾繁仁认为,"情商"理论的提出既是对传统教育目的——"传道"的一种回归,同时也有崭新的时代意义。因为它为人

① [美]霍华德·加德纳著,沈致隆译:《多元智能》,新华出版社1999年版,第146页。

② 曾繁仁:《美育十五讲》,北京大学出版社2012年版,第252页。

③ [美]霍华德·加德纳著,沈致隆译:《多元智能》,新华出版社1999年版,第41页。

④ 曾繁仁:《美育十五讲》,北京大学出版社2012年版,第258页。

类当前面临的情感危机和精神生态等问题开出了一剂药方。“一方面是从消极的方面干预和防范精神危机的蔓延发展，同时也是从积极的方面适应以信息技术为特点的知识经济的要求，试图借此进一步发挥智力资本的作用，提高生产力。”①在曾繁仁看来，戈尔曼的“情商”理论有如下几点突破：一是与“智商”（IQ）相对，提出“情商”（EQ）概念。二是从脑科学的角度研究论证了“情商”的大脑皮质前额叶的思维反应控制，使“情商”理论具有了相当的科学依据。当然戈尔曼的“情商”理论不是没有缺点，“戈尔曼的‘情商’理论完全着眼于防范与矫治，带有消极被动的性质。同时，他将‘情商’归于智能范围未免太过狭窄，对科学实验也过分迷信，将情感教育完全归为情感技巧的学习与掌握，又未免降低了情感教育的地位与作用，从而显得过于琐碎，势必会导致对艺术教育的忽视”②。即便如此，戈尔曼的“情商”理论仍不容忽视。“首先，‘情商’理论在脑科学的基础上对‘情商’的脑活动生理机制研究的突破就对美育研究有重大启发。……再就是‘情商’理论的科学的实验方法也值得美育工作者加以学习。”③

四　中国古代的“中和论”美育思想

众所周知，“天人合一”是中国古典文化的哲学观念。《周易·乾·文言》曰：“夫大人者，与天地合其德，与日月合其明，与四时合其序，与鬼神合其吉凶。”意为人只有做到顺应天地、日月与四时的规律，做到“奉天时”，亦即“天人合一”，才能吉祥安康。在曾繁仁看来，中国古代的“天人合一”思想蕴含着丰富的生态智慧：首先，中国古代的“天人合一”思想是一种古典形态的“生存论”哲学，其最终目

① 曾繁仁：《美育十五讲》，北京大学出版社2012年版，第261页。
② 曾繁仁：《美育十五讲》，北京大学出版社2012年版，第274页。
③ 曾繁仁：《美育十五讲》，北京大学出版社2012年版，第274页。

的是为了“天人之和”，追求人类的美好生存。其次，中国古代的“天人合一”思想是一种特有的东方式的有机生命论哲学。它以“气”为中介，化生万物。其三，中国古代“天人合一”思想在本原论上力主主客混沌的“太极本原论”。“是故易有太极，是生两仪。两仪生四象，四象生八卦。八卦定吉凶，吉凶生大业。”[①]这里所谓的“太极”就是对宇宙形成之初“混沌”状态的一种描述，表现天地混沌未分之时阴阳二气环抱互动之状；而“大哉乾元，万物资始，乃统天”[②]中的“太极”之乾则是万物之“元”与“始”。

正是在“天人合一”哲学观的基础上，中国古人形成了“中和论”美育思想。曾繁仁认为，中国古代的“中和论”美育思想包含着丰富的生态内涵：其一，“保合大和”之自然生态之美。“保合大和，乃利贞”中的“大和”即“中和”，“贞”乃“事之干也”。也就是说，只有如《礼记·中庸》所说的“中和位育”，大自然才能风调雨顺，人类才能丰衣足食。其二，元亨利贞“四德”之吉祥安康之美。“元亨利贞”乃“保合大和”的具体表现形态，所谓“‘元’者善之长也，‘亨’者嘉之会也，‘利’者义之和也，‘贞’者事之干也。君子体仁足以长人，嘉会足以合礼，利物足以和义，贞固足以干事。”[③]即指君子只有具备元、亨、利、贞四德，才能实现“保合大和”的自然生态之美。其三，“中庸之道”之适度适中之美。曾繁仁认为，这种适度之美与道家的“反者道之动”相辅相成，共同体现了中国哲学“过犹不及”的思想。其四，“和而不同”之相反相成之美。“‘和而不同’划清了‘和’与‘同’的界线，‘同’是单一元素的组合，‘和’则是多种元素、甚至是各种相反元素的组合……这里包含着古典形态的‘间性’与‘对话’的内涵”[④]。

---

① 《周易·系辞上》。

② 《周易·乾·彖》。

③ 《周易·乾·文言》。

④ 曾繁仁：《美育十五讲》，北京大学出版社 2012 年版，第 280 页。

其五,“和实相生”的生命旺盛之美。“‘和实相生’正是中国古代‘生命论’美学的典型表述,也是其有机生命性特点的表征。”[①]其六,人文化成之礼乐教化之美。中国古代哲学与文化的根本宗旨在于塑造“文质彬彬”的君子。“昔者圣人之作《易》也,将以顺性命之理。是以立天之道曰阴与阳,立地之道曰柔与刚,立人之道曰仁与义。兼三才而两之,故《易》六画而成卦。”[②]从这里可以看出,中国圣人“作易”的目的是试图以天道之阴阳、地道之柔刚教化人民,建立起人道之仁义,而礼乐教化的目的正是回到人道“仁义”之正途。

曾繁仁认为,中国的“中和论”论美学与西方的“和谐论”美学有着明显的差异:其一,是不同的哲学前提。中国古代的“中和论”美学是建立在东方“天人合一”哲学观基础之上的,而西方古希腊和谐论美学则建立在物质或理念实体性本原论哲学基础之上。其二,不同的民族情怀。中国古代的“中和论”美学思想反映的是一种以人文合天文的东方式古典人文主义,而西方古希腊“和谐论”美学则追求以“数”为最高统一的“和谐精神”。其三,对自然的不同态度。中国古代的“中和论”美学建立在“天人合一”哲学基础上,追寻的是一种“万物并育而不相害,道并行而不相悖”(《礼记·中庸》)的生态观,而西方古希腊“和谐论”美学遵循实体论本原说和逻各斯中心主义。其四,不同的内涵。中国古代的“中和论”美学思想是一种立足于“天人之际”的宏观的人与自然、社会融为一体的美学理论,而西方古希腊的“和谐论”美学观则是一种微观的事物自身形式的比例、对称与整一。其五,侧重点的不同。中国古代的“中和论”美学侧重的是人的生存状态的吉祥安康,强调的是美与善的统一,而西方古希腊的“和谐论”美学侧重于事物自身的和谐,强调的是美与真的统一。其

① 曾繁仁:《美育十五讲》,北京大学出版社2012年版,第281页。

② 《周易·说卦》。

六,不同的艺术范本。中国古代的“中和论”美学所依据的艺术“范本”是以表意为主的诗歌与音乐,而西方古希腊“和谐论”美学所凭借的艺术范本则是雕塑。其七,不同的发展趋势。中国古代的“中和论”美学思想历经几千年历史,其艺术与美学精神在当代仍有其现实的生命力,其“究天人之际”的生态观,“和而不同”的对话精神,“生生为易”的生态论美学思想成为当代美学发展的源头之一。而西方古希腊的“和谐论”美学思想已融入当代美学之中,并被后现代的“解构”美学所超越。[①] 由上见出,曾繁仁在将“中和论”美学与“和谐论”美学的比较中并没厚此薄彼,而是肯定其各有优长。当然,他更多地提醒中国学者“应更多关注长期未受到应有重视的古代‘中和论’美学智慧,进一步深入整理挖掘,将之介绍给世界,发扬于当代”[②]。

中国古代美育是一个绵延数千年的漫长历史,其间经历了曲折的演变。它的早期形态是“礼乐教化”;西周以后,逐渐分化为“诗教”、“乐教”、“礼教”,“以乐舞教”、“以乐语教”、“以乐德教”就是这种分化的表现;从春秋战国以至两汉,“诗教”、“乐教”承担着社会性礼乐教化和个体人格修养的美育功能,“是故乐在宗庙之中,君臣上下同听之,则莫不和敬;在族长乡里之中,长幼同听之,则莫不和顺;在闺门之内,父子兄弟同听之,则莫不和亲。故乐者,审一以定和,比物以饰节,节奏合以成文。所以合和父子君臣,附亲万民也,是先王立乐之方也”[③]。魏晋南北朝时期,嵇康“声无哀乐”论取消了儒家的“教化”论,转向了审美与人格修养,艺术成为士大夫修心养性、怡情遣志的工具。唐代以后,随着外来乐舞的影响以及都市文化的兴起,乐舞成为大众性的娱乐方式,其美育功能的伦理教化逐渐为审美愉

① 曾繁仁:《美育十五讲》,北京大学出版社 2012 年版,第 282 ~ 283 页。

② 曾繁仁:《美育十五讲》,北京大学出版社 2012 年版,第 283 页。

③ 《礼记 · 乐记》。

悦所取代。至于“诗教”，自魏晋以后也从《诗经》之教演化为一般意义上诗歌教育，并逐渐承担起古代审美教育的主体。此后，随着文化艺术的发展，书法、绘画等艺术逐渐成熟，又发展出各种不同的艺术教育形态。宋元以后，更出现了小说、戏剧等主要面向下层民众的艺术教育。

尽管文学艺术在不断的发展变化，但曾繁仁认为，中国古代美育思想的核心——“中和论”美育观并未变，在他看来，中国古代的“中和论”美育思想是一个多层次的理论体系。首先，它强调艺术创作中“情”与“理”的和谐。《中庸》中“喜怒哀乐之未发谓之中，发而皆中节谓之和”指的就是在艺术创作上要达到“情”与“理”或“情”与“性”的和谐统一，“发乎情，止乎礼义”更是其典型表现。其次，强调艺术表现的“中和”美。“乐而不淫，哀而不伤”（《论语·八佾》）指的就是艺术创作中要贯穿“中和”的审美原则。再次，美育的基本目的在于人格的修养，而理想人格的核心是“文质彬彬”、“温柔敦厚”的君子。最后，在美育的社会作用上，强调美育培养人格自身、人与社会、人与自然的和谐，“致中和，天地位焉，万物育焉”（《礼记·中庸》）、“大乐与天地同和，大礼与天地同节”（《乐记》）等就是其典型表述。

在曾繁仁看来，建立于不同哲学基础之上的中西方古典美育有着根本的不同：第一，中国古代的“礼乐教化”在很大的程度上越出了艺术教育的范围，是一种诗、乐、舞等融为一体的社会文化传统与政治文化制度，而在西方的古典美育则以“艺术教育”为唯一手段，注重培养体智健全的城邦护卫者。第二，中国古代特有的“中和美”是“礼乐教化”与“乐教”、“诗教”的共同核心。无论是“礼乐教化”的“和邦国”、“谐万民”、“安宾客”、“说远人”，“乐教”的“广博易良”与“诗教”的“温柔敦厚”等均有天人与社会“相谐相和”之意，而西方古代美育的根本目的在于“求知”。第三，“礼乐教化”与“乐教”中均包含着中国特有的“赋诗断章”与“以意逆志”的古典阐释学精神，不同于西方古典的现实主义与浪漫主义。[①]

五　中国现代美育思想

美育作为一种现实的教育活动并不是一件新鲜事，在西方，古希腊人就已开始用史诗、戏剧、音乐等艺术形式对自由民实施艺术教育；在中国，先秦时期就已有了“礼乐教化”。然其作为一种学科观念则是近代的事，它起始于席勒的《审美教育书简》，后经歌德、黑格尔等美学家的拓展日益走向成熟。20 世纪初期，受西学东渐的影响，中国逐渐形成了现代美育思想。“中国现代美育观念的滥觞，首先不是缘于对古代美育思想的继承与发扬，而是基于中国社会由传统的封建社会向现代化社会转型的历史动因，起于救亡图存、教育救国的时代局势，同时也得益于西学东渐的学术背景。”[②]而在这一过程中，蔡元培起了领军和奠基作用。

曾繁仁认为，蔡元培作为我国现代美育事业的开创者与奠基者，对我国现代美育事业的贡献是全方位的，其贡献主要表现在四个方面。第一，首次将美育列入国民教育方针。蔡元培在《对于教育方针之意见》一文中将军国民教育、实利主义教育、公民道德教育、世界观教育和美感教育并举，后被定为国民教育宗旨：“注重道德教育，以实利教育、军国民教育辅之，更以美感教育完成其道德。”[③]于是，美育作为中华民国的教育方针被确定下来。第二，倡导著名的“以美育代宗教说”。早在 1912 年蔡元培就任教育总长发表《对于新教育之意见》时，就对“厌世派之宗教哲学”表示“吾以为不然”。此后，又在不

① 曾繁仁：《美育十五讲》，北京大学出版社 2012 年版，第 293 页。

② 谭好哲、刘彦顺等：《美育的意义：中国现代美育思想发展史论》，首都师范大学出版社 2006 年版，第 3 页。

③ 陈学恂主编：《中国近代教育大事记》，上海教育出版社 1981 年版，第 229 页。

同时期连续三次发表几乎是同题的“以美育代宗教”的演说与文章。直至其晚年的1938年，还在《“居友学说评论”序》中重提20年前所发表的“以美育代宗教”的主张，并称“本欲专著一书，证成此议”，同时列出了所预拟五项条目。90多年来，人们对蔡氏的“以美育代宗教”说争议不止，曾繁仁主张以历史唯物论的观点，将其放到20世纪初的历史背景中予以审视，肯定其反封建的民主革命精神、反侵略的民族自救精神与反迷信的科学精神，同时也指出其完全否定宗教的片面性。“宗教与人的信仰维度是永远不可能消亡的，而宗教所包含的超越意识和终极关怀在人类的前行中也还是有其价值的。”[①]第三，全面地论述了美育的内涵，为中国现代美育的学科建设奠定了坚实的基础。“这些论述从目前看是以介绍西方理论、特别是康德美学理论为主，蔡氏本人的创见不多，而且有些表述还欠周延，但放到我国20世纪初期的语境中就可以看到这实际上是现代形态的美学与美育学科构建的起始，其作用还是相当巨大的。”[②]第四，在美育的实施上进行了卓有成就的努力与示范，对于我国现代美育发展起到巨大推进作用。

究竟谁是中国现代美育的最先倡导者，学界亦有争议。谭好哲先生说：“王国维堪称中国现代思想史上蔡元培之前系统阐述现代美育问题的第一位思想家。不过，若仅以‘美育’一词的引用和‘美育’学科的介绍来说，王国维还抢不得头功，真正的头功仍属蔡元培。”[③]而曾繁仁则认为，王国维实乃中国历史上第一个倡导现代美育的学者。他说：“如果说在中国现代美育的开创之中，蔡元培以其特殊的政治社会地位在制度建设与学校实施方面作出了开创性贡献的话，

---

① 曾繁仁：《美育十五讲》，北京大学出版社2012年版，第302页。

② 曾繁仁：《美育十五讲》，北京大学出版社2012年版，第302页。

③ 谭好哲、刘彦顺等：《美育的意义：中国现代美育思想发展史论》，首都师范大学出版社2006年版，第9页。

那么王国维则更多地从学术层面,从美育学科的知识主体、独特内涵与方法等层面作出了独特的开创性贡献。蔡王二位各有侧重,相互辉映,成为中国现代美育史上的双子星座。"①在曾繁仁看来,王国维的美育思想表现在以下几个方面:第一,揭示了美育之内涵:心育论,构建了中国现代美育的框架。将美育归结为情育,诚然缩小了美育的覆盖之面。但"'情育论'对个体心灵的关注带有突破旧制、关注个人、解放人性的现代性色彩,而且大体揭示了现代美育的基本内涵,还是有其现实的价值与意义"②。第二,论述了美育的"无用之用",及其培养"完全之人物"之作用。第三,借鉴叔本华的"意志论美学",阐发了美育之途径:艺术解脱说。第四,提出了"审美境界说",并将之作为"人生境界说"的手段与过程。曾繁仁认为,王国维提出人生境界理论,具有非同寻常的意义:首先,他剥离了中国传统美学的"礼乐教化"之学中的政治层面与制度层面的内涵,同时也弃置了西方现代美学中实证的、科学的内容。"正是通过这样的改造创造了崭新的人生境界论美学,完全可以作为中国新美学的起点。"③其次,王国维"人生境界论"美学的提出在一定程度上丰富了中国现代美学史上"以美育代宗教"的内涵。"以美育代宗教"说虽由蔡元培先生提出,但其所针对的是晚清忠君尊孔的逆流,带有很强的政治战斗色彩,而王国维则从审美心理学的角度为美育代宗教理论提供了学理的依据。

梁启超是中国近代史上公认的学术大师,然其在美学与美育领域的成就之高低,前期与后期之关系,具体的美学与美育理论贡献等方面一直是学术界的议题,原因就在于梁氏在美学与美育学科建设上还没有明显而自觉的学科意识,其文章与著作中没有"美学"与

---

① 曾繁仁:《美育十五讲》,北京大学出版社 2012 年版,第 306 页。
② 曾繁仁:《美育十五讲》,北京大学出版社 2012 年版,第 308 页。
③ 曾繁仁:《美育十五讲》,北京大学出版社 2012 年版,第 319 页。

"美育"的字眼。曾繁仁认为，梁氏的美育思想是一个隐性的体系，这个体系就是以"新民"为其出发点，以"文学移人"、"情感教育"、"趣味教育"为其内容，以"美术人"、"生活艺术化"为其指归，以新的艺术形式"小说"以及对于中国古代作品的现代阐释为其手段。依曾繁仁之见，梁启超的美育思想在特定的时代背景中有着重要的历史价值：他的美育理论突破了中国古代"礼乐教化"的传统模式，"新民说"、"少年中国说"、"教育救国说"等等仍在我们耳际回响，这对于中华民族真正获得审美地生存仍然有着现实的意义。其次，其美育理论具有很强的实践性，其理论不是来自书本，而是来自现实，来自生活中所提出的问题。第三，梁氏包括美育在内的"不中不西即中即西"的方法也是值得我们借鉴，"梁氏借鉴了许多西方现代学术元素，哲学的，美学的，教育学的，心理学的等等，但也力图不脱离中国古代传统文化，他对于中国古代韵文的情感阐释、对于杜甫与屈原的理解，都是对于传统的现代解释，但又没有完全离开传统。这种中西结合视野中的理论与学术创新，不能说没有一点牵强之处，但这种探索却是极为可贵的，值得我们借鉴"①。

朱光潜是我国当代兼通古今中西的杰出美学家之一。难能可贵的是，在政治挂帅的新中国，他始终坚持其"人生美学"的路径。其"人生美学"以"有机创造论"哲学观为基础，不仅批判了克罗齐将直觉与道德、知识相割裂的错误，而且批判了康德将"知、情、意"相割裂的错误。在曾繁仁看来，朱光潜的"人生艺术化"的美学与美育思想表现在以下几个方面：第一，他反对科学主义的简单认识论而力主审美立场的"人生有机论"，从而将审美由冷冰冰的认识引向了活生生的人生。第二，他坚持"以出世的精神做入世的事业"的审美的人生态度。第三，他将美感教育放到民族复兴的高度，坚持以艺术作为美

① 曾繁仁：《美育十五讲》，北京大学出版社2012年版，第331页。

育实施的途径。第四,他以"人生论"美学为视角对中国古代的"礼乐教化"作了新的阐释。"'和'是乐的精神,'序'是礼的精神。'序'是'和'的条件,所以乐之中有礼。"①"儒家特别看重个人的修养,修身是一切成就的出发点,所以伦理学为儒家哲学的基础。……礼乐的功用都在'平好恶而反人道之正',不至'灭天理,穷人欲',宋儒的'以天理之公胜人欲之私'一套理论,都从此出发。"②第五,朱光潜以"诗"为例,比较了中西美学与艺术之差异:西方人伦诗以恋爱为中心,而中国人伦诗重朋友的交情和君臣的恩谊;中国自然诗以委婉、微妙、简隽胜,而西方自然诗则以直率、深刻、铺陈胜;中国诗神韵微妙,而西方诗意蕴深广。第六,在审美境界论上,朱光潜发展了王国维的"境界说",指出境界是在"实际的人生世相之上另建立一个宇宙",它是"意象与情趣的契合"。对于朱光潜美学与美育的局限,曾繁仁亦有所批判:"他的美学思想深受克罗齐、尼采与黑格尔的影响,尽管倡导'有机论'哲学,但在实际上却始终没有摆脱主观与客观、感性与理性二分对立的'机械论'魔咒。甚至,他的'境界论'、'意象说'中所谓'物甲'与'物乙'的分别与对立,也不是马克思的辩证艺术观,而是保留着克罗齐'直觉论'的深刻影响。他在特有历史文化背景下长期隐约地秉持一种文学艺术上西强中弱的观点,例如对中国古代戏剧的评价、对中国文化中的宗教情怀的评价等等。他深受西方以黑格尔为代表的启蒙主义理论家'人类中心主义'的影响,力倡'艺术中心主义',贬仰自然之美等等。"③

丰子恺是一位在理论与实践上对我国现代美学与美育作出突出

① 金雅主编,朱光潜原著,宛小平选编:《中国现代美学名家文丛·朱光潜卷》,浙江大学出版社 2009 年版,第 50 页。

② 金雅主编,朱光潜原著,宛小平选编:《中国现代美学名家文丛·朱光潜卷》,浙江大学出版社 2009 年版,第 52 页。

③ 曾繁仁:《美育十五讲》,北京大学出版社 2012 年版,第 346 页。

贡献的艺术家。其美学与美育思想既具有鲜明的时代共性，又具有突出的个人特点。“从时代共性来说，丰子恺作为一名极富爱国之心、正义之感和启蒙精神的艺术家，力倡一种‘为人生’的艺术与审美教育，在这一点上他与同时代的朱光潜等学者是一致的。但丰子恺师从弘一法师李叔同并皈依佛门的特殊经历，又使其艺术与美学思想打上了浓浓的佛学印记，他对‘同情心’、‘艺术心’的倡导即是例证。”①据此，曾繁仁将丰子恺的美学与美育思想概括为“人生—同情论”。其一，丰子恺所坚持的是一种非功利、非实用的“绝缘论”审美观。“将审美的‘绝缘’归结为一种童心、一种趣味，实际上是将之归结为一种返璞归真、超脱尘世的生存态度，的确是丰子恺的创意所在。他的更进一步的创意是将审美的‘绝缘’归结为对尘世因果网的剪断。”②其二，丰子恺倡导“人的教育”的美育观，这种美育观致力于培养人对社会、人对自身的审美态度。其三，丰子恺坚持“爱心论”的创作观，这种“爱”是对宇宙人生、老人儿童与自然万物的关怀。其四，在中西艺术的比较上，丰子恺以“梦与真”作为中西艺术的主要特点。由是观之，丰子恺之所以能在美学与美育思想研究中有着独特的个人身份印记，一是他作为成就卓著的画家来研究美学与美育，包含了自己的极为丰富的艺术创作与审美的经验；二是他作为佛学信徒，以其特有的“清静心”、“同情心”的佛学思想论述审美问题，包含了特有的“童心论”与“护生画”内容。

曾繁仁对中国现代美育思想的研究，阐发了中国现代美育始终以艺术为手段，以“为人生”为宗旨的教育主张，中国现代美育理念在内忧外患、烽火连天的中国诚然有它的局限性，但它毕竟坚持了美育的学科品格，保证了美育旨在“育人”的纯粹性；曾繁仁先生以现代性

① 曾繁仁:《美育十五讲》，北京大学出版社 2012 年版，第 348 页。

② 曾繁仁:《美育十五讲》，北京大学出版社 2012 年版，第 351～352 页。

为学术视野，审视了中国现代美育思想在借鉴西方美育资源时的得与失，同时又从民族危亡的历史背景出发，批判了其脱离现实、脱离社会的教育倾向。这种客观性的评价与研究无疑有益于中国当代美育的健康发展。

第二章　美育的性质:包含感性与情感教育的“人的教育”

关于美育的性质,目前学界大致有三种观点:“从属论”、“形象教育论”和“情感教育论”。在“从属论”方面,最具代表性的是苏联的奥夫相尼科夫等所编的《简明美学辞典》,该辞典在“审美教育”的条目中认为,“审美教育是劳动教育、思想教育、政治教育,特别是道德教育的一部分”。在“形象教育论”方面,最具代表性的就是中国社会科学院文学研究所编写的《〈美学原理〉提纲》。在这个提纲中,编者们认为“美的观念不仅是美的认识的关键,也是美感教育的基础”,而“美的观念”又是“由于人们的形象思维活动的最初成果得到形象的观念,经过概括作用的集中化又成为特定的意象,再进而概括、提高形成典型的意象”。[①] 曾繁仁认为,“从属论”在理论上是讲不通的,因为美育与德育是两个各自独立的范畴。“固然,有时候美是道德的象征,甚至是道德的手段和工具……但是在更多的时候,艺术的目的就是艺术本身,审美本身就是目的。”[②]“从属论”在实践上也是有害的,因为这样势必会把优秀的文艺作品排除在美育大门之外。至于“形象教育论”者,曾繁仁认为其观点也相当片面。因为它

---

① 《美学原理》编写组:《〈美学原理〉提纲》,载《美学论丛》第 4 期,中国社会科学出版社 1982 年版,第 105 ~ 106 页。

② 曾繁仁、高旭东:《审美教育新论》,北京大学出版社 1997 年版,第 92 页。

缩小了“美育”的范围，只将其局限于“艺术教育”领域，从而否定了自然美育和社会美育，更重要的是，这种看法没有认识到美育的独立地位与意义。而对于“情感教育论”，曾繁仁认为其也有局限性，因为它仅侧重于美育的对象与手段，而对其整体特征缺乏更深层次的把握。因此，在吸收鲍姆加登、席勒和马克思三位美育家理论滋养的基础上，曾繁仁指出，美育是一种包含感性与情感教育的“人的教育”。

一　鲍姆加登与“感性教育”

鲍姆加登在学界被人尊为“美学之父”。克罗齐在《鲍姆加登的美学》一文中认为，鲍氏给美学所下的定义是“有史以来最好的定义”，“是他对美学的最大的贡献”。在中国，因长期以来认识论美学的消极影响和语言的障碍，学术界对其美学与美育思想的意义、作用认识得不够。曾繁仁认为，鲍氏所论述的“美学即感性学”、“美的教育即感性教育”的重要理论在当代具有厘清美学与美育内涵，恢复其本性的重要作用。

第一，鲍姆加登首创“美学即感性学”，为美育开辟了“感性教育”的新领域，对工具理性具有反拨的作用。“美学作为自由艺术的理论、低级认识论、美的思维的艺术和与理性类似的思维的艺术是感性认识的科学”[①]，为此，鲍姆加登创立了“Aesthetica”一词，将美学与逻辑学、伦理学区别开来。鲍氏首创“美学即感性学”不仅反拨了工具理性的独断论，而且批判了西方长期盛行的“美学即艺术哲学”理论。“鲍氏提出的‘美学即感性学’的命题已经将审美扩展到感觉、幻想、虚构、记忆、洞察、预见、判断与命名等一切方面，具有了极大的鲜活性、生动性与生命力。……由此进一步说明鲍氏拟突破传统的

① ［德］鲍姆嘉滕著，简明、王旭晓译：《美学》，文化艺术出版社 1987 年版，第 13 页。

‘美学即艺术哲学’的理论框架意图,有回归古典时代‘艺术即技艺’之意,说明审美并不等于艺术,而是涵盖了比艺术教育更为宽泛的领域。”[①]鲍姆加登除了对美学性质给予明确界定外,还对“审美教育”的内涵作了科学的说明。他说:“一切美的教育,即那样一种教养,对在具体情况下作为美的思维对象而出现的事物的审视,超过了人们在以往训练的状况下可能达到的审视程度。熟悉了这种教养,通过日常训练而激发起来的,美的天赋才能,就能成功地使兴奋起来的,转化为情感的审美情绪——包括在珀耳修斯那里看到的那种‘尚未沸腾’的审美情绪——对准美的思维的某一确定对象。”[②]曾繁仁认为,鲍氏在这里对审美教育的内涵作了充分的揭示。其一,审美教养的主要内涵是“作为美的思维对象而出现的事物的审视”。这里所谓“美的思维对象”就是“低级认识”即“感性”的对象,揭示了审美教养作为“感性教育”的基本特质。其二,揭示了审美教育提高人的审美能力的重要作用,说明低级的感性认识也有一个提升的过程。其三,进一步揭示了审美教养作为“感性教育”的具体内涵是对“天赋才能”的“激发”。其四,揭示了审美教育的目的是“转化为情感的审美情绪”,也就是美育的目的是通过感性教育的途径达到情感培养与提升的目的。

第二,鲍姆加登提出“感性认识的完善”的美学内涵,揭示了审美与美育的经验与知识共存的内在特性。“美学的目的是感性认识本身的完善(完善感性认识)。”[③]曾繁仁认为,鲍氏这个论断本身就是一个二律背反的悖论判断:感性本身就是经验的、个别的、例外的与

---

① 曾繁仁:《美育十五讲》,北京大学出版社2012年版,第7页。

② [德]鲍姆嘉滕著,简明、王旭晓译:《美学》,文化艺术出版社1987年版,第39页。

③ [德]鲍姆嘉滕著,简明、王旭晓译:《美学》,文化艺术出版社1987年版,第18页。

模糊的,而审美却又要求一种与之相反的知识的、普遍的、必然的与明晰的完善性,两种倾向统一在一个审美活动中必然就是一个悖论。鲍氏在论述低级认识能力时指出“这种能力不仅可以同以自然方式发展起来的更高级的能力共处,而且后者还是前者的必要前提”,又说,“就经验而言,以美的方式和以严密的逻辑方式进行的思维完全可以和谐一致,并且可以在一个并不十分狭窄的领域中并存”。[①] 在这里鲍氏指出了美育具有感性与理性、个别性的经验与普遍性的知识和谐并存的内在特性,这一思想后来被康德所继承与发展。但康德的继承有得有失:首先,从理论上来说,更加周延,特别将其归结为一种在审美与艺术中具有普适性的“二律背反”方法,使得这种“共存”、“共处”在理论上更加精致与完备;其次,将这种“共存”、“共处”的重心作了调整,鲍氏将这种重心落脚于“感性”与“模糊性”之上,使之更加符合审美、艺术与美育的根本特性,但康德将这种重心落脚于“理性”与“道德”,使审美成为“道德的象征”,这又偏离了鲍氏对理性派反拨的初衷,是一种明显的倒退;最后,在两者“共存”与“共处”的根据上,鲍氏将之归结为作为人的直觉本能的“类似理性思维”,不仅从自身与内部探寻根源,具有比较充分的理论说服力,而且将其归结为人的直觉本能也具有较多的科学与事实根据。但康德却将两者“共存”与“共处”的根据归结为一种神秘莫测的“先验的先天原则”,这不免使这一理论也变得神秘莫测起来,因此也应该是一种后退。[②]

第三,鲍姆加登提出“理性类似思维”的概念,直抵审美与美育的深层生命根基。根据鲍氏在《形而上学》一书中的论述,“理性类似思维”包括:认识事物一致性的低级能力、认识事物差异性的低级能

① [德]鲍姆嘉滕著,简明、王旭晓译:《美学》,文化艺术出版社 1987 年版,第 26 ~ 27 页。

② 曾繁仁:《美育十五讲》,北京大学出版社 2012 年版,第 10 页。

力、感官的记忆力、创作能力、判断力、预感力、命名力等等。[1] 由此可以看出,这种“理性类似思维”是一种不同于凭借于逻辑与概念推理的感性直觉能力,却能把握好事物的一致性、差异性、历史性、关联性及某些特性等。鲍姆加登对“理性类似思维”特点的揭示,“这是鲍氏对启蒙主义以来的理性主义、工具主义对感性与理性、灵与肉分离的倾向的一种反拨,是对长期被压抑的感官、身体这种天资中‘低级能力’的一种唤醒”[2]。在曾繁仁看来,鲍氏对审美之感性学,美育之感性教育本性的论述,特别是其对于审美之“类似理性思维”的论述,具有某种人类学的意义,直抵人性之深处。它说明感性与“类似理性思维”就是人类早期思维的特点,这与维柯在《新科学》中所说的“诗性思维”、中国《周易》之中所说的“象思维”具有相通之处。曾繁仁对鲍姆加登“感性教育”思想的挖掘,不仅唤醒了被人类湮没已久的“诗性思维”与“象思维”,而且扭转了当前学界将审美教育视为单纯“知识教育”的错误倾向,使审美教育回归到“感性教育”的正途。

二 美育是一种情感教育

众所周知,席勒的美育思想来自于康德的启示,在康德的美学原则中,“知”与“意”是两个相互隔绝的领域,而沟通这两个领域的桥梁正是“情”。在此基础上,席勒建立了自己的审美教育思想,即审美教育就是要在感性和理性的领域之外开辟一个新的清除了感性和理性束缚的高尚的情感领域。“我们因美而感到赏心悦目时,我们就分辨不出主动与被动之间的这种更替,在这里,反思与情感完全交织在一起,以至于使我们以为直接感觉到了形式。因此,美对我们来说固然是对象,因为有反思作条件,我们才对美有一种感觉;但同时美又

---

① [德]鲍姆嘉滕著,简明、王旭晓译:《美学》,文化艺术出版社 1987 年版,第 13 页。

② 曾繁仁:《美育十五讲》,北京大学出版社 2012 年版,第 12 页。

是我们主体的一种状态，因为有情感作条件我们对美才有一种意象。”[①]曾繁仁认为，将“情感”对应“审美”是不错的，但二者也不能简单地画等号。他说：“将审美教育大致划定在情感教育的大范围之中是有道理的，但是，若要这一概念经得起推敲，还需加上许多限定词进一步阐发。”[②]

首先，审美教育作为“情感教育”中的“情感”，不是一般的情感，而是“审美情感”。曾繁仁说：“人们在现实社会生活中的活动都不能与情感活动绝缘，然而，人们在现实社会中的情感活动基本上是一种伦理情感、道德情感，而并不就是审美情感。”[③]在他看来，审美情感与伦理—道德情感的区别在于，审美情感是对审美对象取一种非功利、无利害的观照的态度，而伦理—道德情感则直接诉诸功利和利害。比如，人们喜爱《红楼梦》中多愁善感与绰约风姿的林黛玉，但不会娶她为妻，这是因为在现实生活中，人们更多的是基于一种道德和伦理实践的考虑，而非审美情感。审美情感还不同于认知情感，“审美情感只是为了满足人的情感需求，而认识情感则是为科学认知服务的”[④]。因为在道德与认知实践活动中，人们的情感导向伦理实践和科学认知，追求“真”与“善”，而只有在艺术实践中，情感才以自身为目的，追求“美”。当然，这种划分只具有相对意义。“审美情感也不能与道德情感、认识情感完全分开。艺术中不可能没有道德意识，即使反对人为而追求自然的‘纯田园山水诗’，也是道家的‘道德’理想的体现。因此，审美评价也不可能脱离道德评价而超然独善。艺术——特别是现代派艺术，具有某种非智主义的倾向，但这种非智主

① [德]弗里德里希·席勒著，冯至、范大灿译：《审美教育书简》，上海人民出版社 2003 年版，第 207 页。

② 曾繁仁、高旭东：《审美教育新论》，北京大学出版社 1997 年版，第 100 页。

③ 曾繁仁、高旭东：《审美教育新论》，北京大学出版社 1997 年版，第 101 页。

④ 曾繁仁、高旭东：《审美教育新论》，北京大学出版社 1997 年版，第 103 页

义本身就是一种对世界认识的体现,反理性的背后深藏着一种理性内容。……从这个意义上说,认识和道德是渗透于审美情感之中的。反过来说,伦理道德活动、认识活动也不可避免地要夹带着审美的因子。"①

那么,审美情感到底具有什么特点呢?康德说:在快适、美、善的愉快里,"只有对于美的欣赏的愉快是唯一无利害关系的和自由的愉快"②。席勒也说:"艺术是自由的女儿","正是通过美人们才可以走向自由"。③ 据此,曾繁仁得出结论,"自由性"是审美情感的首要特点。他说:"审美情感不同于道德情感受伦理实践的法则的束缚,也不同于认识情感受客观物理法则的约束,而是一种游戏性的情感、自我观照的情感——自由的情感。"④他举例说,假如现实中有一个叫俄狄浦斯的人,他在杀父娶母之时,人们必定在道德情感的支配下加以拦阻;但如果是在演出过程中,人们却不会阻拦。因为在现实中,人们的道德情感直接服从于意志,是不自由的;而在艺术中,伦理情感的不自由就会为审美情感的自由所取代。正所谓"文之思也,其神远矣。故寂然凝虑,思接千载;悄焉动容,视通万里;吟咏之间,吐纳珠玉之声;眉睫之前,卷舒风云之色;其思理之致乎"⑤。审美情感也不等同于认识情感,"在科学认识中,主观心灵的自由要服从于逻辑和法则,而就逻辑和法则的本性而言,则是和审美情感的自由相对立

---

① 曾繁仁、高旭东:《审美教育新论》,北京大学出版社 1997 年版,第 103 ~ 104 页。

② [德]康德著,宗白华等译:《判断力批判》上册,商务印书馆 1964 年版,第 46 页。

③ [德]弗里德里希·席勒著,冯至、范大灿译:《审美教育书简》,北京大学出版社 1985 年版,第 13 ~ 14 页。

④ 曾繁仁、高旭东:《审美教育新论》,北京大学出版社 1997 年版,第 109 页。

⑤ 《文心雕龙》。

的”[①]。比如,科学家的假说再充满想象力,其最终都要受到科学逻辑和物理法则的制约和检验。不仅如此,科学认识与审美自由还有相对立的一面。曾繁仁说:“科学认识的分析性在枪杀着审美情感的生动性和圆满性,科学的实证性也抹平了在审美情感的驱动下不着边际的想象力。”[②]曾繁仁这一结论可在现实中找到依据。比如,古人对月亮的构成一无所知,只看到它很美很柔和,于是凭借丰富的想象力创造了“嫦娥奔月”的神话,但随着科技的发展,人类登上月球,人们的这种想象力和直觉便被慢慢地剥夺了。

审美情感的第二个特性就是创造力。曾繁仁说:“审美情感较之科学认识、伦理道德,离创造力更近,甚至可以说,审美就是一种创造性活动。”[③]毋庸置疑,科学中诚然有创造,比如,牛顿看到苹果落地发现了万有引力,瓦特看到开水蒸气顶开壶盖而产生了发明蒸汽机的灵感。伦理道德虽然比较稳定,但在社会文化转型期亦有许多创造,比如在中国五四新文化运动中,我们就创造了许多新道德。但是“科学认识更多地需要学习和积累,伦理道德更多地需要遵从,只有在审美的情感领域,才始终伴随着创造性活动”[④]。这一点,康德曾有过偏激的论述:“人们在这一点上是一致的,即天才是和摹仿的精神完全对立着的。学习既然不外乎是摹仿,那么,最大的才能,学习,作为学问,仍究竟不能算作天才。……因为这一切科技仍是人们能学会的,仍是在研究与思索的天然的道路上按照着法规可以达到的,而且是和人们通过勤恳的学习可以获致的东西没有种别的区分。……所以在科学里面最伟大的发明家和最辛勤的追随者和学徒也只是程度上的差别;与此相反,对美术获得天赋的人是和他们却有种类

① 曾繁仁、高旭东:《审美教育新论》,北京大学出版社 1997 年版,第 111 页。
② 曾繁仁、高旭东:《审美教育新论》,北京大学出版社 1997 年版,第 113 页。
③ 曾繁仁、高旭东:《审美教育新论》,北京大学出版社 1997 年版,第 117 页。
④ 曾繁仁、高旭东:《审美教育新论》,北京大学出版社 1997 年版,第 117 页。

上的区别。”[①]康德的说法虽有点偏颇,但天才和创造力确是审美情感和艺术创作的特征是毫无疑义的。曾繁仁认为,伦理道德和科学认识中的创造性活动,也有审美因素。比如历史上那些对已有的伦理道德进行反叛的人,往往具有强烈的审美情感和艺术家的气质。中国古代的庄子,其哲学同时也是美学;法国哲学家卢梭正是靠艺术家的敏感气质开了浪漫主义文学的先河;尼采这位伦理道德的破坏者是一个不折不扣的艺术家。这些伦理道德的破坏者,其创造力正来自于审美情感与气质。科学创造同样如此,表面看它似乎不需要情感,但一到科学理论需要突破的时候,就需要到人的情感领域去找寻。有人说,爱因斯坦的相对论就是基于一种审美的思考,因为从惯常的知识逻辑中,怎么也推断不出相对论。通过对伦理创造、科学创造与审美创造的比较,曾繁仁指出:“在伦理道德领域,创造是为了道德的完善和社会的发展服务的;在科学知识领域,创造是为了增长知识(理论)或驾驭自然(实践)服务的;只有在审美的情感领域,创造的目的就是创造本身,因为只有在创造中,人才能得到自由,情感才会得到满足。正是在这个意义上,创造才成为审美的特征,而审美创造才成为人类一切创造之源。”[②]

在曾繁仁看来,审美情感的第三个特征是感性特征。众所周知,“美学”一词诞生之初是“感性学”的意思,尽管鲍姆加登对这门学科的评价不高,将感性认识视作为一种“混乱的认识”,但人们不得不承认这一点:一些与理性主义对立的哲学流派,往往因其对感性的执著,反而比纯理性哲学更深刻。比如西方大哲学家尼采,其哲学与伦理学就有一种泛美学色彩。在他看来,一个脱离感性世界的高高在

---

① 宗白华译:《西方美学名著选译》,安徽教育出版社 2000 年版,第 153 ~ 154 页。

② 曾繁仁、高旭东:《审美教育新论》,北京大学出版社 1997 年版,第 120 页。

上的上帝死后,“灵魂蔑视肉体”的“生命之轻蔑者”也将无地容身。[1]因此,人应该“忠实于大地”,通过艺术与大地的本体意志合一,而人和世界只有作为审美现象才有存在的充足理由。罗素说:“尼采向来虽然没在专门哲学家中间、却在有文学和艺术修养的人们中间起了很大影响。”[2]再如中国的庄子,其哲学就是美学,正因其哲学执著于感性,其哲学没有走向宗教,而是走向了审美。人们尽可以指责尼采哲学的“非人道”,庄子哲学的“太消极”,但却不得不承认他们哲学的敏锐与深刻。因此,以审美不脱离感性而从认识的角度说这是一种较低级的“混乱的认识”,或者说它不能直接抵达理念而低于哲学,都是没有根据的。特别是在工具理性过盛的现代,对感性的爱好往往意味着对生命的肯定和人的解放,正因此,以马尔库塞为首的西方马克思主义者就把感性的解放视作人解放的钥匙。“从这个角度讲,在一个偏重理性主义和工具主义教育的时代,强调感性教育,不仅有利于培养学生的审美趣味,体认存在的意义,而且还可以使人热爱生活,热爱生命。”[3]

曾繁仁对“审美情感”特征的界定,不仅廓清了它与道德情感、认识情感的区别,而且论证了审美教育的自由性、创造性与情感性特征。强调审美情感的自由性,实际上是将美育与人的自由解放和全面发展联系在了一起;强调审美情感的创造性,这就在某种程度上承认了美育在当今信息化时代具有培养创新型人才的作用;在一个偏重理性主义和工具主义教育的时代,强调审美情感的感性特征,就给教育者提供了美育的实施准则。即美育作为一种情感教育,其方法

---

① [德]尼采著,尹溟译:《查拉斯图拉如是说》,文化艺术出版社1987年版,第7页。

② [英]罗素著,马元德译:《西方哲学史(下册)》,商务印书馆1982年版,第319页。

③ 曾繁仁、高旭东:《审美教育新论》,北京大学出版社1997年版,第127页。

不能等同于一般的知识性教育，而应该是一种感性的、灵性的教育。这就要求教育者本人具有很高的审美修养和艺术水平，能够以形象的方式去感化他的教育对象。

三　曾繁仁对马克思美育思想的继承与发展

马克思在《1844 年经济学哲学手稿》中说：“动物只是按照它所属的那个种的尺度和需要来建造，而人却懂得按照任何一个种的尺度来进行生产，并且懂得怎样处处都把内在的尺度运用到对象上去；因此，人也按照美的规律来建造。”①这里所谓“任何一个种的尺度”就是认识力对劳动对象规律的把握，而“内在尺度”则指劳动实践中主体的愿望、利益和目的。因此，所谓“艺术的”掌握世界的方式即是审美的掌握世界的方式或情感的掌握世界的方式。曾繁仁继承发展了马克思的这一观点，指出美育的本质不是抽象的情感教育，而是特有的情感判断能力的培养。

曾繁仁在美育的本质问题上力主“情感教育论”，但同资产阶级思想家们的“情感教育论”有着完全不同的理论根据。资产阶级思想家所说的美育是一种抽象的“情感教育”，完全失却了客观的现实根据。如康德的“情感判断”所凭借的就是一种主观先验的理性原则——无目的的合目的性，最后将审美的情感引向神秘的宗教信仰领域。席勒尽管不满意于康德的“哲学宗教学说”，试图从客观的范畴上来探索情感教育的根源，但他也并未摆脱唯心主义，他所说的借以引起情感快乐的根源仍是内心。曾繁仁作为一个马克思主义者，他的美育思想是建立在历史唯物主义的基础之上的。他说：“对于审美情感来说，它反映了人对外界事物一种特殊的肯定性的情感体验，也就是外界事物在一定的程度上符合了自己的审美需要，从而产生

---

① 《马克思恩格斯全集》第四十二卷，人民出版社 1979 年版，第 97 页。

了美感体验。这一种美感体验就是人类反映现实、判断现实的一种特殊的方式。通常我们把它叫做情感判断的能力,或者叫做审美力。它虽然不是对客观事物属性的直接把握,因而同认识有别,但却是对客观事物的审美体验,内中也包含了认识的因素,并从特殊的角度反映了事物的属性。而我们所说的美育,就是旨在通过美的形象的手段,培养人们这种对于客观现实的情感判断能力、审美的能力。"[①]需要指出的是,曾繁仁虽然认为美育的根本任务是培养人的审美力,但他不同意将"美育"与审美力的培养划画号。这是因为"首先,美育是个大概念,其中包括审美力的培养,因而就与审美力的培养不能构成对等互换的概念。……其次,听音乐要有懂音乐的耳朵,看画展要有懂绘画的眼睛,这是自不待言的。然而,将审美力的培养与美育的概念划等号,却潜藏着这样一种危险性:片面地发展人的审美力。……而这恰好与席勒的初衷背道而驰。"[②]

资产阶级思想家们在阐述自己的美育思想时,都是以抽象的、超阶级、超历史的"人"作为其对象。如法国著名启蒙主义思想家卢梭在其教育小说《爱弥儿》中就以抽象的"自然人"作为其对象;席勒在《美育书简》中所说的"感性的人"、"理性的人"、"审美的人",统统是脱离现实的、没有历史内容的抽象的"人"。因此,马克思在其著名的《关于费尔巴哈的提纲》中深刻地指出"人的本质并不是单个人所固有的抽象物。在其现实性上,它是一切社会关系的总和"。恩格斯也在《诗歌和散文中的德国社会主义》一文中批判了席勒的错误倾向,认为这只不过是"逃向康德的理想来摆脱鄙俗气","归根到底不过是用夸张的庸俗气来代替平凡的鄙俗气"[③]。曾繁仁吸收了马、恩

① 曾繁仁:《走向二十一世纪的审美教育》,陕西师范大学出版社 2000 年版,第 19 页。

② 曾繁仁、高旭东:《审美教育新论》,北京大学出版社 1997 年版,第 95 页。

③ 杨炳编:《马克思恩格斯论文艺和美学》,文化艺术出版社 1982 年版,第 235 页。

的美育思想,认为美育的对象应该是现实的、历史的、具体的人。他说:“从我们今天来说,美育的主要对象就是社会主义这一特定时代的青少年。在他们身上集中地反映了时代的、社会的特点。他们长在红旗下,沐浴着社会主义的阳光雨露,经过了马列主义、毛泽东思想的教育,因而有着基本的良好品质。同时不能忘记,当前改革开放的新形势、新条件,一方面给人们带来了激励竞争的积极影响,同时也存在许多消极落后的负面影响,诸如拜金主义、极端个人主义等等。而新时期经济的高速发展、社会的激烈竞争,也不免在人们心理上产生诸多疾患,特别是青少年在心理上的困惑和障碍数量更多。这就是我们美育工作的现实出发点。”①

资产阶级思想家所理解的美育的情感内容是抽象的“自由、平等、博爱”。如康德将美感的心理内容归结为一种抽象的“主观的共通感”;席勒则以抽象的“自由”作为其审美王国的法则。而曾繁仁所主张的情感教育有着特定的社会内容,其核心成分是社会主义与共产主义的崇高情操。他说:“我们所说的情感教育,即美育,是旨在培养一种健康的情感判断能力,即审美能力。而从情感这一心理功能处于认识与意志的中介地位来看,这种审美力中包含审美认识力、审美感受力和审美创造力三个方面。其中,审美的认识力接近于理知的认识,作为世界观的一个方面在审美过程中潜在地发挥作用。它直接地被一个人的政治社会实践所决定,具有鲜明的政治倾向性。……审美的感受力就是在审美认识制约下的对美的事物的感受能力。它是审美力的主要标志。而审美创造力则是按照审美认识,在审美感受的基础上,在实践中创造美好事物的能力,既包括艺术创造,也包括劳动创造和日常的语言行为。这三个方面综合起来就形

① 曾繁仁:《走向二十一世纪的审美教育》,陕西师范大学出版社2000年版,第20~21页。

成一种特有的、以高尚的社会主义与共产主义情操为核心的、美好的精神风貌。"①

资产阶级思想家们总是脱离经济与政治,将美育的地位夸大到不适当的程度,甚至提出种种"美育至上"的口号。例如,席勒在《美育书简》中就将美育作为拯救资本主义社会的唯一途径。他具体地写道:"在审美的国度中,一切事物——甚至使用的工具——都是自由的公民,同最高贵者具有同等的权利。在这里,使驯顺的群众服从自己目的的那种知性,也要去征求他们的同意。这里,在审美外观的王国中,实现了平等的理想,这种理想是那些醉心于此的人早就愿意看到其实现的。如果确实是在王座附近美的音调成熟最早、最完善,那么在这里也必然看到仁慈的命运,它好象是在现实中限制人,推动他进入一个理想的世界。"②我国近代著名的民主主义者蔡元培先生也主张教育万能,他认为,当时社会所存在的私斗、侵略、贫富悬殊等等,只要"教之以公民道德"即可加以解决,而"公民教育"的一个重要途径就是美育。在曾繁仁看来,资产阶级的"美育至上"观是不切合实际的。因为"美育作为一种社会意识形态,决不会仅仅凭此就能'救国',当然更不是什么'万能'。它决不可能扭转经济与政治的进程而变黑暗为光明。它虽然有着重要的社会作用,但从总的方面来说还应被经济与政治所制约"③。

美育,作为教育的一个方面,是以造就人才为其目的的。席勒正是鉴于资产阶级社会人性的分裂、道德的沦丧、始终未能摆脱"畜类状态"才提出美育问题的,他试图通过美育的途径培养出摆脱了感性

① 曾繁仁:《走向二十一世纪的审美教育》,陕西师范大学出版社2000年版,第22页。

② [德]席勒著,徐恒醇译:《美育书简》,中国文联出版公司1984年版,第147页。

③ 曾繁仁:《走向二十一世纪的审美教育》,陕西师范大学出版社2000年版,第23页。

与理性束缚的一代“自由的”新人,使分裂的人性重新在资产阶级身上得到和谐统一。他说:“只有审美的趣味能够给社会带来和谐,因为它把和谐建立在个人心中。一切其他形式的观念都使人分裂,因为它们或者单独地以人的存在的感性部分或者单独地以人的精神部分为基础,只有美的观念才使人成为整体,因为它要求人的两种本性与它协调一致。”①在曾繁仁看来,这种感性与理性和谐统一的“自由的”新人无非是席勒理想中的维护与发展资产阶级统治所需要的人才,而社会主义美育是为了培养一代社会主义新人。这种新人不仅应做到“德、智、体”全面发展,而且应做到“德、智、体、美”全面发展;这些新人不仅能做到科学与人文的和谐统一、理性观念与艺术精神的和谐统一,而且能做到人与自然的和谐统一、身体健康与心理健康的和谐统一。

曾繁仁对马克思主义美育本质思想的继承与发展是当代马克思主义中国化的一部分,他的美育本质观一方面吸取了马克思主义美育本质思想的精华,使新时期的审美教育实践建立在正确的哲学基础与政治方向上,另一方面又克服了西方现代美育思想的唯心主义与人才培养的盲目性,从而使中国各类学校在实施审美教育时有正确的理论依据与培养目标。

---

① [德]席勒著,徐恒醇译:《美育书简》,中国文联出版公司 1984 年版,第 145 页。

第三章　美育的学科性质

一　作为人文学科的现代美育

伴随着以工业革命为标志的现代化进程，西方人文精神获得新的发展并出现复杂的情形。一方面，由于科技的进步，经济的繁荣，人的生活质量空前提高，理性精神获得极大发展。另一方面，由于工具理性的极度膨胀，导致了唯科技主义思潮的产生，由此出现了以物代人，以工具理性代替活生生的人的生存的情况。在这样的情况下，无论东方还是西方都出现了反思超越现代工具理性的新人文精神。“新人文精神不同于文艺复兴人文主义之处，在于它不再局限于对于禁欲主义神性的突破，而主要是对于将人视作机器的唯理性主义和认识论本质主义的突破，走向人的全面发展和美好生存，这恰是美育应有之义。美育作为现代人文精神之体现应是其最基本的定位”[①]。

美育既然体现着新的人文精神，那么它对现代化的负面影响就有了克服之用。正因如此，世界各国开始重视起美育来，西方人以之作为现代“通识教育”的组成部分，中国政府明确将美育作为国家教育方针的有机组成部分。那么，美育到底能否成为一门独立的学科呢？为此，学界莫衷一是，美国于1965年专门召开了“艺术教育是一门独立学科”的研讨会。美育理论家巴肯面对有关美育缺乏逻辑定

① 曾繁仁等:《现代美育理论》，河南人民出版社2006年版，第79～80页。

理因而无法成为独立学科的指责进行了辩驳。他说:“缺乏科学领域中普遍符号系统所体现的关于互为定理的一种形式结构是否就意味着被谓之艺术的人文学科不是学科,意味着艺术探索是无序可循的?我认为答案是,艺术学科是一种具有不同规则的学科。虽然它们是类比和隐喻的,而且也非来自一种常规的知识结构,但是艺术的探索却并非模糊和不严谨的。”但其他的“艺术教育运动”的倡导者却不赞成艺术教育构成独立学科的意见。他们认为,“艺术不是一门学科。相反,它只是‘一种经验’,这种经验或是通过参与艺术创作过程而获得,或是通过亲眼目睹艺术家的创作表演而获得”。[①] 由此可见,争论双方虽然各执一词,但对于艺术教育在现代大学教育课程中的地位并没有分歧。

在曾繁仁看来,美育作为一种人文学科有它的特殊性,这种特殊性表现在它有着明显的价值诉求。这种价值诉求首先表现在审美价值上。“美育就是要通过美的事物的熏陶感染培养受教育者鉴赏美、接受美与创造美的能力,提高其审美素养。”[②]其次,美育具有更高的伦理价值的诉求。这种伦理价值诉求不是独立存在的,而是寓于审美之中。其三,美育与自然科学和社会科学相比,还具有明显的非专业性。它的主要任务不是培养专业技能和专业类人才,而是一种“人性”和“人道”的教育。

按照华伦斯坦对学科的界定,一门学科要想成立,就必须拥有一个有机的知识主体。这个知识主体也即为我们通常所说的学科理论出发点。那么美育的学科理论出发点是什么呢?曾繁仁认为,美育的直接理论出发点就是审美力的培养。他说:“美育作为人文学科其理论出发点应该是围绕人性内涵确立的,也就是说应该从人的素养

---

① [美]阿瑟·艾夫兰著,刑莉、常宁生译:《西方艺术教育史》,四川人民出版社 2000 年版,第 315、318 ~ 319 页。

② 曾繁仁等:《现代美育理论》,河南人民出版社 2006 年版,第 83 页。

的培养着眼。而素养又不是抽象的，它是同人的能力密切相关的。具体到美育来说就是同人的审美力的培养密切相关的。但能力本身并不就是素养，不能说一个人能力强素养就好，而是能力必须经过内化的过程成为人的态度和世界观才能转化成人的素养。但能力还是素养的基础和前提。因此，美育的直接理论出发点还是审美力的培养。"①

在长期的美育研究与实践中，曾繁仁认识到了美育这门学科的内在矛盾性。"这种矛盾性表现在美育作为学科的智性特点与它自身的非智性本性的矛盾，美育作为学科的考评要求与它自身的不可考评性的矛盾，以及美育作为大学教育的阶段性与它作为人性教育的终身性的矛盾。"②首先，美育作为大学的学科，它必须进入课程设置和科学研究中，因而具有智性的特点，但同时它是一种人性的教育，从本质上讲它又是非智性的。为了处理好这一矛盾，曾繁仁建言将美育作为一种特殊的学科来对待。一方面，承认美育这门学科的智性特点，同时，在课程的开设、科学研究和学科建设要求方面，充分考虑到它的非智性本性。其次，美育具有考评和不可考评性的矛盾。美育作为学科和课程，它必须纳入考评之中，但作为人性教育，它自身又的确难以考评，因此，曾繁仁建言在美育的具体考评指标体系的设计上，将定量和定性很好地结合起来，在学科考评中既要考虑到开课、师资、条件、经费等硬指标，又要考虑到审美素养提高的效果这样更为重要的软指标，同时，在美育课程考评中采取个体性测试，将能力和素养的测试放在更加重要的位置。再次，美育还存在着阶段性与终身性矛盾。曾繁仁指出："在美育的教育中不要将立足点放在知识性之上，而要放到端正对审美与艺术的态度之上，将审美的教育作

① 曾繁仁等：《现代美育理论》，河南人民出版社 2006 年版，第 86 页。
② 曾繁仁等：《现代美育理论》，河南人民出版社 2006 年版，第 84 页。

为一种世界观的教育，并培养起对审美与艺术的终生不变的兴趣。”①

二　多维视角中的美育学科

“美育”作为一门边缘性的交叉学科，它涉及教育学、美学、心理学、脑科学、哲学和社会学等诸多方面。而从科学的意义上说，“美育还是应属于教育学，是教育科学中具有独立意义的一个重要分支”②。也正是在此意义上，中国政府1999年6月召开第三次全国教育工作会议，颁布《关于深化教育改革全面推进素质教育的决定》，《决定》从素质教育的高度审视美育，确认了其“不可替代”的地位，并明确提出“要尽快改变学校美育工作薄弱的状况”；教育部还根据美育的实施状况，要求“将美育融入学校教育全过程”，“高等学校应要求学生选修一定学时的包括艺术在内的人文学科课程”。在西方，美国于2000年在《美国教育国家标准》中指出艺术教育有益于学生，因为它能够培养完整的人，并认为没有艺术的教育是不完整的教育。③ 因此，美育的当代发展是人类在20世纪后期普遍重视素质教育的必然结果。

众所周知，素质包括智力因素与非智力因素，智力因素在工业革命以来就被应试教育强调到了无以复加的地位，而意志、情感等非智力因素却在应试教育体制下常常被忽视。正因此，联合国教科文组织1989年12月在我国召开的面向21世纪国际教育研讨会上提出题为《学会关心：21世纪的教育》的报告，将作为非智力因素的“关心”提到未来世纪教育的中心课题。这就说明了世界各国教育家都共同认识到：我们过去教育的最大欠缺是没有将教育我们的学生“学

---

① 曾繁仁等：《现代美育理论》，河南人民出版社2006年版，第85页。

② 曾繁仁：《美育十五讲》，北京大学出版社2012年版，第36页。

③ 王伟：《当代美国艺术教育研究》，河南人民出版社2004年版，第3～4页。

会关心”放在重要位置，我们学生的最大缺点也是缺少关心；在未来的新世纪，人类在教育领域的首要任务就是教育我们的学生“学会关心”。对非智力因素的强调集中地表现在“情商”(EQ)概念的提出与论述。所谓“情商”即“情绪商数”，是同“智商”(IQ)相对立的一种控制与调整自己情感的能力。尽管在教育学与心理学领域对情商(EQ)问题还有争论，但情感因素在人素质结构中的重要作用已引起了普遍的关注。与此相关的还有“多元智能”理论，“在多元智能理论中，我提出所有正常人拥有至少七种相对独立的智能形式”①。这七种智能为语言智能、数学逻辑智能、音乐智能、身体运动智能、定向智能、人际关系智能和自我认识智能。加德纳的“多元智能”理论在美国引起了强烈反响。从独立学校全国联合会、教育立法者、教育记者、大学教授到学生家长和学生本人都十分关心这一理论，并参加到“多元智能”理论的讨论和实践之中。“多元智能”理论之所以引起如此强烈的反响，重要的原因就在于它适应了时代的要求，摒弃单一的应试教育，倡导多元的素质教育。所有这些情况表明，人类情感因素的熏陶与矫正已引起了教育学与心理学界的重视，并走到学科的前沿。

曾繁仁认为，教育科学中教与学以及人才培养的基本规律都适用于“美育”，但这些规律只能给美育以指导而不能代替它自身的特殊规律。因为美育具有自身的特殊性，它是以培养审美力为根本宗旨的，而审美力又是一种特殊的情感判断能力，这就需深入研究审美力的特点及其发展规律。因此，我们对美育进行研究时还须借助于美学理论，特别是审美的理论。正是在此意义上，美育还是美学学科的分支学科。长期以来，在中国现代美学的“美、美感与艺术”的三分

---

① [美]霍华德·加德纳著，沈致隆译：《多元智能》，新华出版社 1999 年版，第 90 页。

结构中,“美育”只从属于“艺术”部分的“艺术的作用”中之“审美教育作用”这一小部分,显得非常不重要。新时期以来,我国美学学科在对外开放的新形势下,逐步跟上国际美学发展的潮流,而“整个西方当代美学大都是立足于人的自由解放和生存质量的提升,因而从广义上来说就是审美教育”①。这就使中国当代美学也带有了美育的性质。

前已论述,曾繁仁的“审美力”理论来自于康德的“情感判断力”的启示,而在康德的美学中,情感判断力是以感性的想象力为基础的判断,它与心理学有着非常密切的关系。这就意味着“只有从心理学的角度深刻地研究审美力的根本特点及其同感知、联想、想象与思维等心理过程的关系,才能真正把握美育的本质,认识其重要性”②。美育的心理机制又以神经活动过程的生理机制为基础,因此,美育又同脑科学紧密相关。美育是一门提高人的综合素质的学科,而“素质”大而言之包含了“身”与“心”两个方面,“心灵”则包含了“知、情、意”三个层面,并同脑的功能与机制密切相关。因此,素质的提高从心灵的角度说主要是充分发掘脑的潜力。可见,“深入探讨美育与脑科学的关系,可以更好地发挥美育加强素质教育、培养新型人才的作用”③。遗憾的是,中国新时期以来,除刘兆吉先生于 1991 年主编了《美育心理学》之外,鲜有学者涉足“美育心理学”的研究。而曾繁仁先生在新世纪之初发表了一系列的“美育心理学”论文,对美育研究突破难关起了很好的引领作用。其论文《美育与脑科学关系初探》(《文史哲》2001 年第 4 期)详细介绍了西方当代最新的脑科学成果,着重探讨了审美的心理机制;《加德纳的“多元智能”理论与美育》[《山东大学学报(哲学社会科学版)》2001 年第 4 期]一文则借鉴了

① 曾繁仁等:《现代美育理论》,河南人民出版社 2006 年版,第 155 页。
② 曾繁仁:《美育十五讲》,北京大学出版社 2012 年版,第 37 页。
③ 曾繁仁:《美育十五讲》,北京大学出版社 2012 年版,第 129 页。

智能的多元化思想，批判了中国传统的“一元化”教育观念和“唯智商”式评价体系，从脑科学的路径将长期被忽视的艺术教育摆放到了突出的位置。

三　美育与德、智、体三育的互补共生

在任何一门学科中，“位置法”都有重要意义。它能让人明确讨论对象所处于和所含有的层次系统，而通过透视其内、外系统，一般可以顺理成章地发现其性质和功能。正是基于此种认识，曾繁仁探究了美育在人类文化结构中的位置，如果说他关于美育性质的探讨是对美育内涵的深层诠释的话，那么，他对美育在人类文化结构中的定位，则是对美育外延的探讨。

众所周知，人的心灵是一个由知、情、意组成的统一世界，它追求着真善美，与此相对，人类有了相应的学科：人类心灵的“知”性层面追求着真，它对应着科学；“意”性层面追求着善，它对应着道德和宗教；而“情”则追求着美，它对应着艺术。科学、宗教、道德、艺术虽有着不同的学科特点，但有一点是相同的，它们都旨在从不同的角度和层面使人的心灵得到全面而完整的发展。同理，德、智、体、美四育虽有着不同的侧重点，但都共同致力于社会主义新人的培养。曾繁仁认为，美育作为现代教育体系中一个组成部分，它广泛渗透于德、智、体教育的各个环节之中，它不是简单地向学生传授理论知识、名词概念，也不是单独地促进人的某一方面技能、技巧的发展，而是使人的各种精神能力获得健康的发展，并相互协调，成为一个有机统一的整体。因此，美育与德、智、体三育之间有着不可分割的内在联系。

（一）美育与德育的关系

长期以来，在我国的教育实践中，德育与美育常常被混淆，或是表现为以德育代替美育，将美育视作德育的附庸，或是表现为泛美育论的空想主义倾向，以美育取代德育，这些倾向均失之偏颇。在曾繁

仁看来,美育与德育是相互渗透的,德育以培养人的高尚道德观念为旨归,而美育则是培养高尚的道德情操的重要手段。的确,培养高尚的道德情操,不能仅仅依靠"晓之以理",还需"动之以情",而美育恰是一种"情感教育",它是通过感性审美对象的诱发,使受教育者在自由的审美体验和情感共鸣中获得个体心灵的满足与升华,同时也获得教益。曾繁仁说:"审美力尽管主要是情感的因素,但作为一种高级的情感,本身就包含着必不可少的伦理道德的因素、善的因素。特别是对社会美的评判,往往同善恶的道德感紧密相联,包含着明显的荣辱感和羞耻心等。"①一个连最基本的美丑都不分的人,是不可能有高尚道德观念的。反过来说,一个真正伟大的艺术家,其道德也是很高尚的;一个文艺爱好者,相对于那些与美完全绝缘的人,一般总要善良些。正因美育与德育有如此密切的关系,新时期以来,曾繁仁积极从事审美教育,其意在于纠正社会上的不道德行为,净化社会风气。曾繁仁强调美育的重要性,并不是要用审美教育的方式来代替必要的道德教育,而是要通过审美教育,培养健康的审美趣味和审美理想,为道德意志和理性的养成与发展提供健康的心理基础。

由此可见,曾繁仁并不赞成美育与德育之间的绝对统一。他以20世纪的现代主义艺术家王尔德、波德莱尔、马拉美、魏尔伦等的言行为例,认为他们的道德之所以败坏,就在于西方极度推崇审美力的培养而忽视了德育的引导。因此,在美育与德育的关系上,曾繁仁坚持对立统一的原则,他说:"在美育与德育的关系上,既不要以德育取代美育,或者将美育看成是德育的工具,从而抹煞美育独立的地位,又不要走上反德育的纯然的审美之路。……我们并不反对美育可以成为德育的手段,充当工具的作用,我们反对的是将美育仅仅作为德

① 曾繁仁:《走向二十一世纪的审美教育》,陕西师范大学出版社2000年版,第92~93页。

育的工具，从而抹煞美育独立存在的价值。”①诚然，在具体的教育教学实践中，德育可以采用形象化、艺术化的方式来进行，并在其中融入更多的情感因素，以避免说教的单调、枯燥。但在德育过程中，“动之以情”毕竟是方法和手段，“晓之以理”才是目的和意义，前者是为后者服务的。而美育的过程，始终伴随着强烈的情感活动和具体可感的形象与形式，“动之以情”既是美育的过程，也是美育的目的，所以，二者之间有着根本性的区别，有着相对独立的意义。

（二）美育与智育的关系

一般说来，一个人的智能包含知、能和识三个方面。所谓“知”，即指一个人掌握知识的多少；所谓“能”，即指一个人的实际技能，包括动作技能（学习、演奏、技艺、操作等实际动手能力）和心智技能（感知、记忆、想象、创造等）；而所谓“识”，又叫识见，它是在“知”与“能”的基础上所形成的综合性智力水平。很显然，在这三者当中，知识是基础，能力是关键，识见是结果。能力是智能中最为活跃的因素，它可以使人从不知到知，从少知到多知，从已有的领域开辟新的领域，从知识转变为识见。有的人“学富五车”，却没有自己的思想，缺乏的其实就是能力。能力主要包括抽象的思维能力和形象的想象能力，而形象的想象能力具有从原有的形象创造出新的形象的举一反三的特点。“这种想像的创造能力正是人的审美能力的表现。它不仅在艺术的创作与欣赏中起着决定性的重要作用，而且也是科学研究必不可少的因素。”②事实证明，想象力在科学研究中可以起到模拟与类推的作用。如德国气象学家魏格纳凭借想象提出了著名的“大陆漂移说”；牛顿因苹果落地而想象出“万有引力”。由此可知，想象与直觉在科学研究中，可以补充事实链条中的不足和没有发现

① 曾繁仁、高旭东：《审美教育新论》，北京大学出版社 1997 年版，第 241 页。

② 曾繁仁：《走向二十一世纪的审美教育》，陕西师范大学出版社 2000 年版，第 94 页。

的环节，使科学家得以创造出近似正确，但又是预想的各种“假说”和理论。

在曾繁仁看来，美育不仅可以开发学生的创造力，而且还可开阔学生的知识视野。他从三个方面论述了这个问题：从最浅层的意义上说，美育对于自然科学的求知不无益处，它不仅可以深入浅出，而且能够寓教于乐。“盖胪陈科学，常人厌之，阅不终篇，辄欲睡去，强人所难，势必然矣。惟假小说之能力，被优孟之衣冠，则虽析理谭玄，亦能浸淫脑筋，不生厌倦。”①从较深的意义上看，美育有利于学生了解社会和文化方面的知识。恩格斯说过：巴尔扎克“汇集了法国社会的全部历史，我从这里，甚至在经济细节方面（如革命以后动产和不动产的重新分配）所学到的东西，也要比从当时所有职业的历史学家、经济学家和统计学家那里学到的全部东西还要多”②。艺术在反映现实方面虽不如科学与历史客观，但其对细节的逼真性刻画是其他任何学科都难以取代的。从最深的层次着眼，美育是“人学”，它可以使人更好地认识自身。曾繁仁说：“过去，人们经常以理性的逻辑分析的方法来研究和观照人之主体，但是，自从上帝死了之后，理性分析的方法就渐渐地为直觉的方法所代替。人们并不否认理性的逻辑分析的方法对于认识客观物理法则的重大作用，但是，以这种方法来研究和认识主体，就是文不对题的了。”③在曾繁仁看来，以理性的逻辑分析的方法研究人，势必会把“人”当做无生物质来处理，这样的“人”必然是一个被肢解的“人”，破碎的“人”，而只有美育，方能把“人”当做整体来研究。

“美育不仅有益于求知，而且可以调节人的大脑机能，提高学习

① 鲁迅：《鲁迅译文集》第一卷，人民文学出版社 1958 年版，第 4 页。
② 《马克思恩格斯选集》第三十七卷，人民文学出版社 1971 年版，第 42 页。
③ 曾繁仁、高旭东：《审美教育新论》，北京大学出版社 1997 年版，第 246 页。

和工作效率。"①现代生理学表明,人的大脑由两半球构成,"左脑"负责人的语言、数学、逻辑等,而"右脑"主管人的图像、音乐及其他非语言信息。如果大脑的某个部分长期处于兴奋状态,就会引起疲劳而转化为抑制,工作效率就会降低。如果在紧张的科学思维之后有一个轻松的文娱活动,人脑的兴奋中心就会转移,工作效率就会提高。关于艺术的这种神奇体验,许多科学家均有所感受。爱因斯坦在创立相对论的日子里,常常在书房里用小提琴演奏莫扎特的奏鸣曲,有时在演奏过程中突然茅塞顿开,创造性思潮不断涌现。在现实的教学实践中,我们也经常看到,一些既努力学习又积极参加文体活动的学生,比那些只顾死啃书本而一刻也不休闲的学生,学得更好。

美育与智育除了有统一性的一面外,还有着对立性的一面。曾繁仁说:"美育与智育的对立在于,美育要求的是综合性,注重的是整体性和完满性,因而是培养全面发展的富有生气的整体人格的教育;智育则倾向于分化,将世界切割成物理的、光学的、化学的……"②正因智育具有分化作用,西方在科技主义思潮的影响下,出现了人的"异化"。席勒才在《审美教育书简》提出要以美育来协调感性与理性的失衡。因此,美育与智育是互补共生、对立统一的关系。"忽视了美育与智育的统一,就看不到美育对于人的智力开发的作用,对于获取各方面知识的重要性,以及对于调节人脑增强效率的功能。而忽视了美育与智育的对立,也就看不到纯然强调智育的有害性,看不到美育对于造就一个富有生气、活力、性格完整的完满之人才的作用。"③

(三)美育与体育的关系

体育作为一门学科产生于近代,但体育活动及与此相伴的体育

---

① 曾繁仁、高旭东:《审美教育新论》,北京大学出版社 1997 年版,第 247 页。
② 曾繁仁、高旭东:《审美教育新论》,北京大学出版社 1997 年版,第 248 页。
③ 曾繁仁、高旭东:《审美教育新论》,北京大学出版社 1997 年版,第 249 页。

思想却早已存在。早在公元前6世纪，古希腊就有了丰富多彩的体育活动和广受重视的体育竞技活动。而在古代中国，儒家为学生设置的“六艺”中的“射”、“御”指的就是体育技能教育。人类对真、善、美的追求其实刚好对应着智育、德育和美育。因此，美育与体育的关系，也就是“心育”之一育与体育的关系，相比德育与智育的关系而言，美育与体育的关系要密切得多。众所周知，德育与体育的关系并不密切，德行好的人可以用好身体去干有益于人类的事情，而德行坏的人可以用好身体去干有害于社会的事情。智育与体育的关系也如此，人的体质的好坏可以直接影响人的智力，但“四肢发达，头脑简单”的情况也不在少数。而美育与体育的关系就不一样了，它们是相辅相成的。“美育以心灵的健康为其目标，而体育则以身体的健康为其目标。心灵的健康一定会促进身体的健康，高尚的精神生活有利于身体各个器官的调节。”①正因如此，美育与体育同出一源，人类童年时代的体育活动与娱乐、艺术活动常常是融合在一起的，人类那些古老的仪式既是一种情感的宣泄与抒发，同时也是一种体育活动。在希腊人的观念里，身体的健美与心灵的美好是统一的，肉体的完美是神明的特性；而在中国古代，修身养性说讲的就是身、心统一辩证关系。

其次，美育与体育有着共同的追求目标，这种目标就是“美”。体育所追求的目标在于身体的健康，而健康从一定的意义上来说也是一种美，即所谓“健美”。当下一般人（特别是妇女）经常做的“健美操”，就是将美育与体育的目的合而为一：既追求身体的健康，又追求人体的美。“事实上，其它一切的体育运动项目，也都有按照美的规律来造型的特点，如果说体操、跳水等运动项目具有优美的特点，那

---

① 曾繁仁：《走向二十一世纪的审美教育》，陕西师范大学出版社2000年版，第98页。

么，举重、田径、球类等项目以其体态、速度、力量、技艺和造型等方式，给人一种壮美的感觉，让‘力之美’在竞技场上律动。”[①]从体育运动的发展趋势而言，一些体育项目已吸取了音乐的节奏和旋律，美术中的造型艺术、舞蹈中的形体动作以及表演艺术的优点，使得体育与美育渐趋融合，如体操、武术、跳水、滑冰等运动项目。而像艺术体操、花样滑冰、花样游泳等项目，与其说是体育运动，毋宁说更像是艺术表演。另外，体育运动中表现出来的勇敢精神、蓬勃的朝气和高尚的风格也是一种精神的美，这种精神的美也是体育运动所追求的目标之一。如古希腊米隆的著名雕塑《掷铁饼者》表现的是一种人的力量与美的精神的交相融合之美。

其三，“从理论意义上看，美育与体育也有不解之缘”[②]。因为审美离不开具体生动的感性形象，而体育就是一种感性活动。在曾繁仁看来，古希腊体育运动之所以发达，就与酒神狄俄尼索斯的感性沉醉的追求不无关系。前苏联著名美学家车尔尼雪夫斯基提出“美是生活”的重要命题，在某种程度上也道出了美育与体育的联系，车氏说：“使青年农民或农家少女都有非常鲜嫩红润的面色——这照普通人民的理解，就是美的第一个条件。”又说，“健康在人的心目中永远不会失去它的价值，因为如果不健康，就是大富大贵，穷奢极欲，也生活得不好受”[③]。因此，无论是从美学品格上，还是从精神追求上，美育与体育都有一种内在的契合性。

（四）美育代宗教

20 世纪初，蔡元培从传播人道主义和世界主义启蒙理想出发，提出了美育代替宗教的主张。在新的世纪，曾繁仁从人类超越死亡的

① 曾繁仁、高旭东：《审美教育新论》，北京大学出版社 1997 年版，第 250 页。

② 曾繁仁、高旭东：《审美教育新论》，北京大学出版社 1997 年版，第 251 页。

③ ［俄］车尔尼雪夫斯基著，周扬译：《艺术与现实的审美关系》，人民文学出版社 1979 年版，第 7～8 页。

视角再一次提出了"美育代宗教"之说，并赋予了它以全新的含义。众所周知，死亡是宗教、哲学和艺术最感兴趣的主题之一。叔本华说："死亡是给予哲学灵感的守护神和它的美神，苏格拉底所以说哲学的定义是'死亡的准备'，即是为此。诚然，如果没有死亡的问题，恐怕哲学就不成其为哲学了。"①曾繁仁通过对中西文化的考察，认为人类超越死亡的方式有三种：宗教的、伦理的和审美的。

在西方人的生活世界里，宗教不仅是一种意识形态，它更是人的一种生存方式。比如人一生下来就要受洗，日常的人际关系要遵循教诫，礼拜日要做礼拜，结婚要进教堂向上帝宣誓，死后由神甫主持葬礼……从生到死，西方人的生活里都有上帝伴随着。但随着科技的发展，宗教的神话开始慢慢走向瓦解。我国近代教育家蔡元培说："日星之现象，地球之缘起，动植物之分布，人种之差别，皆得以理化、博物、人种、古物诸科学证明之。而宗教家所谓吾人为上帝所创造者，从生物进化论观之，吾人最初之始祖，实为一种极小之动物，后始日渐进化为人耳。此知识作用离宗教而独立之证也。"又说："近世学者据生理学、心理学、社会学之公例，以应用于伦理，则知具体之道德不能不随时随地而变迁，而道德之原理则可由种种不同之具体者而归纳以得之；而宗教家之演绎法，全不适用。此意志作用离宗教而独立之证也。"②而在当下，人们更是不愿相信上帝、末日审判和来世这些观念了，更有甚者愿意将灵魂低价卖给魔鬼。据《齐鲁晚报》报道："最近，美国《提问者》杂志在芝加哥、费城、洛杉矶、达拉斯和奥兰多5个城市进行了一次独特的民意调查，了解有多少人愿意将自己的'灵魂'以20美元的价格出售给魔鬼，结果有58%的人愿意，并立即领走了出卖'灵魂'的20美元。"③由此可见，宗教的生活方式在当代

---

① 李瑜青主编：《叔本华经典文存》，上海大学出版社2006年版，第107页。

② 蔡元培：《蔡元培全集》第三卷，浙江教育出版社1997年版，第58～59页。

③ 《齐鲁晚报》1994年12月13日。

世界上确实不能再有所作为了。

曾繁仁认为,伦理的生活方式较之于宗教的生活方式,有着存在的合理性。因为宗教神话已经瓦解了,但伦理道德的格言训条却依然影响着人们的生活方式。比如中国传统的道德价值在"五四"新文化运动的打击之下呈崩溃之势,但中国人并不像西方人那样在"上帝之死"后孤苦无依,而仍然在族类的绵延中自得其乐。即便在当代社会价值危机的情况下,伦理的生活方式还在某种程度上医治着社会的不道德行为。其次,在中国人的观念里,个体生命的永生总是在族类的伦理中得到体现。曾繁仁说:"儒家建构的这个和乐盈盈的大家庭,像一个暖烘烘的大火炉,使孤独的个人再也不会感到孤独,而且不假外求而在家中就能获得一种类似于宗教的慰藉。从历时性的角度看,这个和乐盈盈的大家庭就具有超越个体生命之短暂的功能。个体的人虽然有生有灭,但是,这个大家庭作为族类的绵延不是生生不息的吗? 个体生命作为生命长河中的一滴水,只有汇入大河的奔流不息之中,才会得以不朽和永恒。"①在中国人看来,个体生命虽然有限,但只要他能为族类的繁衍继起生命,他就获得了不朽。

但随着人们生活观念的变化,伦理的生活方式与现代生活亦出现了矛盾之处。这种矛盾表现在三个方面:其一是伦理的生活与个性发展的矛盾,其二是伦理生活与社会法制的矛盾,其三是伦理的生活与计划生育的矛盾。因此,曾繁仁倡导以审美的生活方式取而代之。一般说来,审美的生活方式有三种:消极的审美生活、积极的审美生活和创造性的审美生活。消极的审美生活如庄子,积极的审美生活如尼采,而创造的审美生活在曾繁仁看来,只能实现于马克思理想的共产主义社会。他说:"庄学消极出世的审美生活,是与农业文

① 曾繁仁、高旭东:《审美教育新论》,北京大学出版社 1997 年版,第 263 ~ 264 页。

明的田园牧歌情调相适应的；尼采动态的积极的审美人生观，是与工业文明的动态生活相适应的；而马克思的消除了分工和异化而在劳动中就感受到美的愉悦的生活观，是人类文化精神在更高阶段的体现，它是与人类掌握了世界的规律而排除了偶然性相联系的。”①

宗教的、伦理的、审美的生活方式也有互相交叉的一面。曾繁仁说：“就基督教文化而言，它有其伦理和审美方式，就儒家的伦理文化而言，它也有其审美方式乃至将审美与伦理融合的倾向；只不过在基督教文化中其伦理是宗教伦理，艺术无不浸染宗教意味，而在儒家伦理文化中艺术也具有伦理教化功能而已。”又说：“就现实的人生来说，除了宗教在行将灭亡之外，人们很少是单纯伦理的人，或单纯审美的，而往往是二者兼而有之。而且同时也是政治的人，经济的人……不过，政治、法律再清明，却不能满足人的终极关怀，科学技术再发达，也造不出令人长生久视的金丹大药。”②据此，曾繁仁得出结论：“就对死亡的超越的意义而言，只有审美在现代保持着旺盛的生命力……于是，审美教育——美育，完全有取宗教而代之的资格和现实性。”③

曾繁仁通过对宗教的、伦理的和审美的生活方式的比较考察，将审美教育提高到了意识形态的层面，这就更进一步论证了美育在社会主义教育体系中具有德育、智育、体育所无法取代的功能。

---

① 曾繁仁、高旭东：《审美教育新论》，北京大学出版社 1997 年版，第 269 页。
② 曾繁仁、高旭东：《审美教育新论》，北京大学出版社 1997 年版，第 269 页。
③ 曾繁仁、高旭东：《审美教育新论》，北京大学出版社 1997 年版，第 270 页。

第四章　美育的作用与意义

当前,人类面临着自然生态恶化、工具理性膨胀、市场拜物盛行、精神疾患蔓延等生存非美化的趋势。这种趋势唯有通过审美教育的方式方能得到缓解与遏制。新时期以来,曾繁仁积极从事审美教育意义的探索,以图唤醒国家意识对审美教育的重视,不仅如此,曾繁仁还从世界范围内吸收最新的神经学与脑科学的研究成果,来论证美育的中和协调功能。

一　美育的根本任务:培养生活的艺术家

20世纪以来,无论东方还是西方,在现代工业文明的推动下,社会生产力都得到了大幅度提高,人类社会呈现出前所未有的繁荣与兴盛。然而,现代工业文明的发展也带来了人与自然、人与社会、人的物质生活和精神生活等方面的关系失衡。针对这些问题,曾繁仁深刻阐述了当代美育的社会使命,提出了“生活艺术家”的培养目标。

那么,什么是“生活的艺术家”呢?“所谓‘生活的艺术家’是相对于专业艺术家而言,他不是以艺术作为自己的职业,但却以艺术的、审美的态度去对待生活、社会和人生。”①在曾繁仁看来,“生活的艺术家”不仅具有健康的审美观念、较强的审美能力,而且还具有审美的人生态度。

---

① 曾繁仁等:《现代美育理论》,河南人民出版社2006年版,第41页。

其一,“生活的艺术家”具有健康的审美观念,能正确区分美与丑。千百年来,中西哲人对美与丑的辨别莫衷一是,有人说美是客观的,有人说美是主观的,有人说美是主、客观的统一,有人说美在关系等等,总之,“美是难的”。正因这种思辨的美学不能解决现实难题,20世纪以来,西方美学跳出了对美的本质探讨的怪圈,转向了艺术人生,转向了美育。曾繁仁认为,美与丑的问题是一个情感判断问题,不能简单地以正确与错误来判断,而只能以是否健康为判断准则。健康的审美观就是对真与善、知与意两个侧面的统一观,“而且更多地贯彻着善对真、意对知、理性对感性、一般对个别的制约性与统领性。也就是说,在美与丑的辨别中应贯穿着对人类进步有益、符合大多数人利益的主旨与精神。而其核心则是对人类社会与生活和谐发展的追求。”①

其二,“生活的艺术家”具有较强的欣赏美与创造美的能力。审美力与创美力可统称“创造的想象力”。这种创造的想象力包含想象力、知性力、理性力和鉴赏力等因素。在这众多心理功能中,想象力是最为活跃的因素,它可发挥模拟类推作用;知性力即为形式逻辑判断能力,它能从根本上区别审美快感与生理快感,并使审美活动成为有意义、有逻辑的精神活动;而理性力则具有了深刻的伦理道德价值,它使审美具有了无限丰富深广的内涵。在这众多的心理功能中,唯有审美力方能综合协调以上诸种心理能力,使它们发挥综合效应。

其三,“生活的艺术家”还具有审美的人生态度,即他能以和谐发展的态度去对待自然、社会、他人与自身。换言之,他能以艺术的眼光使生活情趣化、超脱化、道德化与完满化。首先,“生活的艺术家”能以审美的态度对待自然,建构符合生态原则的“绿色人生”。其次,“生活的艺术家”能以审美的态度对待社会。一般而言,社会和谐统

① 曾繁仁等:《现代美育理论》,河南人民出版社2006年版,第41~42页。

一的途径有三种:一为法律,二为道德,三为美育。前两者是一种强制性的调控力量,并不是长效机制,只有美育方可把内外的强制转为内在的自觉。“人要想有能力而且有本领从自然目的的狭窄圈子里把自己提高到理性目的的高度,他必须在受自然目的支配的时候就已经为了适应理性目的而训练自己,必须以一定的精神自由——即按照美的法则——来实现他的物质规定。”①因此,建立和谐统一的社会关系,无论如何也离不开美育的途径。再次,“生活的艺术家”能以审美的态度对待自身。长期以来,人类更多地关心社会和自然,而对自身的心理与人格发展有所忽视,因而导致精神危机成了全人类的共同疾患。这种“现代病”主要表现在人的精神苦闷、彷徨、忧郁、焦虑、沮丧、精神分裂、自杀等精神疾病不断增加。鲁枢元谈到,在精神健康角度上讲,20 世纪的人比 19 世纪的人病得更厉害。中国精神病的发病率从 20 世纪 50 年代的 2.8‰,上升到 90 年代的 10.54‰。精神的“真空化”、行为的“无能化”、生活风格的“齐一化”、存在的“梳理化”日趋明显。② 不难设想,如果听任这些疾病的蔓延,人类的精神危机将远远超过癌症与艾滋病的危害。那么如何医治这些“现代病”呢? 曾繁仁开出了药方:“人类必须以审美的态度对待自身,使自身特别是心理与人格得到和谐协调的发展。而心理与人格和谐协调发展的核心是培养提升人的内在情感力,使每个人都充满着美好高尚的情感。这是健全的心理和健全人格的基础,也是新世纪使人类更加美好的基础。”③

---

① [德]弗里德里希·席勒著,冯至、范大灿译:《审美教育书简》,北京大学出版社 1985 年版,第 118 页。

② 鲁枢元:《生态文艺学》,陕西人民出版社 2000 年版,第 152 ~ 155 页。

③ 曾繁仁等:《现代美育理论》,河南人民出版社 2006 年版,第 44 页。

二　美育在素质教育中的作用：培养情商

众所周知，经济全球化时代是一个以知识创造为特征的时代，个体的创造素质在社会发展中起着关键性的作用。长期以来，我国深受西方传统教育模式的影响，在教育体制中推崇智力教育，而对情商等非智力因素有所忽略。鉴于此，曾繁仁运用最新的心理学与脑科学的研究成果，以实证性研究论证了美育在素质教育中具有培养情商的作用。

"情商"理论由美国行为与脑科学家戈尔曼最先提出，"情感智商包含了自制、热忱、坚持以及自我驱动、自我鞭策的能力"①。在戈尔曼看来，"情商"是一种受理性制约的情感，是理性与感性的一种平衡器。后来，美国耶鲁大学心理学家彼德·萨洛维将其内涵概括为五个方面：其一，了解自我——当某种情绪刚一出现时便能察觉，这是"情商"的核心；其二，管理自我——调控自我情绪，使之适时适地地改变；其三，自我激励——服从于某种目标而调动、指挥情绪的能力；其四，识别他人情绪——在情感自我觉知的基础上敏锐地感受到他人的需求与欲望；其五，处理人际关系——就是调控与他人的情绪反应的技巧。那么"情商（EQ）"与"智商（IQ）"之间是什么关系呢？曾繁仁说："人们各项能力中'情商'处于特定的'中介'地位，它决定了一个人能否圆满地发挥包括智商在内的其他能力。一个'情商'较高的人能更好地运用自己的智能取得丰硕成果，相反，一个'情商'较低的人由于不能驾驭自己的情感从而削弱了他的理论思考能力，束缚了智能作用的充分发挥。"②

曾繁仁的这一结论是建立在最新脑科学成果基础上的。现代脑

---

① ［美］丹尼尔·戈尔曼著，耿文秀、查波译：《情感智商》，上海科学出版社1997年版，第179页。

② 曾繁仁等：《现代美育理论》，河南人民出版社2006年版，第219～220页。

科学表明,人脑分为左右两半球,它们有着各自不同的分工。“右半球对空间进行综合,左半球对时间进行分析;右半球着重视觉的相似性,左半球着重概念的相似性;右半球对知觉形象的轮廓进行加工,左半球则对精细部分进行加工;右半球把感觉信息纳入印象,左半球则把感觉信息纳入语言描述;右半球善于做完形性综合,左半球则善于对语言进行分析。”①即大脑右半球的功能偏重于空间、视觉、形象等等方面,而大脑左半球功能则偏重于时间、概念、语言等等方面。正是基于这一科学认识,曾繁仁指出:“加强审美教育,通过优美的形象和动听的音乐就能起到激活并强化右脑的功能。”②其次,曾繁仁这一结论还得到了神经心理学的验证。美国神经科学家约瑟夫·勒杜的研究表明:眼、耳等感觉器官所传递的信息进入丘脑后,有两种传递路径,一种是通过神经突触直达杏仁核;另一是沿主干道进入大脑皮质,皮质经若干不同水平的通路聚合信息,充分领悟后发出情绪的特定反应。所以当人发怒或恐慌时,常常是大脑的杏仁核快速作出反应,控制了神经系统,使人失去理智。因此人类理智要想战胜情感,就必须控制、规范由杏仁核发出的原始情绪冲动。而“情感教育或美育的重要作用就是强化大脑皮质前额叶对杏仁核的控制、规范作用,使人类的情感反应更加理性,超越原始本能状态进入更高级的层次”③。其三,美育还可以促进人的身心健康。科学研究表明,人的心理活动是受神经—体液综合调节的。而激素是体液的重要组成部分,它的分泌受到中枢神经的调节,同时又对体内重要的内分泌腺的活动有促进作用,并影响到各个器官及人的行为。日本医学科学家春山茂雄说:“在所有的脑内吗啡肽之中,作用力最强的,大概就是当我们心情愉快时出现的β—内腓肽。”“反之,凡是人在生气或感到

① 韩济生主编:《神经科学原理》,北京医科大学出版社1999年版,第938页。
② 曾繁仁等:《现代美育理论》,河南人民出版社2006年版,第107页。
③ 曾繁仁等:《现代美育理论》,河南人民出版社2006年版,第74页。

害怕时，就会分泌出甲肾上腺素及肾上腺素，这两种荷尔蒙都具有相当强的毒性，所以常生气或者感到恐惧的人，就很容易累积超过人体负荷的毒素而得病或迅速老化。"①"脑内吗啡肽"对人的作用表现在三个方面：第一，活化脑细胞，促使细胞维持在年轻有活力的状态；第二，促进失去平衡的左右大脑半球恢复平衡；第三，具有增强大脑能量的作用。根据这一科学成果，曾繁仁指出："审美教育可以通过美的对象，使主体在欣赏（教育）过程中，在大脑中产生内吗啡肽，在心理上产生愉快轻松的'正效应'，在生理上产生有利于促进大脑能量与身体健康的积极作用。"②

前已记述，人的智能包括知识、能力、识见三个部分，而想象力是能力的最重要的因素。当代心理学认为，想象在科学研究中可以起到模拟和类推的作用，而在想象力的培养中，美育起着至为关键的作用。因为美育的任务是培养人的审美力，而想象力又是审美力的最重要组成部分。的确，在经济信息化、全球化的时代，个体想象力的发展对一个民族的经济起着至关重要的作用，因为知识经济的核心是创新，而创新的主要动力之一是想象力。据报道，美国微软公司总裁比尔·盖茨之所以能创造信息产业的奇迹，连续三年位居世界的首富，靠的就是想象力。因此，美育在知识经济时代也是生产力的重要因素。正因如此，在曾繁仁等一批教育家的推动下，1999 年 6 月，中央第三次全教会通过了《关于深化教育改革全面推进素质教育的决定》，《决定》从素质教育的高度给美育的作用以崭新的界定：美育作为素质教育的有机组成部分，"对于促进学生全面发展具有不可代替的作用"。

---

① ［日］春山茂雄、竹村健一著，萧志强译：《脑内革命的活用》，台北星光出版社 1998 年版，第 113～114 页。

② 曾繁仁等：《现代美育理论》，河南人民出版社 2006 年版，第 111 页。

三　美育的社会、文化功能：中和协调

目前，在中国学术界，关于美育的地位和作用，有"末位论"和"首位论"之争，所谓"末位论"是指美育的地位与作用列在德、智、体之后，处于不重要的"末位"。所谓"首位论"即认为美育是各类教育的核心和根本。曾繁仁认为，"不论是'末位论'还是'首位论'，都没有真正反映美育的地位与作用。美育的地位和作用应从其'中和美育论'的本质派生出来。从'中和美育论'出发，美育在各育中的地位和作用应是一种'综合'、'中介'、'协调'的地位和作用"①。"中和美育论"是曾繁仁在综合中西哲人美育智慧基础上的创造。在中国，《礼记·中庸》云："喜怒哀乐之未发，谓之中；发而皆中节，谓之和；中也者，天下之大本也；和也者，天下之达道也。致中和，天地位焉，万物育焉。"中华美育的基本目的是培养文质彬彬和温柔敦厚的理想人格；美育的社会功用则是要促进人格自身、人与社会、人与自然的和谐。在西方，康德在其名著《判断力批判》中提出美是真与善的桥梁。"所以美的艺术需要想象力、悟性、精神和鉴赏力"，"前三种机能通过第四种才获得它们的结合"。② 曾繁仁正是从中国的古典文化、康德、席勒的论述中得到启示，认为美育具有中和协调之功能，他主要从五个方面阐述了自己的观点。

其一，美育具有文化养成作用。长期以来，我们从认识的角度去解释审美，认为审美是"感性认识的完善"、"理念的感性显现"、"人的本质力量的对象化"等等。这些看法实际上取消了美育的独立地位，把它当成了一种认知的或道德的教育。曾繁仁说："审美绝不是一般的认识或反映，如果仅仅局限于此，审美与美育就没有其独立的

---

① 曾繁仁等：《现代美育理论》，河南人民出版社 2006 年版，第 318～319 页。

② ［德］康德著，宗白华译：《判断力批判》，商务印书馆 1964 年版，第 166 页。

地位。审美实际上是人的一种存在方式,是人性之所在,是人同动物的重要区别。"[①]因而美育实际上是一种人性的教育、做人的教育。诚如席勒所说:"只有当人在充分意义上是人的时候,他才游戏;只有当人游戏的时候,他才是完整的人。"[②]这就是说,一个人无论他掌握了多少知识和技能,但如果没有受过审美教育,缺乏美丑的辨别能力,就不是一个有文化的文明人。

第二,美育对德智体各育具有渗透协调作用。"美育是培养高尚道德情操的必不可少的手段。因为德育旨在培养正确的政治观点和高尚的道德观念,从理智上对客观社会现象进行正确评价。而理智的评价总是以情感的评价为必要条件,理智上的肯定与否定总是以情感的爱憎为前提,道德的教育又必须借助美育特有的强烈感染力。"[③]在曾繁仁看来,美育不仅以"潜移默化、熏陶感染"、"润物细无声"的方式进行着道德教育,而且对德智体各育中具有极为重要的协调作用,因为"它是感性与理性、形象与思想、理性与情感以及情与境、言与意的直接统一。这就使它具有了协调德育和智育、科技与人文、生理与心理的作用。从脑功能的角度看,它还具有协调大脑左、右半球的作用。这就不仅起到了促进德智体各育协调发展的作用,而且起到了促进人的全面发展的作用"[④]。

第三,美育具有扭转"应试教育",培养学生创新能力的作用。应试教育是工业时代的产物,它是科技实证主义哲学膨胀的结果,具体表现为测试主义的盛行,考核手段与目标的唯"智商"化。这种考核方式不仅戕害人性,而且束缚了人的创造力。在当下的知识经济时

---

① 曾繁仁等:《现代美育理论》,河南人民出版社 2006 年版,第 57 页。

② [德]席勒著,徐恒醇译:《美育书简》,中国文联出版公司 1984 年版,第 90 页。

③ 曾繁仁等:《现代美育理论》,河南人民出版社 2006 年版,第 58 页。

④ 曾繁仁等:《现代美育理论》,河南人民出版社 2006 年版,第 58 页。

代,与创造力相关的想象力显得尤为重要。因为信息科技产业主要是软件的开发与生产及其通过信息网络的迅速传播。而想象力在软件生产的知识组编中具有重要的作用。当代西方后现代理论家利奥塔指出,“这种将零落还原为独立的知识,系统化地组接并能清晰表达的能力就是想象力。想象力的主要特质就是速度”。而知识创新的决策分析能力,也常常凭借带有直觉性的想象能力。“依重于想象力,我们可以创造新的越位,以至改变游戏规则。”[①]而想象力的主要培养手段靠美育,因为,美育的任务是培养人的审美力,而想象力则是审美力的最重要的组成部分。在经济全球化时代,想象力不仅在网络空间中发挥着魔力,而且在产品的美化中发挥着重要的作用。产品的审美价值在当代是一个重要的商业因素,而产品的美化,包括电脑艺术设计则需要更多的借助想象力。因此,美育在某种程度上说也构成了一种生产力,在当代显得比以往任何时候都更重要。据此,曾繁仁断言:“缺乏审美力的人算不上是真正受过现代高等教育的跨世纪人才,而缺乏美育的教育也不是真正完全的现代高等教育。”[②]

第四,美育是弘扬新的人文精神、协调社会发展的重要渠道。当前,随着科技的发展和社会生产力的进步,人民生活水平得到了不断提高,但同时也产生了诸如市场拜物、工具理性盛行、拜金主义泛滥、环境恶化、心理疾患蔓延等负面效应。这些负面效应归结到一点,就是人文精神的缺失。人文精神的缺失必然迟滞社会的健康发展,而美育所特具的情感教育本质和反映人性要求的特点,可以发挥人文精神补缺的重要功能。其次,人作为一种高级的社会动物,他在劳动之余是需要休息和娱乐的,而审美活动作为社会主义精神生活的重

① [法]让-弗朗索瓦·利奥塔著,岛子译:《后现代状况——关于知识的报告》,湖南美术出版社1996年版,第153~154页。

② 曾繁仁等:《现代美育理论》,河南人民出版社2006年版,第61页。

要内容，不仅可以使人的心理处于平衡之中，而且可使人的精神和整个生活处于和谐愉悦的、有节奏的状态之中。因此，"美育作为社会关系的内在调节器，可使社会生产和社会生活更加和谐"①。

第五，美育是沟通科学主义和人文主义的桥梁。科学主义与人文主义能否统一既是一个古老的话题，也是一个具有崭新时代意义的话题。有的人强调科学主义的重要性，如美国学者斯诺认为"科学家在道德上比人文学家高出一筹"；有的学者则强调人文主义的重要性，如1996年夏季在大连召开的人文学术研讨会上，我国七十多位著名学者共同探讨了人文社会科学的地位与发展问题，对中国业已存在的问题表示出深深的忧虑。曾繁仁认为，科技主义和人文主义是可以统一的，统一的桥梁就是美育。但曾繁仁所说的美育，不是微观意义上的艺术课程教学，而是从美育具有培养审美世界观的人的宏观意义上讲的。他解释道："人是世界的主人，是历史发展中最活跃的因素，只有通过具有审美世界观的人，才能实现科学主义与人文主义的统一。这是社会解放的过程，也是人类解放的过程，是人类永不停息的奋斗目标。"②

关于科学主义与人文主义的统一问题，早在康德的《判断力批判》中就已初见端倪。"判断力，按照自然的可能的诸特殊规律，通过它的判定自然的先验原理，提供了对于超感性的基体（在我们之内一如在我们之外）通过知性能力来规定的可能性。但理性通过它的实践规律同样先验地给它以规定。这样一来，判断力就使从自然概念的领域到自由概念的领域的过渡成为可能的。"③在这里，康德实际上以审美力将科学主义与人文主义统一了起来。而席勒则继承了康

① 曾繁仁：《走向二十一世纪的审美教育》，陕西师范大学出版社2000年版，第83页。

② 曾繁仁等：《现代美育理论》，河南人民出版社2006年版，第61页。

③ ［德］康德著，宗白华译：《判断力批判》，商务印书馆1964年版，第35页。

德将情感领域作为感性与理性的中介的理念,以“美育”作为科学主义与人文主义的桥梁。即便如此,康德的“判断力”和席勒的“美育”仍不能从根本上解决科学主义与人文主义的统一问题。“科学主义与人文主义的统一,乃至与此相关的美育学科的发展只有在突破了西方古典哲学的主客二元对立的思维模式才有可能。”①因此,相比于康德和席勒,曾繁仁更推崇以海德格尔为代表的存在主义美学。他说:海德格尔“不仅以其现象学本体论彻底抛弃了主客二元对立的传统认识论思维模式,而且将审美状态提到人的生存状态的高度,这就从存在论的角度将美育提到本体论的高度。他著名的‘人类应该诗意地栖居在这片大地上’的命题,成为当代哲人面对时代弊病,为疗救人类命运所提出的重要途径,从而将科学主义与人文主义统一到一起”②。审美与美育的意义何在?海德格尔以空前的勇气告诉我们:存在者的真理自行进入作品。在这里,海德格尔已经摆脱了主客二元对立的传统思维模式,以存在论的现象本体论作为其哲学基础。“哲学是普通的现象本体论;它是从此在的解释学出发的,而此在的解释作为生存的分析工作则把一切哲学发问的主导线索的端点固定在这种发问所以之出且向之归的地方上了。”③这里的“此在”就是人的一种存在,它突破了主客对立的二元论结构,是一种一元论结构。

即便如此,曾繁仁认为海德格尔的“此在”本体论仍有唯心主义倾向,并不尽善。因此,要想解决科学主义与人文主义的统一问题,必须到中国的古典美育思想中去寻找理论资源。首先,中国整个古代美学,所谓诗教、乐教,其根本目的就在于培养封建社会所需要的

① 曾繁仁等:《现代美育理论》,河南人民出版社 2006 年版,第 63 ~ 64 页。

② 曾繁仁等:《现代美育理论》,河南人民出版社 2006 年版,第 65 页。

③ [德]马丁·海德格尔著,陈嘉映、王庆节译:《存在与时间》,生活·读书·新知三联书店 1987 年版,第 47 ~ 48 页。

君子，它是以道德教化为旨归的，“先王以是经夫妇，成孝敬，厚人伦，美教化，移风俗”[①]。因此，“中国古代美学就是人生美学，实际上就是美育”[②]。其次，中国古代美育思想是以“天人合一”为哲学背景的。无论是儒家美育思想的推己及人，成己成物，尽心知天，还是道家美育思想的“人法地，地法天，天法道，道法自然”，都体现了天与人，自然与社会，主体与客体，科学主义与人文主义的融合统一。其三，中国古代美育思想的核心是“中和”美育论，这种美育思想以“乐而不淫，哀而不伤”的艺术作品为教育手段，旨在培养集智慧、品德、勇敢、才艺与礼乐于一身的“完人”。这说明了，中国古典美育在教育中起到了中介作用，同时也成为科学主义与人文主义相统一的桥梁。

从美育自身育人功能的角度看，美育也有成为科学主义与人文主义桥梁的可能性。众所周知，动物来之于自然，与自然融为一体，它只有本能的需要，而无美丑之辨。《礼记·乐记》指出：“凡音者，生于人心者也；乐者，通伦理者也。是故知声而不知音者，禽兽是也；知音而不知乐者，众庶是也。唯君子为能知乐。”著名德国哲学家康德也指出：一个孤立地居住在荒岛上的人决不会有对美的追求，不会去修饰自己和自己的茅舍，而“只在社会里他才想到，不仅做一个人，而且按照他的样式做一个文雅的人（文明的开始）；因为作为一个文雅的人就是人们评赞一个这样的人，这人倾向于并且善于把他的情感传达于别人。他不满足于独自的欣赏而未能在社会里和别人共同感受”[③]。这说明，审美共通感是社会的，审美是人类文明的开始，是文雅人的标志。由此，曾繁仁得出结论：“审美教育实际上是一种基本的文明教育。所有的科学教育与人文教育都应该以其为基础与指

① 《毛诗序》。

② 曾繁仁等：《现代美育理论》，河南人民出版社 2006 年版，第 68 页。

③ ［德］康德著，宗白华译：《判断力批判》，商务印书馆 1964 年版，第 141 页。

归。”[①]而从人自身的素质来看，身体的健康主要是科学的生理观，它主要属于科学主义的范围，心理的健康主要是心理与人格的健全，它主要属于人文主义的范围。一个健康的人实际上将科学主义与人文主义沟通了起来。

在曾繁仁看来，科学主义与人文主义的统一，实际上包含着人与自然、自然与自由、存在与本质、对象化与自我确证，科学与伦理，自然主义与人道主义，真与善等一系列矛盾的对立与统一，再对立与再统一，以至于无穷的漫长历史过程。这种过程是以“美”统一“真”与“善”作为人类的伟大理想的，这也是马克思所说的：“这种共产主义，作为完成了的自然主义，等于人道主义，而作为完成了的人道主义，等于自然主义，它是人和自然之间、人和人之间矛盾的真正解决，是存在和本质、对象化和自我确证、自由和必然、个体和类之间的斗争的真正解决。它是历史之谜的解答，而且知道自己就是这种解答。”[②]

---

① 曾繁仁等：《现代美育理论》，河南人民出版社 2006 年版，第 71 页。
② 《马克思恩格斯全集》第四十二卷，人民出版社 1979 年版，第 120 页。

第五章　美育所凭借的手段

美育作为教育科学的一个分支，理论研究固然重要，但更为重要的是，美育必须在教育实践中体现其价值。新时期以来，曾繁仁在美育实施的指导思想、美育实施途径和美育实施目标等方面进行了卓有成效的研究。

一　美育实施的指导思想：有机整体观

美育的实施并不是什么新鲜的事情，而是古已有之。我国古代文人学士对“琴、棋、书、画”的要求，近现代学校对音乐、美术课程的开设都是美育实施的具体表现。那么，在知识经济的当代，美育实施的指导思想应如何变化呢？曾繁仁指出：“要从就事论事地把美育仅仅看成是几门课程的观点，发展到从科学的有机整体的角度来看待美育和实施美育。”①这就指示我们，必须将美育看做是审美教育工程，并把审美教育工程看做是整个社会工程和社会教育工程的有机组成部分。

所谓有机整体观，就是要确定审美教育工程在整个社会教育工程中的联系和地位。曾繁仁说：“我们之所以要把审美教育看做是一个工程，这当然同它在改造社会和人的功能方面同工程学极其类似

---

①　曾繁仁：《走向二十一世纪的审美教育》，陕西师范大学出版社2000年版，第100页。

有关。但更重要的还在于我们试图根据这种类似性,借助于工程学中的数理方法更为科学地对审美教育进行定性与定量的研究,以期推动审美教育工作朝着更为社会化与科学化的方向发展。"①这就是说,我们要把审美教育工程放在整个社会教育工程系统中来加以实施,而不能割裂审美教育工程与社会教育工程之间的有机联系。否则,社会教育系统内部的关系就会发生紊乱,并导致教育性质的变化,整个教育工程就难以达到预期的目标。

那么,审美教育工程的预期目标是什么呢?"审美教育工程的预期目标是培养全面发展的社会主义新人的高尚、健康的情感素质。这种高尚的、健康的情感素质当然首先表现在应有较高的审美能力。但决不仅仅局限于此。从根本上说,还应包括以审美的态度(即高尚的情感态度)去对待国家、社会和人生。"②曾繁仁对审美教育工程预期目标的设定,实际上跳出了以往审美教育单纯培养审美力的误区,把审美教育工程提高到了培养人全面发展的高度,充分体现了审美教育工程改造人与培养人、改造社会与完善社会的性质。

在曾繁仁看来,审美教育作为系统工程是众多要素构成的有机整体,是一个开放的系统。从审美教育本身来看,包含着发出指令的领导机构、贯彻执行的教育者与接受指令的受教育者三个方面,这三个方面紧密联系,构成一个统一的整体,只有三者交互作用才能产生良好的教育效应。"从横向联系的角度来看,审美教育与'德、智、体'三者紧密联系为统一的整体,互相渗透与制约,共同构成社会教育工程的不可分割的部分,起到培养全面发展的社会主义新人的重要作用。……从纵向联系的角度看,审美教育领导机构、审美教育实

① 曾繁仁:《走向二十一世纪的审美教育》,陕西师范大学出版社 2000 年版,第 101 页。

② 曾繁仁:《走向二十一世纪的审美教育》,陕西师范大学出版社 2000 年版,第 101～102 页。

施者与审美教育接受者构成审美教育工程的系统；审美教育工程又是构成整个社会教育工程的小系统；而整个社会教育工程又作为整个社会工程的小系统。由此，从低到高，呈现出逐步递进的层次性，最后实现改造整个社会的伟大目标，完成社会主义物质文明建设与精神文明建设的历史任务。"①

其三，审美教育工程自身具有一套反馈调节的系统（如下图）：

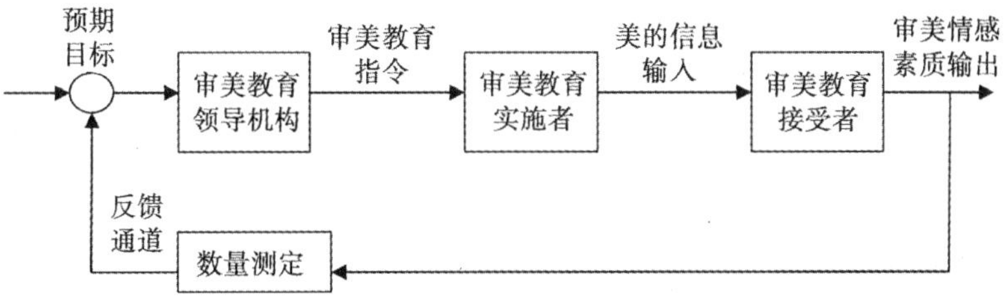

在曾繁仁看来，这里所谓"预期目标"就是培养全面发展的社会主义新人的情感素质；审美教育领导机构根据这个预期目标，通过教育计划与教学大纲等发出审美教育指令，提出培养健康情感素质的定性与定量方面的具体要求；作为审美教育实施者的学校与教师，根据这样的指令，选择恰当的教育手段，向教育接收者输入审美信息；这种美的信息经过审美教育接受者的消化、吸收，内化为审美情感素质表现出来，此即为审美情感素质输出。然后，审美教育者把信息和数据反馈给审美教育领导机构，领导机构根据信息和数据对审美教育工程的预期目标进行校正、调节，提出新的要求，再次发出审美教育新指令。这样循环往复，审美教育接受者在这种系统运作中情感素质就不断得到提高。曾繁仁深知情感素质测定的困难，他提出了实验与调查相结合的测定方法。"审美视、听力的测定就可通过实验的方法进行。……至于审美教育接受者对社会、人生的情感判断力

① 曾繁仁：《走向二十一世纪的审美教育》，陕西师范大学出版社 2000 年版，第 102 页。

则可通过直接的民意测验和间接的民意测验的方法进行判定。”①

二 美育实施的主要途径:艺术教育

从当代美育的发展的状况看,美育实施的途径很多,自然美、社会美与艺术美的均可,但从可操作性、普遍性、教育效果等诸方面来看,艺术教育的途径最为根本也最易见效果。曾繁仁说:“艺术教育作为审美教育的集中体现,具有操作性强的特点,就成为实施审美教育最理想的途径。……而且艺术教育在实际操作中不像一般的审美教育那么空泛,它有相对明确的内容、方法、目的等,所以,艺术教育是审美教育的集中体现,是实施审美教育的有效切入点。”②

艺术品本身是艺术家创造性劳动的产物,是美的物化形态与集中表现,它既具有形象性外部特征,又内含着理性高尚的情感。因此,同自然美与社会美相比,艺术品确是实施美育的最好教材。曾繁仁说:“艺术品的形象性与情感性的高度统一的特点,决定了艺术教育所产生的这种肯定性的情感激动必然是极其强烈的,具有一种动人心魄的神奇魔力和巨大的感染力量。”③艺术所给予人的教育是不同于政治理论所给予人的教育的。“政治理论是以直接的、理论教育的形式出现的,目的明确,内容直接。艺术教育是以娱乐的形式出现的,是娱乐与教育的直接统一。这就是思想教育的目的直接渗透、溶解在娱乐之中。”④这就告诉我们,文艺的教育作用是以娱乐的形式出现的,没有娱乐就没有艺术的教育,也没有艺术的欣赏。而所谓“娱乐”,有两大特点:“第一,从目的上来看,是为了情感上的轻松愉

① 曾繁仁:《走向二十一世纪的审美教育》,陕西师范大学出版社 2000 年版,第 104 页。

② 曾繁仁等:《现代美育理论》,河南人民出版社 2006 年版,第 330 页。

③ 曾繁仁等:《现代美育理论》,河南人民出版社 2006 年版,第 94 页。

④ 曾繁仁等:《现代美育理论》,河南人民出版社 2006 年版,第 96 页。

悦、精神享受，而不是为了刻苦出力；第二，从欣赏者所处的境况来看，完全是一种自觉自愿，没有外在的规范强制，而是出自内在的心理欲求。”①艺术教育的这种特点是由艺术欣赏的心理特点所决定的。因为“艺术欣赏是一种理性评价与感性体验的直接统一，表现为强烈的情感体验的形式”②。其次，艺术教育的娱乐性中渗透着理性的因素。“艺术教育尽管以娱乐性为其特点，但绝不是单纯的娱乐，而是在娱乐中渗透着理性，包含着教育。但这是一种特殊的理性教育。”③因此，艺术教育从性质上来说，它是一种情感教育，而不是认识和道德的教育；艺术教育从形式上来看，也不是一种直接的说教，而是一种间接的潜移默化。正是在此意义上，曾繁仁把艺术教育作为美育实施的重要途径。

艺术教育作为美育最基本的实施手段，可分为非学校艺术教育和学校艺术教育两大系统。曾繁仁认为，与学校艺术教育相比，非学校艺术教育对人的影响更广泛、更持久。的确，随着现代社会的发展，非学校艺术教育对人的影响越来越大，影视、音像、报纸、互联网等现代传媒对人的影响几乎是每日每时的，就连城镇规划与建设、楼房的设计与装修、人们日常生活中的穿衣戴帽等都具有艺术教育的意义。但在大众文化鱼龙混杂的大背景之下，非学校的艺术教育的环境及其本身又会产生许多问题，诸如互联网、电视、报纸等媒体上，经常出现非常低俗的审美现象。这正如曾繁仁所说：“市场经济在本性上是敌视美和艺术的，它一方面生产出片面发展的大众，另一方面又以工业化的制作方式生产出浅薄的商业艺术产品。”④由此可见，非学校艺术教育确是一项巨大的社会工程，它需要全社会长时间持

---

① 曾繁仁：《美育十五讲》，北京大学出版社 2012 年版，第 113 页。
② 曾繁仁：《美育十五讲》，北京大学出版社 2012 年版，第 113 页。
③ 曾繁仁：《美育十五讲》，北京大学出版社 2012 年版，第 113 页。
④ 曾繁仁等：《现代美育理论》，河南人民出版社 2006 年版，第 331 页。

之以恒的努力方才见效果。与之相比,学校艺术教育有极强的实践性和可操作性,也容易取得明显的效果。学校艺术教育,具体是指对学校非艺术专业学生所进行的艺术教育,它是学校人文素质教育的一个基本组成部分。曾繁仁说:"普通高校的美育、艺术教育绝不是上上课(进行简单的艺术技巧传授)、搞搞文化艺术活动(文艺演出)那么简单,而是一个综合性很强的体系,它以教学的组织保障为基础,以课堂教学为核心,以课外文化艺术活动为辅助,以提高学生的审美能力与创美能力为目标。"①

在曾繁仁看来,普通高校艺术教育若要顺利展开,在组织保障方面应采取得力的措施:其一,必须有一位学校领导主管艺术教育工作;其次,要有一个实施艺术教育的艺术教研室(或艺术系),并配备足够的专职教师;其三,艺术教育的教学工作必须纳入学校日常教学工作与管理当中,并在资金、设备、教室等方面给予支持。② 关于课堂教学指导思想,美育与专业艺术教育也是根本不同的。曾繁仁说:"美育的目的决不是单纯地培养某种审美的技巧、艺术的技能,而是培养审美的人生观,亦即培养'生活的艺术家',自觉地以审美的态度对待人类,对待社会、自然、人生与自我。美育是通过审美感受力与欣赏美、创造美的能力的培养,进而培养一种健康高尚的审美情感,由此塑造和谐协调的人格,确立和谐协调的审美的世界观、人生观。"③

艺术教育的课堂教学具体还得靠课程的设置来实施,新时期以来,我国普通高校授课内容一般分为三大类:一是理论型欣赏课,如基础乐理、音乐欣赏基础、中国画技法及基础训练、戏曲赏析等,这是面向大多数学生的普及性限选课;二是实践型技巧课,属面向少数学

① 曾繁仁等:《现代美育理论》,河南人民出版社 2006 年版,第 334 页。
② 曾繁仁等:《现代美育理论》,河南人民出版社 2006 年版,第 334~335 页。
③ 曾繁仁:《美学之思》,山东大学出版社 2003 年版,第 550 页。

生的任选课，主要是音乐、美术、舞蹈等艺术技能的学习，如音乐方面就有合唱学与音乐演唱、西洋打击乐、笛子等，美术方面则有素描基础、速写、彩画基础、雕塑基础、陶艺等；三是合作型排练课或艺术实践课，属双向选择的任选课，如军乐队、美术社、书画社等，是面向艺术社团的指导性技能实践课，由专业教师以课堂教学的形式对学生进行辅导。还有的学校甚至开出了类似艺术专业的辅修课，此类课程一般设 8 ~ 10 门课，20 左右学分，3 年内修完，修满学分者毕业时发给辅修证。[①] 从这些课程的设置来看，我国的艺术教育还停留于以技能性训练为主的认识上，与素质教育的要求有巨大的差距。对此，曾繁仁指出："课堂艺术教育的内容应该多元化，应该包括艺术技能的传授，也应该包括审美感受力的培养和美学精神的塑造，同时，课堂艺术教育也应该具有不同的层次，照顾到不同兴趣爱好、不同水平的同学的个性，做到因材施教，只有这样，美育的宗旨和目标才能很好地实现。"[②]根据自己 20 多年的教学实践，他总结道："在目前条件下，应当以艺术与美的基本知识、基本理论为基础，以艺术欣赏为主要手段，以艺术创造力为艺术教育的最高形态，三个部分密切联系，从而建构起一个科学合理的课堂教学体系。"[③]

教材也是课堂教学的重要环节。多年来，我国的美育教材总存在这样或那样的问题，如有的专家曾指出："本来理工科大学的音乐就是通才教育的一部分，而我国这类教材却往往照搬音乐学院或主修音乐专业学生的教科书，过分专业化，与教育的目的背道而驰。另一方面，为了迁就新生普遍艺术修养较低的'现实'，部分教材片面强调补课，照搬中小学艺术课教学的内容和方法，理论浅，层次低，知识

---

① 许晖：《普通高校非艺术专业艺术教育现状调查与分析》，载《广州师范学院学报（社会科学版）》2000 年第 10 期。

② 曾繁仁等：《现代美育理论》，河南人民出版社 2006 年版，第 338 页。

③ 曾繁仁等：《现代美育理论》，河南人民出版社 2006 年版，第 339 页。

面窄，难以使大学生产生兴趣。”与此相比，国外艺术教育的教材就比较成熟，充分体现出艺术教育的特点，“MIT、波士顿大学、布兰戴斯大学编写或采用的音乐教材，无不广泛涉及历史、地理、文学、美术、哲学、科学等多方面的知识，并将它们和艺术流派、音乐理论、音乐发展史、音乐作品的风格等融为一体，真正体现了通才教育的目的。改革我国普通高等学校音乐教育的内容及教材，不妨借鉴美国的经验，致力于拓宽知识面，让艺术与文化、艺术与科学相结合，尽早与音乐的专业教育和初级教育分家”①。通过对中西艺术教育课程教材的比较，曾繁仁指出，在建设艺术教育教材过程中，要充分注意以下几个问题：一是要注意与专业艺术教育的教材相区分，重在体现出人文性和综合性，而不能过多地强调技术；重在基本理论与基本知识的普及，而不是强调专业性的高度与难度。二是注意高雅艺术与通俗艺术、经典艺术与流行艺术的关系。既要认同通俗艺术与流行艺术存在的意义，又要教会学生鉴别其中的美与丑。三是要注意国外艺术与民族艺术的关系，既要充分介绍国外艺术，又要避免西方中心主义倾向，同时，也要引导学生对中国优秀传统文艺的学习和研究。②

教师作为美育的实施者，在艺术教育中起着至关重要的作用。我国艺术教育实施20多年来，师资队伍建设一直存在着问题，师资队伍的缺失与先天不足严重制约了高校艺术教育的开展。为此，曾繁仁主张设立美育和普通艺术教育本科专业和硕士教育，以培养专门的美育与艺术教育师资队伍。他认为，从事美育与普通艺术教育的师资应具有以下基本素质：一、在专业方面，要具有艺术专业本科水平，熟悉掌握相关专业的艺术技能以及基本知识、基本理论。二、在专业结构上，不求精深，但务求全面，要有系统而扎实的艺术史知

① 沈致隆、姜华：《MIT的艺术教育及其对我国高等教育的启示》，载《高等工程教育研究》1999年第1期。

② 曾繁仁等：《现代美育理论》，河南人民出版社2006年版，第344~345页。

识。三、要有全面的人文素养和现代科学素养，能全方位地提高学生的人文素质。四、必须具有很强的艺术教育组织能力。①

课外文化活动作为艺术教育的第二课堂，在艺术教育中也有不可忽视的重要作用。当前，大多数高校的艺术活动缺乏公众性与参与性，艺术活动只是一部分艺术尖子学生的事情，大多数学生只能是台下的欣赏者。对此，曾繁仁指出，校园艺术活动是课堂教学的延伸，应当按照艺术教育的理念来组织。首先，学校应建设各种层次、各种类型的艺术社团，应大力鼓励学生自发地建立并参加艺术活动小组；其次，在艺术活动的目的与组织方式上，必须区别于传统的所谓文艺汇演或艺术比赛，让大多数学生成为艺术活动的主体。只有这样，校园审美教育才能落到实处。② 除此之外，校园环境作为“育人”的场所，也是一种可资利用的艺术教育资源。曾繁仁说：“理想的校园本身就应是一个美的、艺术的博物馆，校园的基础建设、环境设施，大到校园整体规划、楼房设计、教室与宿舍的安排，小到校园内的一草一木、一砖一石，都要表现出艺术匠心，体现出无尽的艺术韵味与高雅的情趣，使整个校园成为艺术品，学生在这种艺术环境中可以受到潜移默化的艺术熏陶，从而从另一个纬度拓展美育的实施空间。”③

三　自然美育：培育人与自然友好平等的情感

美育实施的手段除艺术教育外，还有自然美育和社会美育。众所周知，自然是人类的母体，人和自然的关系，是最基本的本源性关系。“大人者，以天地万物为一体也。……大人之能以天地万物为一体也，非意之也，其心之仁本若是。”（《大学问》）在西方，美国当代环

---

① 曾繁仁等：《现代美育理论》，河南人民出版社 2006 年版，第 346 页。

② 曾繁仁等：《现代美育理论》，河南人民出版社 2006 年版，第 347 页。

③ 曾繁仁等：《现代美育理论》，河南人民出版社 2006 年版，第 349 页。

境哲学家罗尔斯顿指出,“我们的人性并非在我们自身内部,而是在于我们与世界的对话中。我们的完整性是通过与作为我们的敌手兼伙伴的环境的互动而获得的,因而有赖于环境相应地也保有其完整性”①。恩格斯也将这种人与自然的联系性作为人性的基本特征。他说:“人们愈会重新地不仅感觉到,而且也认识到自身和自然界的一致,而那种把精神和物质、人类和自然、灵魂和肉体对立起来的荒谬的、反自然的观点,也就愈不可能存在了……”②其实,自然审美早在人类社会的早期就已经存在。英国人类学家詹·乔·弗雷泽在《金枝》中记录了欧洲早期人类对于树神的崇拜及其遗迹。而在我国的甲骨文中,“艺”字就包含植树之意。在1700多年前的魏晋时期,山水画就开始在我国出现并逐步成为中国画之正宗。这些都说明,远古时代东西方人类都是存在自然审美的。

但自工业革命以来,自然审美逐渐被逐出审美领域,只剩下艺术审美了。如康德对审美的著名界定“无目的的合目的性的形式”即为形式的合目的性,自然只剩下虚设的形式,只有“合目的”即人的目的性成为实在;而其所说的崇高更是借助理性对于自然的战胜。黑格尔更是将自然美看做前美学阶段的“象征型”,或者是所谓对于人的意识的“朦胧预感”,他明确地将其美学称作“艺术哲学”,自然美被排除在了美学之外。即便是美育的倡导者席勒也有轻视自然美的倾向。他在《美育书简》中认为使人的性格高尚化的唯一工具就是艺术,并认为艺术高于自然。他说:“正如高贵的艺术比高贵的自然活得更久,由灵感塑造和唤起的艺术也走在自然之前。”③受其影响,无论在东方或西方,艺术教育俨然成了审美教育的全部含义。为了反

---

① [美]霍尔姆斯·罗尔斯顿著,刘耳、叶平译:《哲学走向荒野》,吉林人民出版社2000年版,第92~93页。

② 《马克思恩格斯全集》第二十卷,人民出版社1971年版,第519~520页。

③ [德]席勒著,徐恒醇译:《美育书简》,中国文联出版社1984年版,第63页。

拨传统审美教育中的“人类中心主义”和“艺术中心主义”，曾繁仁提出了包含自然美育的生态美育(后有论述)主张，这种主张既是为了缓解生态危机之困，也是为了培养青少年的创造力。美国社会学家伊迪丝·科布曾对300个天才的自传研究中得出结论：“天才在回忆起自己的孩提时代时都会对自然产生一种强烈的共鸣。使他们产生自己与自然过程有一种深刻的联系的感觉。”有了孩提时代这段与自然的遭遇，成年后他们在进行创造性活动时，“这些天才常在回忆中返回那个时代，将其作为创造力与创造的冲动的源头以更新自己。他们对这源头的描述是这样一种经历：他们不仅获得了意识之光，而且感到自己与外界有一种充满活力的关系。在他们的回忆中，自己作为小孩既经验到一种与自然断裂的感觉，即自己与自然分离开来，有着自己独特的同一性，也体验到一种与自然相连续的感觉，即自己重又建立了与自然过程的关系”。①

曾繁仁认为自然审美有着艺术审美所不具有的特殊的教育作用。第一，它着力培育一种人与自然平等友好的感情。如李白的《独坐敬亭山》“众鸟高飞尽，孤云独去闲。相看两不厌，只有敬亭山”，叙写了作者与敬亭山之间“相看两不厌”的亲和友好之情。第二，自然审美给人一种不同于艺术审美的愉悦。“自然美的教育一般地来说可直接训练人们的感官对于形式美的感受力。”②如莱茵河畔的美丽风光曾在少年贝多芬的心中留下了温柔而美好的记忆，这种记忆后来成了他音乐创作的重要内容之一。第三，自然审美歌颂自然的崇高伟大，使人产生一种崇敬自然之情。印度诗人泰戈尔就有这种感受，他在《新月集》中写道：“我在星光下独自走着的路上停留了一

---

① [美]霍尔姆斯·罗尔斯顿著，刘耳、叶平译：《哲学走向荒野》，吉林人民出版社2000年版，第471页。

② 曾繁仁：《走向二十一世纪的审美教育》，陕西师范大学出版社2000年版，第107页。

会,我看见黑沉沉的大地展开在我的面前,用她的手臂拥抱着无量数的家庭,在那些家庭里有着摇篮和床铺,母亲们的心和夜晚的灯,还有年轻轻的生命,使他们满心欢乐,却浑然不知这样的欢乐对于世界的价值。”第四,自然审美是一种环境教育,它教育人类爱护自然。美国诗人惠特曼曾在《红杉树之歌》中写道:“一支加利福尼亚的歌,一个预言和暗示,一种像空气般捉摸不着的思想,一支正在消隐和逝去的森林女神或树精的合唱曲,一个不祥而巨大的从大地和天空飒飒而至的声浪,稠密的红杉树林中一株坚强而垂死的大树的声响。别了,我的弟兄们,别了啊,大地和太空!别了,你这相邻的溪水,我这一生已经结束,我的大限已经降临。”这里实际告诉我们,美国西部开发让自然付出巨大代价,让无数生灵毁于一旦,人类还是应该与自然为友,保护自然。第五,自然审美可以其形式的壮美象征着某种理性力量和道德原则,给人以极富哲理的美的启示。比如面对无边无际的大海、铺天盖地的暴风雨、照亮天际的闪电,我们的灵魂就会为之震撼,并受之洗礼,进而萌生理性的道德自律。康德说:“自然威力的不可抵抗性迫使我们(作为自然物)自认肉体方面的无能,但是同时也显示出我们对自然的独立,我们有一种超过自然的优越性,这就是另一种自我保存方式的基础,这种方式不同于可受外在自然袭击导致险境的那种自我保存方式。这就使得我们身上的人性免于屈辱,尽管作为凡人,我们不免承受外来的暴力。因此,在我们的审美判断中自然之所以被判定为崇高的,并非由于它可怕,而是由于它唤醒我们的力量(这不是属于自然的),来把我们平常关心的东西(财产、健康和生命)看得渺小,因而把自然的威力(在财产、健康和生命这些方面,我们不免受这种威力支配)看作不能对我们和我们的人格施加粗暴的支配力,以至迫使我们在最高原则攸关,须决定取舍的关头,向它屈服。在这种情况下自然之所以被看作崇高,只是因为它把想象力提高到能用形象表现出这样一些情况:在这些情况之下,心灵认识到自己的使命的崇高性，甚至高过自然。”①

四　美育实施的目标：审美力的培养与情操的培育

众所周知，人的心理结构有知、情、意三个层面，与此相对应，人类也具有三种掌握世界的心理能力，即认识能力、审美能力和意志能力。其中，审美力的培养恰是美育实施的目标。对于审美力的本质，学界“仁者见仁、智者见智”。有的学者认为审美力归根到底是一种认识能力；有的学者则认为它是一种人的审美体验能力；更有甚者认为它是一种先天禀赋，是神秘的不可认知的东西。对此，曾繁仁指出：“审美力是一种特殊的情感判断能力，这种情感判断能力表现为审美体验与审美评价的直接统一、互相渗透，也就是在审美的情感体验中直接渗透着、融化了审美评价的因素。”②在曾繁仁看来，审美力不仅是认识力过渡到意志力的桥梁，而且还是一个健全发展的人的心理结构的必要组成部分。他说：“由于审美能力具有中介和过渡的特点，就更有其特殊的作用。缺少了它，作为整体的心理过程就将被破坏，心理结构就无法平衡，人的健全发展必然受到影响。”③“审美力”概念的提出，是曾繁仁对康德“审美判断力”的改造，它实现了美育价值与主体的统一，并与认知力、意志力等共同构成了一个完整的人格世界，使美育的实施目标有了确定的指向。

对于审美力的培养，曾繁仁认为应该从审美主体和审美客体两个方面着手，就客体方面来说，就应该选择优秀的审美对象。通过优秀艺术作品的熏陶，受教者的审美能力和审美趣味就会“水涨船高”，

---

① 转引自朱光潜：《西方美学史（下卷）》，人民文学出版社 2001 年版，第 31 页。

② 曾繁仁：《走向二十一世纪的审美教育》，陕西师范大学出版社 2000 年版，第 32 页。

③ 曾繁仁：《走向二十一世纪的审美教育》，陕西师范大学出版社 2000 年版，第 79 ~ 80 页。

在不知不觉中达到施教者的预想目标。那么对那些低级、庸俗、有毒的作品怎么办呢？曾繁仁认为，一方面应采取查禁收缴的办法，另一方面也可在有指导的情况下组织青年接触。因为真、善、美的东西总是在同假、恶、丑的东西相比较而存在，相斗争而发展的。除此之外，审美教育工作者还应带领学生走进优美的大自然。因为优美的大自然“总是在色彩、音响和线条等方面以其对称、均衡与和谐给人的眼、耳等感官以赏心悦目的愉快，进而达到精神的陶冶”[①]。那么，审美力的培养从主观方面来讲，又该怎么办呢？曾繁仁认为，这就应该确立受教育者健康的审美态度，即“不能以直接实用的、功利的态度对待审美对象，而必须同对象保持一定的距离……必须用欣赏的审美的态度观赏对象，而不能像自然科学那样研究对象”[②]。

有的学者将美育看成是“审美能力的培养”，似乎美育的本质和职能只在于培养审美力。曾繁仁说：“审美力的培养对于美育固然重要，但尤其重要的是情操的培育。审美力似乎是中性的，带有工具性质的。好人固然可能有较高的审美力，坏人的审美力也可能很高。”[③]的确，瓦格纳的音乐不可谓不高雅，但在影片《现代启示录》中，美军还是一边播放瓦格纳的音乐一边向平民百姓扫射。因此，在网络与影视文化流行的当代，强调情操的培养，使审美主体具有高尚的审美趣味和艺术感性就显得尤为重要了。

审美情操作为世界观的组成部分，是与真理观和伦理观紧密联系、相互制约的。长期以来，我们没有从有机整体的视角来看待审美情操的培育，常将它等同于政治观。这种教育的结果是，青年一代虽

---

① 曾繁仁：《走向二十一世纪的审美教育》，陕西师范大学出版社2000年版，第107页。

② 曾繁仁：《走向二十一世纪的审美教育》，陕西师范大学出版社2000年版，第134页。

③ 曾繁仁、高旭东：《审美教育新论》，北京大学出版社1997年版，第293页。

然掌握了许多道理,但没有将其中的道理变成内在的情感要求,因而缺乏内在的动力,经不起实际生活的考验。为了正确地培养学生高尚的审美情操,曾繁仁建议家长和教师进行两种区分:第一,要区别美的和崇高的艺术。面对当下文化市场上形态各异的艺术文本,曾繁仁建议教师和家长们多给孩子们选择一些优美和谐的艺术,而把那些崇高的丑的艺术留在大学里让他们慢慢接触。第二,要区分审美欲求与生理欲求。比如在对青少年进行人体美育时,教师要进行审美解读,正确引导学生,勿使审美堕入官能刺激的泥潭中去。但曾繁仁也告诫我们不可将“高尚的趣味”当成一种不食人间烟火的纯化和净化,走上以灵魂蔑视肉体或者“存天理,灭人欲”的老路。情操培养与道德教育总是相辅相成的,诸如中国古代的“尽善尽美”、西方“美是道德的象征”等均是美育的经验之谈。“这种在育美的同时辅之以育德,来达到培养情操的目的,与德育还是不同的。虽然德育也经常借助艺术达到使受教育者道德高尚的目的,然而,艺术在这里只是手段,伦理教化和道德说教才是目的。而在情操的培养中,虽然辅之以育德,但是审美的享受在这里并不是手段而是目的。”①在曾繁仁看来,在育美的同时辅之以育德,就如同高尚的道德之盐进入审美之水中,它虽不如正式的德育那样急功近利,但可使人在不知不觉中提高道德水平,同时达到情感满足的目的。

---

① 曾繁仁、高旭东:《审美教育新论》,北京大学出版社 1997 年版,第 297 页。

第六章　生态审美教育

生态美学作为一种新兴学科，其价值要想落到实处，最终还得靠审美教育的途径来实现。鉴于此，曾繁仁提出“生态审美教育”的理念，生态审美教育并不是将生态学的原理简单地移植到审美教育实践中去，而是“用生态美学的观念教育广大人民、特别是青年一代，使他们学会以审美的态度对待自然、关爱生命、保护地球”。①

一　生态审美教育的提出

曾繁仁倡导“生态审美教育”有着重要的学理依据。他是根据国际保护自然与自然资源联合会议（IUCN）宗旨和《联合国人类环境宣言》作出的重要理论判断。联合国国际组织曾在1972年的斯德哥尔摩环境会议上提出了7个共同观点和26项共同原则。其中与生态审美教育有关的观点有5个：“人是环境的产物，也是环境的塑造者”；“保护和改善人类环境，关系到各国人民的福利和经济发展”；“人类改变环境的能力，可为人民带来福利，否则会造成不可估量的损失”；“在发展中国家，首先要致力于发展，同时也必须保护和改善环境”；“为达到这个环境目标，要求每个公民、团体、机关、企业都负起责任，共同创造未来的世界环境”。而在26条原则的第19条明确提出了环境教育的要求：“考虑到下层社会的情况，对青年一代，包括

① 曾繁仁：《生态美学导论》，商务印书馆2010年版，第362～363页。

成年人有必要进行环境教育，以便扩大环境保护方面启蒙的基础以及增强个人、企业和社会团体在他们进行的各种活动中保护和改善环境的责任感。有必要为对人们提出环境危害的劝告提供大量的宣传工具，而且，为使人类在多方面都得到发展，也有必要传播需保护和改善环境的教育性质的情报。”在学科归类上，曾繁仁将生态审美教育视作国际环境教育的重要组成部分，这是因为二者有着共同的培养目标，环境教育是“进一步认识和关心经济、社会、政治和生态在城乡地区的相互依赖性；为每一个人提供机会获得保护和促进环境的知识和价值观、态度、责任感和技能；创造个人、群体和整个社会环境行为的新模式”（《贝尔格莱德宪章》）。而生态审美教育的目的也是“使广大公民，特别是青年一代能够确立欣赏自然的生态审美态度和诗意化栖居的生态审美意识”[①]。在曾繁仁看来，缺少生态审美教育的环境教育是不完整的环境教育。因为生态审美教育是每个人公民享有环境与环境教育权的重要途径之一，“人人都有受环境教育的权利”（《贝尔格莱德宪章》）。由此可见，“环境权”的付诸实施就是让每个人都得以“审美地生存”和“诗意地栖居”；而“环境教育权”就是让每个人都了解环境教育中所必须包含的生态审美教育的重要内容。

生态审美教育的提出是时代与现实的需要。从时代的角度来说，人类经历了原始社会的农业文明时代和资本主义的工业文明时代，工业文明时代虽然为人类积累了巨大的财富，但也带来了工具理性泛滥、环境污染严重、心理疾患蔓延等一系列生态问题。如今，人类社会已经迈入了生态文明时代。“生态文明时代的到来意味着一系列经济、社会与文化制度和观念的重大变更，环境教育与生态审美

① 曾繁仁：《生态美学导论》，商务印书馆2010年版，第364页。

教育由此应运而生。”[①]而从现实的情况来看，目前地球的承载能力已经十分有限。据报道，目前人类劫探地球自然资源速度是资源转换速度的1.5倍。如果人类继续以目前的速度开发土地和海洋，到2030年要想生产出足够的资源并吸收转换人类排泄的废物，需要两个地球才够用。显而易见，人类要想在地球上继续生存下去，“唯一的出路就是走生态文明发展之路，人们不仅需要改变自己的生活与生产方式，而且首先要改变自己的生活态度与文化立场，以审美的态度对待自然环境，珍爱地球。这就是生态审美教育提出的现实基础”[②]。

生态审美教育的产生还是美学与艺术等学科发展的要求。众所周知，20世纪以来，随着科技的发展与大众传媒的影响，艺术开始渗透于日常生活的各个角落，成为人们日常生活的内容。在这种日常生活审美化的浪潮中，环境就很自然地成为艺术而进入人们的审美视阈，当今琳琅满目的艺术园地里就有所谓的大地艺术、环境艺术、工程景观艺术等。如法国著名工程师伯纳德·拉萨斯将快速运动状态下(100千米/小时)人的景观感知作为设计的出发点，将废弃的额桑采石场建成高速公路上的一条景观大道，使这条高速公路的行驶者有一种音乐与视觉的享受。美国著名的设计师帕特丽夏·约翰逊利用高低不同的地质结构，将一条周期性泛滥的河流设计成“洪水池和瀑布”，使这个工程既可作蓄水之用，亦可作喷泉景观之用。美国艺术家罗伯特·史密森利用玄武岩和泥土创造了一条长1500英尺“螺旋形防坡堤”，将一条汹涌澎湃的河流驯服成了真正意义上的“大地艺术”。沃尔特·德·玛利亚用400根长达6米多的不锈钢杆，在新墨西哥州平原上摆成16根×25根的矩阵，接受电闪雷鸣，并

① 曾繁仁:《美育十五讲》,北京大学出版社2012年版,第138页。
② 曾繁仁:《美育十五讲》,北京大学出版社2012年版,第138页。

称这尊“大地艺术”为《闪电的原野》。从这些景观艺术和“大地艺术”可以见出，它们已超越了传统艺术的界限。从创造媒介来看，它们是以自然大地为基质的；从创造目的看，它们超越了传统审美的无功利性，是以环境改造为前提的；从鉴赏的角度看，它们超越了传统审美的静观，是一种身体感官介入参与的动态审美。因此，在日常生活审美化的今天，我们不得不拓展艺术审美的界域，正视人们的审美欲求，而不能为了迁就传统艺术观念的规训而将自然天地排除在审美之外。因此，曾繁仁指出，“倡导生态审美教育是当前美学与美育学科的重要任务之一”①。

二 生态审美教育的基本立足点与哲学基础

在曾繁仁看来，生态审美教育最基本的立足点是当代生态存在论审美观的教育。“即以马克思主义的唯物实践存在论为指导，从经济社会、哲学文化与美学艺术等不同基础之上，将生态美学有关生态存在论美学观、生态现象学方法、生态美学的研究对象、生态系统、人的生态审美本性论以及诗意栖居说、四方游戏说、家园意识、场所意识、参与美学，以及生态文艺学等等内容观念作为教育的基本内容；而从生态审美教育的目的上来说，应该包含使广大公民、特别是青年一代能够确立欣赏自然的生态审美态度和诗意化栖居的生态审美意识。”②

前已论述，席勒的审美教育思想体系是以康德哲学为基础而建构的。诚如席勒本人在《美育书简》第一封信中所明白表述的那样，“我不愿向您隐瞒，下边的看法大多是以康德的原则为依据”③，而康

---

① 曾繁仁：《美育十五讲》，北京大学出版社 2012 年版，第 136 页。

② 曾繁仁：《生态美学导论》，商务印书馆 2010 年版，第 364 页。

③ ［德］席勒著，冯至、范大灿译：《审美教育书简》，北京大学出版社 1985 年版，第 10 页。

德的基本原则则是物自体与现象界二元割裂。即人的认识能力只能把握现象界而不能认识物自体，物自体只能凭借理性的意志能力去把握。这样，在人的心理功能上就形成了“知”与“意”两个相互隔绝的领域，正因此，席勒提出了通过美育去沟通二者的观点。“要使感性的人成为理性的人，除了首先使他成为审美的人以外，别无其他途径。”①不可否认，席勒美育思想在工业革命时代，的确极大地解放了人，恢复了人的自由，但其思维方式是主客二分的，带有“人类中心主义”倾向。“人类中心主义生态观的最大危害是以人类，特别是人类的当下利益作为价值伦理判断与一切活动的唯一标准与目的，完全忽略了人与自然环境是一种须臾难离的关系，实行只顾开发不顾环境的政策，从而导致自然环境的严重破坏与人类的严重生存危机。”②

而生态审美教育的哲学基础是整体论生态观，整体论生态观从哲学观的角度看是一种“存在论”的在世模式，在这种模式中，人与世界（自然生态）构成整体，须臾难离，是一种两者“共生”、“双赢”的关系。以自然审美为例，在现代审美教育中，“自然审美的基础是自然的人化。人在这个过程中是主要的、关键的、中心性的。人是自然美的发现者、欣赏者和创造者。人对自然的欣赏是俯视的、高屋建瓴的、单向度的，是人对自然的情感投射和实践的创造”③。而在“此在与世界”的在世模式中，自然不能独自成为审美对象，它必须依靠着人的参与，如果离开了人的参与，离开了“此在与世界”的在世结构，离开了人与自然紧密相联的“生态系统”，自然审美的价值属性将不

---

① ［德］席勒著，冯至、范大灿译：《审美教育书简》，北京大学出版社 1985 年版，第 116 页。

② 曾繁仁：《美育十五讲》，北京大学出版社 2012 年版，第 139 页。

③ 丁永祥：《生态审美与生态美育的任务》，载《郑州大学学报（哲学社会科学版）》2005 年第 4 期。

复存在。①

从价值观的角度看，“整体论生态观是对人与自然相对价值的承认与兼容，实际上是调和了‘生态中心论’对自然生态绝对价值的坚持与‘人类中心论’对人类绝对价值的坚持”②。在以“人类中心主义”为主导的价值体系中，所有价值都是建立在人与对象的物质关系基础上的，自然对人只有外在的工具价值而没有内在的价值。而生态中心主义理论家则认为自然有“内在价值”，罗尔斯顿举例说，野生动物能捕猎和嚎叫，能寻到适宜的生境和进行交配，能养育自己的后代，植物能够生长、繁殖、修复自己的创伤和抗拒死亡就是自然“内在价值”的体现。但在面对“谁是自然万物内在价值主体，谁又是价值的承担者”这一问题时，“人类中心主义”者和“生态中心主义”者都拿不出较为公允的答案。生态审美教育者则持“生态整体主义”立场，坚持自然界内在价值与外在价值的统一。他不仅承认自然具有外在的经济价值、审美价值与科学价值，而且还承认自然具有内在的生命价值、多样性与统一性价值、稳定性与自发性价值等。在生态审美教育者看来，地球上的人、生命和自然界是一个互相依存的生态系统，某一方的存在既有着自己生存的目的，同时也有利于他方的生存。例如一颗松树种子掉在地上，天长日久，利用地上的泥土、空气和水慢慢生长发芽，最后长成了一棵参天大树，这是它自身生长目的的实现（内在价值）。同时，它又利用太阳能把水和二氧化碳等资源转化为碳水化合物，释放出氧气，供其它的生物利用，成为他物生存的条件（外在价值）。总之，在地球的生态系统网络中，一种生物的存在，既是它自身的目的，又是他物的手段。生态审美教育强调这一点，意在告诫人们，人类要尊重自然的生长规律，保护生态系统的稳

① 曾繁仁：《生态存在论美学视野中的自然之美》，载《文艺研究》2011 年第 6 期。

② 曾繁仁：《美育十五讲》，北京大学出版社 2012 年版，第 141 页。

定性、完整性和完美性。

从人文观来看,整体论生态观是人文主义在当代的新发展,是一种包含着生存维度的新的人文主义。曾繁仁称这种人文主义为“生态人文主义”。所谓“生态人文主义”实际上是对人类中心主义与生态中心主义的一种综合与调和,是人文主义在当代的新发展与新延伸。不难理解,绝对的生态主义因主张自然生态的绝对价值,必然导致对于人的需求与价值的彻底否定,而“人类中心主义”则将人的需求与价值加以无限制的扩大,从而造成对于自然生态的严重破坏。因此,“正确的道路只有一条,那就是在生态人文主义的原则下只承认两方价值的相对性并将其加以统一”①。生态审美教育以生态人文主义为指导,必能将生态观、人文观与审美观三者有机结合起来,使公民树立起正确的审美观和生态观。

三 生态审美教育的手段

在现代审美教育中,教育的手段主要是艺术,故审美教育常被称为艺术教育。诚然,“艺术作为人类文明的结晶在美育中起着十分重要的作用,但将美育仅仅归结为艺术教育又是非常不全面的,是由人类中心主义所导致的艺术中心主义的产物,因为,从人类中心主义的视角来看,凡是人类创造的东西都必然要高于天然的东西”②。正因此,黑格尔将他的《美学》称作“艺术哲学”。他的“美是理念的感情显现”命题将“自然美”排除在美学之外的,而自然物只有在对人类生活有所“象征”时才存在某种“朦胧预感”之美。

在曾繁仁看来,生态审美教育所凭借的手段主要不是艺术,而是生态系统中的关系之美。“这种‘关系之美’既不是物质性的、也不

---

① 曾繁仁:《生态美学导论》,商务印书馆 2010 年版,第 65 页。

② 曾繁仁:《美育十五讲》,北京大学出版社 2012 年版,第 141 页。

是精神性的实体之美，而是人与自然生态在相互关联之时，在特定的空间与时间中‘诗意栖居’的‘家园’之美。”①曾繁仁在《生态美学视域中的自然之美》一文中，系统梳理了“自然”含义的变化，指出西文中“自然”总被视作是相异于人、独立于人之外甚至是与人对立的物质实体，由此也推导出自然之美就是这种独立于人之外的物质世界之美。“这种独立于人之外的物质世界之美实际上在现实中是不存在的。因为，从生态存在论的视角来看，人与自然是一种‘此在与世界’的关系，两者结为一体，须臾难离。而且，人与自然是一种特定的时间与空间中此时此刻的关系，构成一刻也不可分离的系统，从不存在相互对立的实体。”②因此，在现实中只存在人与自然紧密相联的自然系统，也只存在人与自然世界融为一体的生态系统之美。

那么，在自然之美中对象与主体到底是一个什么样的关系呢？曾繁仁认为，“从生态存在论哲学的角度来看，自然对象与主体构成‘此在与世界’共存并紧密相联的机缘性关系，人在‘世界’之中生存，如果自然对象对于主体（人）是一种‘称手’的关系，形成肯定性的情感评价，人处于一种自由的栖息状态，是一种审美的生存，那么人与自然对象就是一种审美的关系”③。对于自然之美中实体性美之消解以及生态系统之美能否成立的问题，学界仁者见仁，智者见智。有的学者认为，生态学强调的关系无法成为审美对象。因为从主客二分的视角来看，审美主体面对的倒确实是单个的审美客体；但从生态存在论美学的视角来看，审美的境域则是“此在与世界”的关系，审美主体作为“此在”所面对的是在“世界”之中的对象。因此，“生态美学视野的自然审美中‘此在’所面对的不是孤立的实体，而

① 曾繁仁：《美育十五讲》，北京大学出版社 2012 年版，第 143 页。
② 曾繁仁：《美育十五讲》，北京大学出版社 2012 年版，第 142 页。
③ 曾繁仁：《美育十五讲》，北京大学出版社 2012 年版，第 142～143 页。

是处于机缘性与关系性中的审美对象”①。

曾繁仁认为,生态系统中的关系之美与传统理性主义美的重要区别在于,它是从“此在与世界”的在世关系中来理解和阐释自然审美价值的。他说:“美与真、善一样,不是一种实体,而是一种关系性存在,是在‘此在与世界’的在世结构中,在人与自然的‘生态系统’中,存在得以展开、真理得以显现的过程。如果离开了人的参与,离开了‘此在与世界’的在世结构,离开了人与自然紧密相连的‘生态系统’,自然审美的价值属性将不复存在。”②曾繁仁关于自然美的论述完全相异于自然之美实体论和“自然全美”论,这一点使他与“生态中心主义”者划清了界限。不仅如此,曾繁仁的自然之美“关系”论还不同于里普斯的“移情论”、李泽厚的“人化的自然论”与瑟帕玛的“如画风景论”。利普斯的“移情”将审美主体的感情移注到审美对象上,从而使审美对象带上“我”的情感色彩;李泽厚的“人化的自然”论则将人的本质力量作为审美参照的标准;而“风景如画”论仍是以“人类中心”的眼光来审视自然风景。由此可见,“移情论”、“人化的自然论”与“如画风景论”从本质上看还是“人类中心主义”的一种变体,而曾繁仁关于“生态系统中的关系之美”的论述则不仅弥合了“主体”与“客体”之间的割裂,而且与“人类中心主义”划清了界限。

四　生态审美教育所凭借的主要审美范畴

在传统美学中,审美范畴是指用来概括审美对象各种审美属性的基本概念,如美、丑、优美、崇高、悲剧性、喜剧性(滑稽)等。与此相关,传统审美教育的审美范畴则是“情感”、“和谐”、“自由”、“游戏”等,这些审美范畴无不是以“艺术”为中心而建构的,它侧重于人的精

① 曾繁仁:《美育十五讲》,北京大学出版社 2012 年版,第 143 页。

② 曾繁仁:《生态美学导论》,商务印书馆 2010 年版,第 297 页。

神体验领域。而在生态审美教育领域,曾繁仁认为,其审美范畴主要是一系列与人的美好生存密切相关的概念,诸如“共生性”、“家园意识”与“诗意的栖居”等。

“共生性”,这是一个主要来自中国的生态美学范畴,意指人与自然生态相互促进,共生共荣,共同健康,生命旺盛。《周易》曰:“生生之谓易”,“天地之大德曰生”;《左传·昭公二十年》以音乐阐释了对“共生”的认识:“清浊、大小、长短、疾徐、哀乐、刚柔、迟速、高下、出入、周疏,以相济也,君子听之,以平其心。……若以水济水,谁能食之?若琴瑟之专壹,谁能听之?”在古人看来,音乐之所以是音乐,音乐之所以动人,并不在于音乐要素的多寡,而在于这些要素之间能否相互碰撞、对话、融合,生成一种新声。同样道理,自然界的繁茂昌盛、可持续发展必须建立在物种多样性的基础之上。中国古典美学的这种生态智慧业已引起了西方哲学家的关注。如怀特海在论述自己的“过程哲学”时说到应该“将生命与自然融合起来”。1949 年,生态理论家利奥波德在著名的《沙乡年鉴》中提出“土地伦理学”与“土地健康”的重要命题,描述了一个人依赖于万物、依赖大地的“生命的金字塔”。他指出:“只有当人们在一个土壤、水、植物和动物都同为一员的共同体中,承担起一个公民角色的时候,保护主义才会成为可能;在这个共同体中,每个成员都相互依赖,每个成员都有资格占据阳光下的一个位置。”①很显然,这种“共生性”包含着东方的“有机性”思维,一种有机生成的、充满蓬勃生命力的活性思维。

“家园意识”最先见于海德格尔题为《返乡——致亲人》的演讲中,他说:“在这里,‘家园’意指这样一个空间,它赋予人一个处所,人惟在其中才能有‘在家’之感,因而才能在其命运的本已要素中存

---

① [美]奥尔多·利奥波德著,侯文蕙译:《沙乡年鉴》,吉林人民出版社 1997 年版,第 216 页。

在。这一空间乃由完好无损的大地所赠予。大地为民众设置了他们的历史空间。大地朗照着‘家园’。如此这般朗照着的大地,乃是第一个‘家园’天使。”①在海氏看来,这里的“家园意识”就是存在论的具有本源性的哲学与美学关系,是此在与世界、人与天的因缘性呈现。在此“家园”中,真理得以显现,存在得以绽出。为此,他讲了两段非常有意思的话。一段是说:“大地与光明,也即‘家园天使’与‘年岁天使’,这两者都被称为‘守护神’,因为它们作为问候者使明朗者闪耀,而万物和人类的‘本性’就完好地保存在明朗者之明澈中了。”②这里的“大地”、“家园天使”即为“世界”与“天”之家,而“光明”与“年岁天使”则为“人”与“此在”之意,共在这“此在与世界”、“天与人”的因缘与守护之中,作为“存在的明朗者”得以闪耀和明澈,这即是“家园意识”的内涵。另一段话为:“诗人的天职是返乡,惟通过返乡,故乡才作为达乎本源的切近国度而得到准备。守护那达乎极乐的有所隐匿的切近之神秘,并且在守护之际把这个神秘展开出来,这乃是返乡的忧心。”③海氏认为,诗人审美追求的目标就是“返乡”,而这种贴近本源的“返乡”之路就是作为“存在”的“神秘”的展开之路,通过守护与展开的历程实现由神秘到绽出、由遮蔽到澄明,这正是“家园天使”的呈现之途。由此可见“家园意识”不仅包含着人与自然生态的关系,而且蕴涵着更为深刻的、本真的人之诗意地栖居的存在真意。在曾繁仁看来,“家园意识”已经基本舍弃了传统美学之中作为认识和反映的外在的形式之美的内涵,而将人的生存状况放到最重要位置;其二,它不同于传统美学立意于人与自然的对

① [德]马丁·海德格尔著,陈嘉映、王庆节译:《存在与时间》,生活·读书·新知三联书店2006年版,第15页。

② [德]马丁·海德格尔著,孙周兴译:《荷尔德林诗的阐释》,商务印书馆2000年版,第15页。

③ [德]马丁·海德格尔著,孙周兴译:《荷尔德林诗的阐释》,商务印书馆2000年版,第31页。

立的认识论关系，而是建立在人与自然协调统一的生存论关系上。曾繁仁指出，在当前环境污染不断加剧之时，"家园意识"在浅层次上有维护人类生存家园、保护环境之意；在工具理性和科技主义日益猖獗，人们茫然失其所在之时，"家园意识"能使心灵与精神回归到本真的存在与澄明之中。

"诗意地栖居"是海德格尔针对工业社会的"技术地栖居"而提出的，是海氏对于诗与诗人之本源的发问与回答，亦即回答了长期以来普遍存在的问题：人是谁以及人将自己安居于何处？艺术何为，诗人何为？——诗与诗人的真谛是使人诗意地栖居于这片大地之上，在神祇（存在）与民众（现实生活）之间，面对茫茫黑暗中迷失存在的民众，将存在的意义传达给民众，使神性的光辉照耀平静而贫弱的现实，从而营造一个美好的精神家园。曾繁仁认为，在传统的审美教育中，我们只讲愉悦、赏心悦目、陶冶等，很少谈到人的审美生存，这是传统美学的一个缺失，而在生态审美教育中，我们必须将"诗意的栖居"作为审美教育的旨归。

五　生态审美教育的性质

"参与美学"是由阿诺德·伯林特明确提出的，他说："首先，无利害的美学理论对建筑来说是不够的，需要一种我所谓的参与的美学"[①]；又说："因而，美学与环境必须得在一个崭新的、拓展的意义上被思考。在艺术与环境两者当中，作为积极的参与者，我们不再与之分离而是融入其中。"[②]"参与美学"的提出具有十分重要的意义，它不仅将自然与环境的审美纳入了美学领域，突破了"艺术中心主义"，

---

①　［美］阿诺德·伯林特著，张敏、周雨译：《环境美学》，湖南科学技术出版社2006年版，第134页。

②　［美］阿诺德·伯林特主编，刘悦笛等译：《环境与艺术：环境美学的多维视角》，重庆出版社2007年版，第9页。

而且在审美方式上也突破了主客二元对立的思维模式。

的确,传统美学在康德审美超功利性的影响下,强调审美与对象保持适当的距离。比如海上有大雾,对大多数人来说,是一件极为伤脑筋的事情,然而,你如果把它放在一定的距离之外去观赏,它“也能够成为浓郁的趣味与欢乐的源泉……你也同样可以暂时摆脱海雾的上述情境,忘掉那危险性与实际的忧闷,把注意力转向‘客观地’形成周围景色的种种风物”①。艺术审美也是如此,我们与一件艺术品的距离,既不能太远,亦不能太近。太远则观赏不到细节,太近则观赏不到全貌。例如,一幅油画从太远处观赏则只是一些斑驳的色彩,从太近处观赏只是一团混沌的颗粒。而在自然审美中,则不存在距离的限制,我们可以在自然界中随意走动,从中挑选任何事物作为审美对象;我们也可从微观层面上使用科学仪器如显微镜和 X 光进行审美。罗曼·维斯尼艾克说:“人类手工制作的每件东西放大来看都是很糟糕的——拙劣,粗糙,不对称。但自然中生命的一点一滴都是可爱的。我们越将其放大,细节越显现出来,完美地构造出来,像盒子套着盒子,永无止境。”②

在西方传统的美学领域,视觉和听觉是审美的主要感官,而触觉、肤觉、味觉、嗅觉等都属于粗劣的审美感官。如黑格尔在把美学的研究对象限定为艺术之后指出:“艺术的感性事物只涉及视听两个认识性的感觉,至于嗅觉、味觉和触觉则完全与艺术欣赏无关。”③但在生态美学的视域下,审美感官没有高低贵贱之分。我们不能说嗅觉低于视觉。比如,霸王花与玉兰花相比较,我们会远离霸王花而亲

① [瑞]爱德华·布洛:《作为艺术因素与审美原则的“心理距离说”》,见蒋孔阳主编《二十世纪西方美学名著选(上)》,复旦大学出版社 1987 年版,第 242 页。

② [芬]约·瑟帕玛著,武小西、张宜译:《环境之美》,湖南科学技术出版社 2006 版,第 100 页。

③ [德]黑格尔著,朱光潜译:《美学(第一卷)》,商务印书馆 1979 年版,第 48 页。

近玉兰花，因为霸王花虽然巨大而美丽，但它奇臭无比，玉兰花虽小而平淡，但其香气给我们带来了一种清爽无比的审美享受。我们也不能说肤觉、触觉、味觉等低于视听觉，如果是这样，我们就不必花大把的钞票去旅游观光了，在家看自然观赏节目就行了。我们之所以热衷于到大自然中感受风情，就是想通过听觉、视觉、触觉、肤觉、嗅觉等去感受一个美丽而鲜活的世界。在自然审美欣赏中，我们是在调动所有的身体感官参与审美。诚如罗尔斯顿所说："我们开始可能把森林想作可以俯视的风景。但是森林是需要进入的，不是用来看的。一个人是否能够在停靠路边时体验森林或从电视上体验森林，是十分令人怀疑的。森林冲击着我们的各种感官：视觉、听觉、嗅觉、触觉，甚至是味觉。视觉经验是关键的，但是没有哪个森林离开了松树和野玫瑰的气味还能够被充分地体验。"①我国清代旅游家郑日奎在《游钓台记》中也描述了这种感受："山既奇秀，境复幽茜……足不及游，而目游之。……清风徐来，无名之香，四山飘至，则鼻游之。舟子谓滩水佳甚，试之良然……则舌游之。……返坐舟中，细绎其峰峦起止，径路出没之态，惝恍间如舍舟登陆，如披草寻磴，如振衣最高处……盖神游之矣。……舟泊前渚，人稍定，呼舟子劳以酒，细询之曰：若尝登钓台乎？山中之景何若？……于是乎并以耳游。"由此看出，山水之游是一种目、耳、鼻、喉等感官介入参与的审美。在日常经验和逻辑分析中，我们习惯于对感觉类型进行区分，而在自然的欣赏体验中，这些感知系统之间是联通的，也是同时参与的。阿诺德·柏林特说："我们熟悉一个地方，不光靠色彩、质地和形状，而且靠呼吸、气味、皮肤、肌肉运动和关节姿势，靠风中、水中和路上的各种声音。环境的方位、体量、容积、深度等属性，不光主要被眼睛，而且被运动中

---

① ［美］阿诺德·伯林特主编，刘悦笛等译：《环境与艺术：环境美学的多维视角》，重庆出版社2007年版，第166页。

的身体来感知。”①

在传统的艺术审美中，我们通常采用静观的欣赏方式，这是由艺术品的静态本质决定的。不难理解，艺术品一旦生成，便处于一种相对稳定的状态。它虽然可以转化为另一种艺术版本，比如小说被拍成电影，戏剧被改编为歌剧等，但其艺术意蕴并未变。艺术文本在时光流逝中会损旧，一千个读者可能有一千个哈姆雷特，但相对于散漫无边、日新月异的自然界，艺术品的边界是相对明确静止的。正如黑格尔所说：“个别的有生命的自然事物总不免转变消逝，在外形方面显得不稳定，而艺术作品却是经久的。”②而自然则不同，它始终处于连续发展和变化的状态中。从大的方面来看，地球每时每刻都在运动，所谓沧海桑田、花开花落，自然中的任何事物都要经历运动变化的过程；从小的方面来看，气候变化、昼夜轮回每时每刻都在发生。比如，我们在黄山上观峰，一会儿，山峰被白云淹没了，只露出一个山尖，此时，我们觉得这山峰如睡荷，俏丽秀雅，但又过一会儿，白云散开，山峰全然裸露，我们觉得这山峰峭拔峥嵘。因此，在自然审美中，无论我们是否在动，自然都在无始无终的空中扩展，我们也不得不随之穿行于各种体量、质地、颜色、光和影构成的空间之中。“我们很难通过静观的方式，把环境当作与我们相分离的对象来欣赏；事实上，处于欣赏中的环境从来不作为一个对象。我们总是置身于具有各种指向性的动态环境之中，如道路指引我们向前，台阶暗示着向上或向下，入口邀请我们进入，长椅召唤我们坐下和休息，家和建筑意味着庇护或者至少作为给人以相对安宁的场所。”③据此，曾繁仁指出，生

---

① ［美］阿诺德·伯林特著，张敏、周雨译：《环境美学》，湖南科学技术出版社2006年版，第19页。

② ［德］黑格尔著，朱光潜译：《美学（第一卷）》，商务印书馆1979年版，第37页。

③ ［美］阿诺德·伯林特著，张敏、周雨译：《环境美学》，湖南科学技术出版社2006年版，第117页。

态审美教育是一种人体各种感官直接介入的“参与美学”的教育。

六　生态审美教育的目标与任务

在曾繁仁看来，生态审美教育的首要目标在于确立正确的自然观。在传统的自然审美教育中，自然被作为独立于人之外的客体，这种自然审美有两种倾向：一种以艺术审美为参照。这种审美范式以艺术美为自然美的尺度和基础。谢林指出，如果说自然物是美的，那么这种美会显得是完全偶然的，它不是我们一般所说的那种美（即艺术美），观念应倒过来，与其说“纯粹偶然美的自然可以给艺术提供规则，毋宁说完美无缺的艺术所创造的东西才是评判自然美的原则与标准”①。如贺敬之对桂林山水的描写：“云中的神呵，雾中的仙，神姿仙态桂林的山！情一样深呵，梦一样美，如情似梦漓江的水！……”（《桂林山水歌》）作者并未实写桂林的山水美，而是以“风景画”为参照，引领读者去想象如仙似梦的桂林山水。另一种自然审美范式则是“物以情观”，以人的情感为参照。如秦少游的词：“郴江幸自绕郴山，为谁流下潇湘去？”郴江本是无知无情之物，它自然地流来流去，谈不上幸不幸，更谈不上为谁与不为谁，然而诗人用有情的眼光来审视它，它却生命化了，变得有情有知了。这有情有知，不是郴江本身所固有的，而是诗人移注给它的。这两种自然审美范式均是建立在主客二分思维模式下的“人类中心主义”反映。前者以艺术为审美参照，实际是以艺术美高于自然美为前提的。而后一种自然审美范式是以“自然的人化”为基础的，在这种审美范式中，人是审美的中心，自然只是人的情感与意识的投射对象。这种审美观必然带来人与自然的对立。而在生态审美教育中，自然不是外在于人类的、更

---

①　［德］谢林著，梁志学、石泉译：《先验唯心论体系》，商务印书馆 1976 年版，第 271 页。

不是与人类对立的,而是与人类构成一体、须臾难离的。即自然不能独自成为审美对象,自然美只能是一种“此在与世界”并存的关系之美。所以,生态美学视域中的自然审美范式是以“诗意的栖居”和美好“家园意识”为旨归的人与自然在世关系的审美。曾繁仁认为,要培养一种健康的自然审美态度,须要经过这样三种转换:第一,从哲学观上,要从“人类中心主义”转到“生态整体论”,只有经过了这样的转换,对自然的审美态度才能真正确立。第二,从美学观上,要从自然之美是“人化的自然”转到自然之美是“人与自然的共生”上来。传统的美学观将自然之美看做是“人化的自然”,遮蔽了自然之美的呈现,而在生态审美教育中,自然之美是“人与自然由其共在而导致的共生”之美。第三,从审美观的性质来说,人对自然的审美态度从单纯的审美观转换到一种人生观、世界观,是新时期所必需的一种人生态度。

其次,就是要确立生态审美的生活方式。当前的环境问题归根结底还是一个文化问题,是一种人们选择什么样的生活方式的问题。而中国当下消费主义大行其事,从拔地而起的高楼大厦到与日俱增的家用小汽车,从国家精心组织的规模浩大的会展、会演到中小学生们没完没了的生日派对,从光怪陆离的游乐场所到包装精美的糕点饮料,虽然洋溢着日常生活审美化的浪潮,但它们并不生态,而是在最大限度地消耗着国家的资源和能源,误导着国民的生活方式与消费行为。对此,曾繁仁指出,生态审美教育应该倡导一种“诗意栖居”的生活方式,具体说来,这种生活方式包括“够了就行”、环保循环与珍爱生命等内容。“所谓‘够了就行’是指一种小康而节俭的生活方式,不奢侈铺张、浪费资源和能源。不是房子越大越好、汽车越多越好、家具衣物越多越好,而是节俭紧缩,够了就行;所谓‘环保循环’就是自觉地保护环境,不污染环境,尽量选择生物能源,选择一种使物质和能量循环利用的生活方式;所谓‘珍爱生命’,就是自觉保护大自然的一草一木、动物植物，保护野生物种、珍稀物种，以珍爱的精神关怀动物。”①

由上观之，曾繁仁的生态审美教育思想清算了自席勒以来近现代美育思想中的“人类中心主义”和“艺术中心主义”倾向，丰富了美育本体理论的内涵与外延，这种超越不仅表现在基本立足点与哲学基础上，还表现在美育教育手段、美育性质、审美范畴和培养目标上。在生态危机日益严重的今天，生态审美教育思想的提出无疑有助于缓解生态危机之困，帮助公民树立正确的生态审美观、生态价值观与生态伦理观；对美育与生态美学等学科而言，生态审美教育的提出刷新了传统美育研究的视域，拓宽传统美育的研究路径，同时又从实践的维度夯实了生态美学的存在根基。

① 曾繁仁：《生态美学导论》，商务印书馆2010年版，第366页。

第七章　美育的学科建设

一　当代美育建设的理论指导:马克思主义人学理论

当代美育理论建设应该坚持马克思主义指导,这在中国现实国情下是无可非议的,但问题在于是坚持何种意义上的马克思主义理论为指导。曾繁仁经过认真的学习和研究,认为从更直接的角度看应该坚持马克思主义人学理论的指导。因为“美育理论的产生就是现代哲学领域由思辨哲学到人学、美学领域,由认识论美学到人生美学、教育领域,由知识教育到通识教育转型的反映。马克思主义人学理论以及与之相关的美学思想就是这一转型中最具科学性的理论形态”①。

面对马克思主义有无“人学理论”的争议,曾繁仁指出,马克思主义人学理论就是马克思主义唯物实践存在论。他说:“在人学已经成为当代西方哲学与文化转型的标志的情况下,马克思主义作为反映社会文化发展方向的哲学理论形态,对于人学理论没有回应那是绝对不可能的。”②众所周知,马克思主义关于无产阶级解放的前提是整个人类的解放。“德国唯一实际可能的解放是以宣布人是人的最高本质这个理论为立足点的解放。”③“对宗教的批判最后归结为人

---

① 曾繁仁等:《现代美育理论》,河南人民出版社 2006 年版,第 16 页。

② 曾繁仁等:《现代美育理论》,河南人民出版社 2006 年版,第 22 页。

③ 《马克思恩格斯选集》第一卷,人民出版社 1995 年版,第 16 页。

是人的最高本质这样一个学说，从而也归结为这样的绝对命令：必须推翻那些使人成为被侮辱、被奴役、被遗弃和被蔑视的东西的一切关系。”①有的理论工作者认为，这个思想不仅不是马克思当时思想的核心，而且还带有费尔巴哈人本主义的痕迹。而曾繁仁却认为，这里包含有两层紧密相关的意思：一层就是关于人是人的最高本质的学说；第二层是一条“绝对命令”，亦即人学理论的前提是推翻使人受奴役的一切社会关系。曾繁仁的这一理解符合马克思主义经典哲学的原义，也为我国新时期的美育建设找到了理论指导。

在曾繁仁看来，马克思主义实践存在论人学理论的产生有其历史的必然性。从社会历史层面来说，这一理论恰恰是批判资本主义制度、实现人类解放的社会主义革命运动的必然要求。“哲学把无产阶级当作自己的物质武器，同样，无产阶级也把哲学当作自己的精神武器；思想的闪电一旦彻底击中这块素朴的人民园地，德国人就会解放成为人。”②由此可见，马克思主义人学理论是在无产阶级和劳动人民谋求解放的伟大历史运动之中产生和发展的。从哲学层面上看，马克思主义人学理论恰恰是批判各种二分对立的旧哲学的产物。近代以来，随着工业革命的产生与发展，无论是唯物主义还是唯心主义，都从主客二分的角度将抽象的本质的追求作为哲学的终极目标，这种哲学见物不见人，既脱离时代需要，又远离人类现实生活，严重制约了人类社会的健康发展。马克思说：“从前的一切唯物主义——包括费尔巴哈的唯物主义——的主要缺点是：对对象、现实、感性，只是从客体的或者直观的形式去理解，而不是把它们当作人的感性活动，当作实践去理解，不是从主体方面去理解。因此，结果竟是这样，和唯物主义相反，唯心主义却发展了能动的方面，但只是抽象地发展

---

① 《马克思恩格斯选集》第一卷，人民出版社 1995 年版，第 9 ~ 10 页。

② 《马克思恩格斯选集》第一卷，人民出版社 1995 年版，第 15 ~ 16 页。

了,因为唯心主义当然是不知道现实的、感性的活动本身的。”①在这里可以看出,马克思有力地批判了旧唯物主义的抽象客观性和旧唯心主义的抽象主观性,从而将对事物的理解奠定在主观的、能动的感性实践的基础之上。“而这种主观能动的感性实践就是人的实践的存在,是马克思主义实践论人学理论的基本内涵。”②

曾繁仁认为,马克思主义的唯物实践存在论人学观与西方当代人学理论既有联系又有区别。它们的共同之处表现在以下三个方面:其一,马克思主义的唯物实践存在论人学观与其他人学理论一样都是对西方近代认识本体论主客二分思维模式的突破。“在这里,实践作为主观见之于客观的活动,是一个过程,不可能成为本体。但实践中的具体的人却可以成为本体。因此,这是一种唯物实践本体论,也是一种‘存在先于本质’的理论,以此突破了主观实体或客观实体。”③其二,马克思主义唯物实践存在论人学理论同当代其他人学理论一样,是以现实的在世的个别之人为其出发点。如海德格尔以在世之“此在”为其出发点,马克思主义唯物实践存在论人学理论则以个别的、活生生的现实之人为其出发点。其三,马克思主义唯物实践存在论人学理论也同当代西方其他人学理论一样,是以追求人的自由解放为其指归的。那么马克思主义唯物实践存在论与西方当代人学理论的区别又何在呢?曾繁仁认为,与西方当代人学理论相比,马克思主义人学理论最鲜明的特点就是实践性与阶级性。在马克思主义哲学中,社会实践是人最基本的生存方式,人要生存和创造历史,就必须生产物质生活本身。这一点迥异于西方当代以胡塞尔唯心主义现象学为理论基础的人学理论,也不同于西方当代人学理论家后期提出的“生活世界”理论。其次,马克思主义的人学理论还具

① 《马克思恩格斯选集》第一卷,人民出版社 1995 年版,第 58 页。

② 曾繁仁:《美育十五讲》,北京大学出版社 2012 年版,第 28 页。

③ 曾繁仁:《美育十五讲》,北京大学出版社 2012 年版,第 28 页。

有极其鲜明的阶级性。它以关怀和彻底改变无产阶级和一切被压迫阶级的生存状况为其宗旨，是无产阶级和一切被压迫阶级获得解放的理论武器。这一点也使它区别于呼唤抽象的爱的资产阶级人道主义。其三，马克思人学理论将人的个人存在与其社会存在有机地结合起来。它一方面强调人是现实的有生命的个人存在，同时也强调人是一种社会的存在，是个体性与社会性的有机统一。“马克思既强调了人存在的现实性与个体性，同时更强调了人存在的社会性与阶级性，强调了个人的自由解放要依赖于社会的进步和整个阶级与人类的解放，这就超越了西方存在主义理论观念。”①

通过以上的分析不难见出，马克思主义唯物实践人学理论实现了由本质主义的实体性美学向当代人生美学的转型。本质主义的实体性美学由于建立在主客二分的思维模式下，严重脱离了社会人生，在很大程度上遮蔽了人的本真存在。而马克思人学理论则充满了现实生活气息，是一种对于实体遮蔽之解蔽。“这是一种以人的现实‘在世性’为基点的美学形态，力图彻底摆脱主客二分，实现作为现实的人与自然社会、理性与非理性的多侧面、全方位的有机统一。”②曾繁仁将马克思主义人学理论中有关“人的教育”思想概括为以下三个方面：从宏观的角度讲就是对于非美的资本主义社会制度与现实生活的批判与否定，为人类的诗意栖居开辟了道路；从微观的角度上讲就是按照“美的规律”来改造人，使“人的感性”日益丰富起来；第三，在美育的最终目标上，就是创造美好的新生活与社会主义新人。由此可见，以马克思主义人学理论来指导的当代美学与美育，不仅可以突破传统的本质主义认识论美学，从“此在”在世的角度认识了人的丰富性，而且可以从人的审美经验的角度对传统的美学与文艺学理

① 曾繁仁：《美育十五讲》，北京大学出版社2012年版，第29~30页。

② 曾繁仁等：《现代美育理论》，河南人民出版社2006年版，第28页。

论进行了新的阐释。

世界上没有绝对的真理,马克思主义人学理论也不例外。由于时代的局限,马克思主义创始人在充分强调人的理性时,对人的非理性成分是有所忽视的。曾繁仁说:“在马克思主义创始人所在的19世纪,资本主义现代化的发展还不够充分,人对自然破坏的严重性还没有充分显露出来。因此,在他们的哲学与人学理论中尽管比同时代的人已经具有更多的人与自然和谐的内容,但总体上对于生态问题的重视和论述还是不够的。……当代马克思主义人学理论建设应该自觉地吸收这些生态理论,努力将人文观与生态观统一起来,构建人的生态本性理论与新的生态人文主义。”①因此,曾繁仁告诫我们,我们在以马克思主义人学理论指导美育建设时,应将西方当代哲学中有关人的非理性的论述吸收到马克思主义人学理论中来。

“自由”是一个非常重要的哲学与美学范畴。在认识论的范围内,所谓的自由就是对于必然的掌握。而思想领域的自由,则是艺术中想象的自由与凭借某种先天原则的“先验的自由”,常常带有神学的意味。但在当代存在论哲学与美学之中,自由已经不完全是人的认识,而是超越了认识成为人的生存状态。席勒将其看做一种“游戏”或“心境”。“他们说美使我们处于一种心境中,这种美和心境在认识和志向方面是完全无足轻重并且毫无益处。他们是完全有道理的,因为美不论在知性方面还是在意志方面完全不会给人以任何结果。它既不能实现智为目的,也不能实现道德目的。”②而在海德格尔的哲学与美学中,真理与美是同格的,因而自由就成为美的基本品格。曾繁仁认为,以马克思主义人学理论来指导当代美育建设,将“自由”作为美育最基本的内涵是毫无疑义的。因为“马克思主义实

① 曾繁仁等:《现代美育理论》,河南人民出版社2006年版,第27~28页。

② [德]席勒著,徐恒醇译:《美育书简》,中国文联出版公司1984年版,第110页。

践存在论人学观最基本的立足点是将自由与实践紧密结合起来的。人的真正自由的获得只有通过劳动生产实践与革命的实践，只有在这样的社会实践中人和人类才能获得自由解放，获得审美的生存。这恰是当代美学与美育作为马克思主义人学理论组成部分的最重要目标”①。

二 美育学科的研究方法：人学的研究方法

关于美育的研究方法，目前有自上而下与自下而上等多种说法。曾繁仁认为，美育既然是一种人文学科，它就应该根据人文学科的特点，采用《大英百科全书》中所说的“含有人道主义内容并运用人道主义方法”，即人学的研究方法。“人学”的研究方法是一种个别的描述方法，这种描述方法具有多纬度的、阐释的和具有明显价值取向的特点。所谓多维度的，是说人学的描述的方法对于研究对象不能如一般科学那样采取一种界说，而必须是多方面的，乃至于是开放的、共创的描述，而且这种描述必须考虑阐释主体的特定语境，具有明显的审美价值取向和道德价值取向。②

在美育学科建设方面，就目前研究现状而言，许多研究还停留于美育本质与意义的探讨，实证和实践研究较为缺乏，尤其是当下的美育研究相对封闭自足，隔绝了与之相关的心理学与脑科学的联系。而这无疑是美育学科实现新的突破的关键环节之一。因为，美育学科的性质决定了美育与脑科学关系的探讨可使之更具科学性。美育是教育学与美学的交叉学科，也是它们的分支学科，教育学与美学又都同心理学密切相关。正是从这个意义上，我们说心理学是美育的重要支撑。脑是心理的器官，脑的功能与机制正是心理学科的生理

---

① 曾繁仁等：《现代美育理论》，河南人民出版社 2006 年版，第 31 页。

② 曾繁仁等：《现代美育理论》，河南人民出版社 2006 年版，第 89 页。

基础,将脑科学同心理学紧密相联才使心理学同哲学分离而具有了独立的科学意义。因此,“我们的美育学科要加强其心理学的支撑基础,就必须将‘神经心理学’引入,深入探讨美育与脑科学的关系,探讨美育活动及其效果的神经科学机制与规律。这样,美育的人文学科探讨同自然科学研究相结合,将使之更具科学性、实证性与可操作性”①。

目前学界有两种教育评价测试体系:统一的智商评价测试体系和以个人为中心的情景式评价测试体系。前者是工业社会的产物,它是为培养工业劳动后备大军而设置的,只适合那些诸如数学、科学、语法和历史等具有统一评价标准的学科,而美育作为一种人文学科,则难以运用这种测试体系。因此,曾繁仁主张在美育实践中采用以个人为中心的情景式评价测试体系,他说:“只有遵循以个人为中心的情景式评价测试体系,美育才可能拥有其应有的地位。”②

三　美育与当代文化艺术发展新趋势

20 世纪中期以来,人类社会进入了以知识经济与大众文化为标志的后工业时代。受其影响,我国在现代化持续深入发展的同时,也出现了诸多后现代状况,诸如经济社会领域“生态文明”建设的提出,文化领域中的大众文化、消费文化与网络文化的勃兴等。这些新的文化现象颠覆了许多传统的美学与美育观念,对当前的社会主义美育建设构成了新的挑战,对此,曾繁仁主张以历史唯物主义进行审视与批判,同时对我们的审美观念、美育理论与实践进行必要的调整。

针对上个世纪的“图像时代”特征,海德格尔进行了如下的概况:第一,“并非意指一幅关于世界的图像,而是指世界被把握为图像”;

---

① 曾繁仁:《美育十五讲》,北京大学出版社 2012 年版,第 128 ~ 129 页。

② 曾繁仁:《转型期的中国美学——曾繁仁美学文集》,商务印书馆 2007 年版,第 220 页。

第二,"存在者的存在是在存在者之被表象状态中被寻求和发现的";第三"这一事实使存在者进入其中的时代成为与前面的时代相区别的一个新时代";第四,"根本上世界成为图像,这样一回事情标志着现代之本质";第五,"世界之成为图像,与人在存在者范围内成为主体是同一个进程";第六,"现代的基本进程乃是对作为图像的世界的征服过程"。[①] 不难见出,海氏所谓的"图像的时代"是指工业革命时期的现代,它仅揭示了前现代社会的某些特征,在这里,存在者与存在还处于一种割裂状态。曾繁仁认为,20 世纪 90 年代以来逐步盛行的视觉文化是一种后现代的视觉文化形态,其特征可概括为四个方面:第一,当代的视觉文化是一种消费文化。在当代消费社会,视觉形象成为了人们的一种消费品,诸如令人炫目的商业橱窗、各类模特的展示与表演、耀如白昼的霓虹灯等,它们充斥在现代社会生活的各个角落与场所,吸引着人们的"眼球",其形象本身具有了独立的商品属性。因此可以说,"在消费社会,人们不仅进行着商品的交易与消费,而且进行着视觉形象的交易与消费"[②]。第二,当代视觉文化与一系列新技术紧密相联。如当代的互联网技术使得图像传播能够在瞬间跨越千山万水,将每个角落的人都联系起来。第三,视觉文化是一种机械复制的工业文化。"它通过照相机、电影、电视与互联网被大量地生产与复制,从而解构了文化的唯一性与经典性,也解构了文化艺术的精英性,使得文化成为当代经济发展中极为重要的文化工业(产业)。"[③]第四,视觉文化是一种城市文化。"视觉文化是一种与自然相对立的人工文化,它是商业消费的产物,与一系列新技术密切

---

① [德]海德格尔著,孙周兴选编:《海德格尔选集(下)》,上海三联书店 1996 年版,第 899 ~ 904 页。

② 曾繁仁:《美育十五讲》,北京大学出版社 2012 年版,第 367 页。

③ 曾繁仁:《美育十五讲》,北京大学出版社 2012 年版,第 367 页。

相关，又是一种机械复制文化，因此必然是一种城市文化。”①

伴随着当代文化的“视觉转向”，视觉文化的日渐勃兴，视觉艺术教育日渐发展兴盛。早在20世纪60年代初期，美国艺术教育家J. K. 麦菲就认为艺术教育“应更多地涉及不断增长的大众传媒中的视觉艺术形式，产品、包装与工业设计、商业和室内设计、电视、杂志广告，所有这些都用到形式、线条、色彩与质地来暗暗影响个人的决定，人们要了解这种设计语言才能独立决定要哪种产品，才能拒绝它们所施加的影响”②。另一位美国艺术教育家V. 兰尼尔则在20世纪60年代中期提出艺术教育要适应时代与学生的需要，将流行的“视觉艺术”纳入教育内容的思想。针对中国的国情与美育现状，曾繁仁指出传统艺术教育与视觉艺术教育应该齐头并进，“要真正地将视觉艺术教育及其主要承载形式——通俗艺术及大众文化纳入到我国当代艺术教育的课程与考核之中，使之成为我国当代艺术教育不可缺少的组成部分”③。对于视觉教育的内容，美国当代视觉艺术教育理论家P. 丹柯曾理出了三条主要的线索：(1)一个广泛的、最大限度地提供形象与人工制品的经典库；(2)我们如何看待形象与人工制品，以及我们观看的各种条件；(3)要联系其语境来研究视觉文化形象并把它们当做社会实践的一部分。曾繁仁以此为线索论述了视觉艺术教育的主要内容。首先是经典库的建立。这里包含两个方面的内容：“一个方面是对传统艺术教育内容的突破，将视觉艺术纳入艺术教育之中并建立起可以起到教学示范作用的作品经典库。另一个方面是经典的重塑。”④其次是“如何看待”的问题，也就是如何对视觉

① 曾繁仁：《美育十五讲》，北京大学出版社2012年版，第368页。

② 王伟：《从现代到后现代：20世纪的美国视觉艺术教育》，天津教育出版社2010年版，第206页。

③ 曾繁仁：《美育十五讲》，北京大学出版社2012年版，第369页。

④ 曾繁仁：《美育十五讲》，北京大学出版社2012年版，第370页。

艺术进行评价的问题。曾繁仁主张以“身体美学”的视角来评价视觉艺术。因为“身体美学明确地认可了对人的身体的感觉、塑造、改善与训练，属于审美的范围。这就打破了西方传统哲学与美学中主客、身心二分对立的旧的思维与理论模式，给视觉艺术的功利性、动态性与身体性以合法的美学地位”[①]。最后，是联系时代语境来研究视觉文化形象。即站在“后现代文化”语境的立场上承认视觉艺术的历史必然性，同时注意对学生的视觉艺术情趣进行提升。

视觉文化艺术教育（VCAE）是一种崭新的艺术教育模式，即便在美国这样的发达国家还处于不成熟的探索阶段。曾繁仁根据自己的教育实践对其进行了总结。第一，视觉文化艺术教育不仅研究视觉文本还要研究它的语境；第二，视觉文化艺术教育不仅评价形象也制作形象；第三，视觉文化艺术教育按照核心问题来组织教学，而不是按照艺术门类来组织教学；第四，视觉文化艺术教育认识并承认对文化场景，包括新技术体验与使用的年龄差异；第五，视觉文化艺术教育的方式是师生对话式的，要让学生的生活与艺术经验合法化，承认他们作为年轻的一代给老师带来启发，使老师尽快接受新的文化场景的可能性；第六，视觉文化艺术教育应在一定程度上区别传统的理性的艺术教育方法。尽量采用“兴趣教学法”，重视年轻人对新的视觉文化的兴趣与情感投入，包容其某种激进的态度，在此前提下加以适当的引导。

网络文学是20世纪90年代开始兴起的一种文学形态，它以“网络”为媒介，在言说方式、文本内涵、审美取向等方面均相异于传统的文学。这种文学形态为人类的社会生活、生存方式与审美特征带来一系列根本性的变化，当然也对审美教育产生巨大的影响。在曾繁仁看来，网络文学具有以下几个特点：第一，“超文本”与文本的非稳

① 曾繁仁：《美育十五讲》，北京大学出版社2012年版，第370页。

定性。所谓“超文本”就是指可以任意互相连接的文本，它是网络文学最基本的特征。“超文本”打破了传统“文本”的有限性与稳定性，使之具有了无限性与变动性。“这无疑使文学的意义与内涵空前的丰富，但也使之具有了某种不稳定性和难以把握性。‘超文本’在一定的意义上就是一种对‘文本’的消解，实际上是一种‘无文本’。”① 第二，“虚拟性”与文学同现实生活的脱离。网络文学的“虚拟性”有两个方面的含义。其一是人们可以在网络中创造出一个与现实生活相似的所有的“虚拟空间”，包括读书学习、婚恋爱情、外出旅游、遨游空间、酒宴幽会……几乎无所不包。“虚拟性”的第二种情况是网络的“任意连接”加上一些传感辅助设施营造的眼、耳、鼻、舌、身均身临其境的“真实感受”。② “虚拟化”极大地增强了网络文学的表现力，但也给人的社会交往与社会生活带来极大的负面影响。“如果人造的真实得到了普遍的接纳，如果人们不在乎眼睛看到的是一砖一瓦的巴黎还是影像符号的巴黎——如果人们认为两者并没有实质性的差异，那么，这种真实观念可能容忍某种新颖的政治构思，尤其是缓和尖锐的政治对立。我曾经想象，虚拟现实的出现会不会让某些人放弃对于历史不依不饶的追问？”③第三，高度“自由性”与文学责任的式微。这种高度“自由性”首先表现在，“网络文学没有任何平台和条件，只要是具有最初步的网上写作能力即可参加网上文学活动……它的写作已经完全摆脱了金钱、地位、权利、名誉的追求，而是一种无功利的表达欲望和感情宣泄的冲动。而且，网络写作也是一种作者的消解，真正体现了后现代‘作者已死’的理念”④。第四，高度

① 曾繁仁：《美育十五讲》，北京大学出版社 2012 年版，第 375 页。

② 曾繁仁：《美育十五讲》，北京大学出版社 2012 年版，第 376 页。

③ 南帆：《双重视域——当代电子文化分析》，江苏人民出版社 2001 年版，第 61 页。

④ 曾繁仁：《美育十五讲》，北京大学出版社 2012 年版，第 377—378 页。

的感官性与无法扼制的低俗化趋势。第五,网络语言的创造性与语言存在的纯洁性的悖论。网络因传输速度快捷和自身国际化特点,“在一定程度上增强了语言的表现力。但也在很大程度上扰乱了语言自身存在的纯洁性要求,破坏了汉语言在词汇、语言等各方面的内在规律”①。第六,网络文学艺术立体化的高度表现性与艺术样式相对稳定性的矛盾。“由于网络写作以电子为载体,使文本由平面转为立体成为可能。就电脑显示屏上的‘页面’而言,在我们的视觉和感觉中与传统文本无甚区别。但是,我们所看到的互联网上的‘页面’只是我们‘即时在线’的一页,而通过网页和站点之间的‘链接’,我们可以看到无数张页面……”②正是网络文学“任意连接”的“超文本”性,使我们可以从“即时在线”的页面,连接到其他任何页面。这当然极大增强了网络文学的表现力,但当各种文体混杂,又与艺术样式和文体的相对稳定性要求发生了矛盾。正因网络文学的产生具有历史的必然性和自身内在的一些矛盾,曾繁仁主张建设一种网络时代新的人文精神,为此,“应在学校美育课程中增设网络文化与网络文学的专门课程,借以对学生与青年一代进行正面教育与必要的引导”③。曾繁仁对当代美育与文化艺术发展趋势的预见,体现了其美育思想的与时俱进性,也体现了一个美育理论家强烈的社会责任感。

---

① 曾繁仁:《美育十五讲》,北京大学出版社 2012 年版,第 379 页。

② 赵宪章:《文体与形式》,人民文学出版社 2004 年版,第 318 页。

③ 曾繁仁:《美育十五讲》,北京大学出版社 2012 年版,第 379 页。

第二编

曾繁仁生态美学思想：生态存在论

第一章　生态美学的产生背景

从20世纪90年代至今，生态美学已成为我国美学领域极富生命力的一种新的美学形态，它愈来愈引起学术界的普遍关注与重视。对于生态美学的学科建构，曾繁仁先生功不可没，他所研究的生态美学视阈宏阔，涉及新时期出现的生态美学、环境美学、生态文艺学与生态批评等领域。“它们尽管名目各异，但总体上都是一种包含着生态维度的美学与文艺学研究，相互之间是互补与共在的，共同组成了我国新时期美学与文艺学领域一道生态审美研究的亮丽风景。”①

在我国学术界，生态美学第一次出现在1987年鲍昌主编的《文学艺术新术语词典》中，该词典从文艺学和生态观结合的角度界定了“文艺生态学”。而在我国刊出的第一篇论及“生态美学”的文章则是由俄国人曼科夫斯卡亚所写的《国外生态美学》（写于1992年，译自俄国《哲学科学》第2期，由之翻译），该文详尽介绍和评述了欧美正在兴起的生态美学。1994年，我国学者李欣复教授在《南京社会科学》第12期发表《论生态美学》一文，论述了生态美学的产生背景、基本原则及发展前景，开启了我国生态美学研究的先河。此后相继有了徐恒醇的《生态美学》、鲁枢元的《精神生态通讯》与《生态文艺学》、曾永成的《文艺的绿色之思——文艺生态学引论》等专著出现。

相比较而言，曾繁仁从事生态美学的研究较晚，但学力雄厚，厚

① 曾繁仁：《生态美学导论·导言》，商务印书馆2010年版，第1页。

积薄发,其第一篇文章《生态美学:后现代语境下崭新的生态存在论美学观》发表于《陕西师范大学学报(哲学社会科学版)》(2002 年第 3 期)上,指出生态美学是后现代语境下对现代化工业革命进行反思与超越的产物,并确认其基本内涵为生态存在论美学观,该文引起了学界激烈的争论与共鸣。2003 年 10 月,曾繁仁的《生态存在论美学论稿》由吉林人民出版社出版,该书收录了作者自 2001 年以来有关当代存在论美学与生态存在论美学的 14 篇论文,这些论文被集结于"生态美学论"与"当代存在论美学论"两编中。在"生态美学论"编中,曾繁仁阐发了生态美学产生的意义与内涵,并尝试着从中国古典哲学与马克思主义哲学中寻找生态美学的资源;在"当代存在论美学论"编中,曾繁仁揭示了当代存在论审美观对传统审美观的超越,并指出了当前美学与文学的重要任务是集中体现当代存在论美学精神。该书的出版为生态美学的合法性找到了哲学依据。2005 年 8 月,由山东大学文艺美学研究中心主办的"人与自然:当代生态文明视野中的美学与文学"国际学术研讨会在青岛召开,该会围绕"生态观、人文观与审美观"的关系,就"中国当代生态文学与生态美学研究态势"、"西方生态批评与环境美学"、"中国生态智慧与生态文化"以及"生态伦理与生态美学"等重要问题展开了比较深入和开放式的研讨与对话。会后曾繁仁收集论文,在尊重作者原意的基础上略作斧正,结集出版了《人与自然:当代生态文明环境中的美学与文学》一书。2007 年 12 月,商务印书馆出版了曾繁仁近十年来的美学论文集《转型期的中国美学——曾繁仁美学文集》,书中第三编为"生态美学论——由人类中心到生态整体",共收录了作者有关生态美学研究的论文 17 篇,这些文章立意新颖,观点深邃,在某种程度上引领着生态美学继续前行。中华美学学会会长汝信教授在该书的《序》中指出:"因此我以为生态美学的提出是我国学术界首创,正好弥补了生态研究的一个空白,无论是在理论上或是在实践上都是具有现实意义的。”2010 年，商务印书馆出版了曾繁仁的《生态美学导论》，该书是国内首部以有中国特色社会主义生态文明理论为指导，综合中西古今资源，全面论述生态美学这一崭新美学理论形态的专著。全书论述了生态美学的生成背景、中西资源、理论指导与内涵、作品解读以及生态美学的学科建设与发展路径等。总而言之，曾繁仁的生态美学研究已基本建构起了我国生态美学的理论体系和学科体系，他不愧是中国生态美学的奠基者与领军者。

一　生态美学产生的经济社会背景：由工业文明到生态文明

生态美学的产生并非凭空臆造，而是有着深刻的经济、社会根源。众所周知，自工业革命以来，尤其是 20 世纪下半叶以后，全球环境相继出现了“温室效应”、大气臭氧层破坏、酸雨污染日益严重、有毒化学物质扩散、人口爆炸、土壤侵蚀、森林锐减、陆地沙漠化扩大、水资源污染和短缺、生物多样性锐减等十大全球性环境问题。据报道：在恐龙时代，平均每 1000 年才有一种动物绝迹；20 世纪以前，大约每 4 年有一种动物绝迹；近 150 年来，鸟类灭绝约 80 种；近 50 年来，兽类灭绝近四十种；现在，每年约有四万种生物绝迹。有些生态学家指出，迄今为止，人类对生物多样性的损害如要其自我恢复至少需要一亿年以上的时间。水污染也威胁着人类的生存环境，据统计全球有 17 亿以上的人没有适当安全饮用水供应，第三世界由水污染引起的疾病每天导致 2.5 万人死亡。

中国作为地球村的一员，生态灾难同样不可幸免。近 30 年来，我国四化建设取得了巨大的进步，但同时也付出了巨大的环境代价。2007 年 12 月 21 日《光明日报》报道：据权威部门统计，我国每年因环境污染造成的经济损失约占 GDP 的 10% 左右。而权威人士则更加深刻地指出，发达资本主义国家几百年中出现的环境问题在我国 20 年中一下子发生了。而且，由于发展模式的影响，我国还被动地承受了发达国家的环境污染转移。据《纽约时报》报导,我国邯郸钢铁厂从20世纪90年代后期开始,引进了德国鲁尔的二手炼铁炼钢设备,钢铁产量突飞猛进,已超过德国、日本和美国的钢铁产量总和。然而,伴随着这些设备的转移,环境污染也被转移了。鲁尔原本是高污染区,早上穿上的白衬衫变成了晚上的灰衬衫,但如今德国鲁尔人换来了碧水蓝天,而邯郸市民却一直生活在尘烟弥漫、含有致癌物质的毒气中。① 又如湖北中部有个村庄,食道癌发病率极高,原因就是村子邻近的府河被周边的工矿企业所污染。诸如此类的癌症村在中国遍地皆是。这些情况表明,严重的环境问题不仅直接威胁到了我国人民的生命健康,而且也关系到我国现代化建设的成败。

正因为生态环境的恶化残酷地危及人类的生存和发展,20世纪中叶以来,工业文明遭到了一些生态学家的诟病。美国当代著名的生物海洋学家莱切尔·卡逊在《寂静的春天》中以犀利的笔触猛烈地抨击了杀虫剂、农药对地球和大气的破坏,她不仅指出生态环境问题的严重性,而且对人类发出了严厉的警示。她说:"现在,我们正站在两条道路的交叉口上。这两条道路完全不一样……我们长期以来一直行驶的这条道路使人容易错认为是一条舒适的、平坦的超级公路,我们能在上面高速前进。实际上,在这条路的终点却有灾难等待着。这条路的另一个叉路——一条'很少有人走过的'叉路——为我们提供了最后唯一的机会让我们保住我们的地球。"②莱切尔·卡逊所指的"一直行驶的路"就是污染生态环境的人类发展之路,而另一条人类很少走的"叉路"则是保持人与自然和谐协调的生态之路。

正是出于对工业文明的反思,20世纪60年代后,人类开始步入了后工业时代。中共中央在继20世纪90年代提出的"可持续发展"

---

① 转引自《参考消息》(2007年12月22日)《世界工厂也是世界烟囱》一文。

② [美]莱切尔·卡逊著,吕瑞兰、李长生译:《寂静的春天》,吉林人民出版社1997年版,第243页。

方针之后,又在近年提出了"环境友好型社会建设"与"生态文明建设"的目标。这些方针与目标在某种意义上标志着新的生态文明时代的到来。曾繁仁指出:"我们在经济高速增长中,在实现现代化的过程中,同时也要走生态现代化之路。也就是说,在'工业、农业、国防、科技'四个现代化之外,再加一个'生态现代化',即五个现代化。"①生态现代化的建设当然需要先进生态文化的支撑和保证。为此,曾繁仁告诫我们,我们要选择一种"以审美的态度对待自然"和"够了就行"的文化态度来代替"与自然为敌"、"越多越好"的错误态度。"我们的当务之急不仅在调整发展模式,而且还要建设生态文化,包括生态哲学、生态伦理学、生态经济学、生态社会学、生态美学。生态文化就是一种符合社会发展方向的先进文化,发展生态文化是我们的责任之所在。"②曾繁仁对生态文化的吁求实际上是从国家意识形态的高度为生态美学的建设提供了理论指导,这也使他远远超越了西方学者将生态问题仅仅归结为人口根源、经济根源、技术根源和增长理论的浅层认识。

二　生态美学产生的哲学与文化背景:由人类中心到生态整体

在当代生态理论的研究中,"人类中心主义"的扬弃,常常遇到论辩者的如下诘难:在生态理论中如果不以人为中心,那么要以什么为中心呢?难道当代生态理论会与"以人为本"相背吗?面对这些诘难,曾繁仁指出:"任何理论范畴都是在一定的历史条件下生成和发展的,社会历史条件的变化必然促使生长其上的理论范畴发生相应的变化。同样,'人类中心主义'也是在历史中形成的,是一种历史的理论形态。"③

---

① 曾繁仁:《生态美学导论》,商务印书馆2010年版,第44页。
② 曾繁仁:《生态美学导论》,商务印书馆2010年版,第45页。
③ 曾繁仁:《生态美学导论》,商务印书馆2010年版,第48~49页。

那么,什么是“人类中心主义”呢?《韦氏国际英语词典(第三版)》指出,第一,人是宇宙的中心;第二,人是一切事物的尺度;第三,根据人类价值和经验解释或认知世界。由此可见,人的利益与价值是“人类中心主义”运作的最基本尺度。不可否认,在人类生产力极其低下的时代,“人类中心主义”的确起到了张扬了人的理性、推动了科技的进步和工业化发展的积极作用,正如马克思在《共产党宣言》中所说:“资产阶级在它的不到一百年的阶级统治中所创造的生产力,比过去一切世代创造的全部生产力还要多,还要大。自然力的征服,机器的采用,化学在工业和农业中的应用,轮船的行驶,铁路的通行,电报的使用,整个整个大陆的开垦,河川的通航,仿佛用法术从地下呼唤出来的大量人口,……过去哪一个世纪料想到在社会劳动里蕴藏有这样的生产力呢?”①但这并不能说明资本主义制度以及与之有关的资本主义工业化、“人类中心主义”观念具有永久有效性。曾繁仁说:“任何的社会形态和理论形态都具有历史性,当其一旦完成了历史使命,将自己的能量释放罄尽时,就会走到自己的反面,并由此走向终结。资本主义现代化及其与之相伴的‘人类中心主义’观念也是如此。”②

从审美领域看,“人类中心主义”对自然和自然之美进行了粗暴的压制与“剥夺”。人们“居然会使用刑具作为自己的工具——枝剪和削皮刀、铁丝和断丝钳、铲子和镊子,标绳和配重——去阻止植物的正常生长,扭曲他们的自然形态!”③例如把独立的植株和整个一小簇树丛修剪成繁复的形状,为了娱乐而糟蹋植物的“微缩景园”与盆景等等。对待动物,段义孚认为是“问题出现最多,人的罪过体现

① 《马克思恩格斯选集》第一卷,人民出版社1995年版,第277页。

② 曾繁仁:《生态美学导论》,商务印书馆2010年版,第50页

③ 宋秀葵:《段义孚人文主义地理学生态文化思想研究》,山东大学2011年文艺美学专业博士论文,第96页。

最深的方面”。如通过驯化使动物成为负重的劳力，变成玩偶，经过选择性繁殖，使动物变得奇形怪状，机能失调，使鱼长出圆形外突的大眼睛，将京巴狗改造得只剩下一小撮狗毛、重量不足5斤等等。至于在建筑领域，人类的“审美剥夺”更是举不胜举。诸如，填海造地，挖山建城，断河造湖等等。曾繁仁说：“在‘人类中心主义’观念基础上产生的‘审美剥夺’是与审美的‘亲和性’本性相违背的，是一种审美的‘异化’。其结果必然是审美走向自己的反面——非美，从而导致审美与美学的解体。因此，告别‘审美剥夺’及其哲学根基‘人类中心主义’就是美学学科自身发展的紧迫要求。”①

在自然环境领域，“人类中心主义”造成了局部生态灾难的不断发生。美国生态女性主义哲学家卡洛琳·麦茜特在《自然之死》一书的《前言》中说：“今天，一个超出了70年代环境危机的全球性的生态危机，威胁着整个星球的健康。臭氧的消耗、二氧化碳的增多、氯氟烃的排放和酸雨，扰乱了地球母亲的呼吸，阻塞了她的毛孔和肺。大气化学家詹姆斯·拉夫洛克将这位母亲命名为‘盖娅’。有毒的废弃物、杀虫剂和除草剂，渗透到地下水、沼泽地、港湾和海洋里，污染着盖娅的循环系统。伐木者修剪盖娅的头发，于是热带雨林和北部古老的原始森林以惊人的速度在消失，植物和动物的物种每天都在灭绝。人类与地球之间迫切需要一种新的伙伴关系。”②麦茜特在这里以十分形象并饱含深情的笔触向我们描写了人类在“人类中心主义”观念指导下所进行的“工业化”对地球、自然与生命所带来的极为严重的灾难！这种“工业化”的步伐已经到了不得不被扼制的时候了，而与之相伴的“人类中心主义”观念也到了不得不改变的时候了。

---

① 曾繁仁：《人类中心主义的退场与生态美学的兴起》，载《文学评论》2012年第2期。

② ［美］卡洛琳·麦茜特著，吴国盛等译：《自然之死——妇女、生态和科学革命》，吉林人民出版社1999年版，《前言》第1页。

正因如此,“人类中心主义”遭到当代西方美学家的激烈批判。法国哲学家福柯在《词与物》一书中就宣告了以工具理性为主导的“人类中心主义”哲学时代的结束。他说:“在我们今天,并且尼采仍然从远处表明了转折点,已被断言的,并不是上帝的不在场或死亡,而是人的终结。”[①]福科所谓“人的终结”,就是“人类中心主义”的终结。法国另一位哲学家雅克·德里达在《书写与差异》一书中运用结构主义的方法得出了一个“去中心”的“解构”的结论。他在文中揭示了一个中心既可在结构之内又可在结构之外因而并不存在的悖论,并由此得出结论说:“这样一来,人们无疑就得开始去思考下述问题,即中心并不存在,中心也不能以在场者的形式去思考,中心并无自然的场所,中心并非一个固定的地点而是一种功能、一种非场所,而且在这个非场所中符号替换无止境地相互游戏着。”[②]曾繁仁认为,“人类中心主义”的终结并不意味着这种理论一无是处,“在当前,尽管‘人类中心主义’观念作为一种占压倒优势的理论观念正在趋于瓦解,但其中所包含的科学精神、人文精神仍然被继承下来,在新的形势与新的理论观念中将继续加以发扬”[③]。

与“人类中心主义”截然相反的则是“生态中心主义”,这两种哲学文化立场的争论焦点集中在三个方面:自然有无“内在价值”的问题;自然是否有“生态权利”的问题;万物是否“平等”的问题。对这三个国际、国内争论不休的难题,曾繁仁作了全面科学的解答。对于自然有无“内在价值”的问题,他说:“自然内在价值的有无,人类无从判别,人类所能判别的自然价值只能是人与自然关系中体现的人

---

① [法]米歇尔·福柯著,莫伟民译:《词与物——人文科学考古学》,上海三联书店 2001 年版,第 503 页。

② [法]雅克·德里达著,张宁译:《书写与差异》,生活·读书·新知三联书店 2001 年版,第 505 页。

③ 曾繁仁:《生态美学导论》,商务印书馆 2010 年版,第 53 页。

类所认识的自然对人的价值。但是,自然的'内在价值'存在与否,对于人们世界观的转变,人与自然关系上的看法、行为有着指导意义。"①对于自然是否拥有权利、能否成为权利主体的问题,曾繁仁主张从生态存在论与生态整体论的角度来思考。对于生态平等问题,他主张以"生态整体主义"来调和,他说:"生态整体主义之生态平等观恰恰不是从物质的意义上来定义人与地球的关系,而是超越了当前的物质利益,从人类与地球持续美好发展的高度着眼来界定两者的关系。更为重要的是,生态整体主义之生态平等观是对人类中心主义的扬弃,而绝不是什么反人类。因为包括生态美学在内的当代许多生态理论所力主的'生态平等',不是人与万物的绝对平等,而是人与万物的相对平等。……而相对平等即为'生物环链之中的平等',人类将会同宇宙万物一样享有自己在生物环链之中应有的生存发展的权利,只是不应破坏生物环链所应有的平衡。"②

尽管人类中心主义与生态中心主义的论争非常尖锐,但历史发展的趋势却是走向两者的综合——走向生态整体观。曾繁仁说:"'生态整体'原则主张'普遍共生'与'仁爱'的原则,主张人类与自然休戚与共,人类应'以己度物',将自然视作自己的兄弟与同胞,两者构成一种'间性'关系。这种生态世界观不仅不是反人类的,反而是以人的更加美好的'生存'为其出发点的,实际上是一种更加宽泛的人道主义——普适性的仁爱精神。因此,这种'生态整体主义'原则中有关生物环链中'相对平等'的观点是有其理论与实践的合理性的。"③正是在"生态整体主义"哲学观的基础上,曾繁仁依据人的生态审美本性,提出了适合时代文明发展需要的"生态人文主义"美学观。

---

① 曾繁仁:《生态美学导论》,商务印书馆 2010 年版,第 59 页。
② 曾繁仁:《生态美学导论》,商务印书馆 2010 年版,第 61 ~62 页。
③ 曾繁仁:《生态美学导论》,商务印书馆 2010 年版,第 63 页。

在曾繁仁看来,生态人文主义对人类中心主义的超越表现在以下几个方面:从哲学观上来看,生态人文主义美学观实际上是一种存在论的哲学观,而人类中心主义则是传统的认识论的哲学观。“在认识论哲学观之中,人与世界的关系是一种‘主体与客体’的关系,这是一种纯粹的认识关系,所面对的是现实生活中并不存在的静止不动的‘存在者’;而存在论哲学观则是一种‘此在与世界’的关系,是一种属人的生存论关系,所面对的是活生生的、在时间中生成发展的‘此在’(人)。”①从思维方式来看,人类中心主义主张人与自然,主体与客体,感性与理性,身体与心灵等等的二元对立;而生态人文主义则凭借生态现象学方法将所有的二元对立加以“悬搁”,在纯粹的意向性中进行审美的“环境想象”。从美学对象来看,人类中心主义美学观是只以或主要以艺术美作为美学对象的;而生态人文主义美学观则在“此在与世界”的关系之中,从此时此刻的生存中进行美的体验,艺术与自然在此关系中,并无伯仲高下之分。从审美范畴上看,人类中心主义的美学观是一种没有时间感的静观美学,“这种静观的审美形态在现实生活中是不可能存在的。它是一种纯粹在理论中存在的认识论美学”②。而生态人文主义美学观则是一种在时间中存在的动态人的现世的美学。“从时间性的角度来看审美,根本就不可能存在与人所借以生存的‘世界’毫不相关的、仅凭视听觉的静观之美,只有存在于人的生存进程之中、所有感觉都介入的动态之美。”③在空间的向度上,人类中心主义的美学观是一种纯思辨的抽象美学,它既不包括时间观,也不包括空间观。例如,康德将“审美的判断力”

① 曾繁仁:《人类中心主义的退场与生态美学的兴起》,载《文学评论》2012 年第 2 期。

② 曾繁仁:《人类中心主义的退场与生态美学的兴起》,载《文学评论》2012 年第 2 期。

③ 曾繁仁:《人类中心主义的退场与生态美学的兴起》,载《文字评论》2012 年第 2 期。

作为沟通纯粹理性与实践理性的桥梁,以体现其理论的完整性;黑格尔将“美是理念的感性显现”作为其美学的存在依据。这些美学理论尽管不乏现实的根据并具一定的理论阐释力,但从总体上来看都不免虚无高蹈性而且脱离人生。生态人文主义的美学观却是一种人生的美学,它以生活于现实世界中的人作为理论出发点,与空间也紧密相关。诚如海德格尔所说,“此在本身有一种切身的‘在空间之中存在’,不过这种空间存在唯基于一般的在世界之中才是可能的”①,而这里的“在世界之中”有两种情况,一种仍然是认识论的,空间中的“一个在一个之中”;另一种则是存在论的,是居住、依寓与逗留。在美学的外在形式上,人类中心主义认识论美学强调外在形式的“比例、和谐、对称与黄金分割”等等,它导致了一种无机性、纯形式性的美学形态;而生态人文主义的美学观则抛弃了这种无机性与纯形式性,将“生命性”、“生命力”带入美学领域,使之成为生态美学的有机组成部分。

由上观之,曾繁仁批判“人类中心主义”,但并没有走向“生态中心主义”,而是对二者采取了“扬弃”的态度。即一方面批判了“人类中心主义”对人类利益的过分强调,同时又保留其合理的“人文主义”内核;另一方面批判了“生态中心主义”对自然利益的过分强调,同时又保留其合理的“自然主义”内核。“生态人文主义是对人类中心主义世界观与价值观的根本调整与扭转。尽管在价值评价上只有人类是价值主体,但评价的视角与立场却发生了根本的变化,由完全从人的利益和需要出发到兼顾人与自然的利益与需要,由只强调人的生存到强调人与自然的共生,由经济发展一个维度到发展与环保两个维

① [德]马丁·海德格尔著,陈嘉映、王庆节译:《存在与时间》,生活·读书·新知三联书店 1987 年版,第 70 页。

度。”[①]这就意味着,生态人文主义的提出既遏制了“人类中心主义”的膨胀,又防止了“生态中心主义”的负面影响,它是一种包含了“生态维度”的更彻底、更全面、更具有时代精神的新的人文主义精神。

曾繁仁认为,最能体现“生态人文主义”走向的是海德格尔后期的存在论哲学,海德格尔的存在论哲学对生态美学的启发和贡献主要表现在如下四个方面:

其一,为人与自然的和谐共在提供了理论基础,这个理论基础就是生存论存在论。“海德格尔关于此在与存在关系的探讨,显示了人与自然和谐共生、共在的生态整体观,为克服‘人类中心主义’奠定了哲学基础,为美学的存在论转向提供了理论依据。”[②]在传统的认识论哲学中,人与自然是一种“主客二分”的在世关系,这种在世关系使人与自然走向对立。而在当代存在论哲学中,自然包含在“此在”之中,而不是在“此在”之外,人与自然构成了一种“因缘”关系。“此在与世界”的“在世”关系之所以能够提供人与自然统一的前提,就是因为“此在”即人的此时此刻与周围事物构成的关系性的生存状态,“此在”在世中本身包含有这样的意思:“某个‘在世界之内的’存在者在世界之中,或说这个存在者在世;就是说:它能够领会到自己在它的‘天命’中已经同那些在它自己的世界之内同它照面的存在者的存在缚在一起了。”[③]这就意味着,“此在与世界”存在论的在世模式为人与自然的统一奠定了哲学基础,标志着由传统的认识论转向当代存在论。

其二是存在论现象学方法论。传统认识论最主要的弊病在于遵

① 曾繁仁:《人类中心主义的退场与生态美学的兴起》,载《文学评论》2012 年第 2 期。

② 曾繁仁:《生态美学导论》,商务印书馆 2010 年版,第 66 页。

③ [德]马丁·海德格尔著,陈嘉映、王庆节译:《存在与时间》,生活·读书·新知三联书店 1987 年版,第 69 页。

循“主客二分”的思维模式，将存在与存在者分裂开来，从而导致对事物真理的“遮蔽”。对于笛卡尔“我思故我在”的传统理性主义认识论的命题，海德格尔分析道：“笛卡尔发现了‘Cogito sum’〔‘我思故我在’〕，就认为已为哲学找到了一个可靠的新基地。但他在这个‘基本的’的开端处没有规定清楚的正是这个思执的存在方式，说得更准确些，就是‘我在’的存在的意义。”①也就是说，笛卡尔最大的失误在于将“我思”与“我在”相隔离，最后导致了存在与存在者以及自然与精神的分裂。面对存在与存在者的割裂，海德格尔主张通过审美经验现象学的方法予以统一。为此，他将胡塞尔先验主体构造的意识现象深化为对存在意义的追寻，创造了存在论现象学。这样，在存在论现象学方法论的参照下，“回到人的存在”就意味着回到人的原初、回到美学的真正起点。

其三，对现代技术的沉思。海德格尔对技术的沉思，不是反对技术，而是试图洞悉技术的本质。在人类蒙昧时代，技术不仅仅是手段，而是让事物就其自身而自然涌现的显现方式。在这种显现或揭蔽中，人、自然、世界的整体性关联仍然存在。海德格尔说：“技术是存在论意义上的现象，从本质上比作为主体的人更有缘构性，也因此更有力、更深刻地参与塑成人的历史缘在境域。”②然自工业社会以来，人类对技术的滥用，导致了人与自然和谐关系的破裂。海德格尔说：“这片大地上的人类受到现代技术之本质连同这种技术本身的无条件的统治地位的促逼，去把世界整体当做一个单调的、由一个终极的世界方式来保障的、因而可计算的贮存物（Bestand）来加以订造。向着这样一种订造的促逼把一切都指定入一种独一无二的拉扯之中。这种拉扯的阴谋诡计把那种无限关系的构造夷为平地。那四种

① ［德］马丁·海德格尔著，陈嘉映、王庆节译：《存在与时间》，生活·读书·新知三联书店2006年版，第28页。

② 参见张祥龙：《海德格尔传》，商务印书馆2007年版，第286～296页。

'命运的声音'的交响不再鸣响。"[①]海德格尔对现代技术的沉思，无疑为生态美学的发展提供了最重要的思想资源之一。

其四，引入时间的视域。海德格尔在后期的存在之思中，之所以把语言、诗和艺术的揭蔽与技术揭蔽对立起来，就是因为在语言、诗和艺术所带来的切近中包含着原初的本源时间，而本真的诗、艺术所以重要，就在于其揭蔽中保藏了存在涌现的机缘、天命及原初经验。传统的形而上学把一切(事、物)都看成是平板的和现成的状态，遗忘或者说褫夺本源时间，由此掩盖了人与自然时机性的关联，在对存在者的把捉(研究、挖掘)中不断耗尽存在者的本质。因此，海德格尔提出"返回境域性、时机化的本源时间，是生态美学在研究与构建中取得突破的最重要的路向之一"[②]。

三　生态美学产生的文学背景：生态批评的兴起与发展

生态美学的产生除了与现代经济社会、文化哲学有关系之外，还与文学有着十分密切的关系。"现代文学生态批评的兴起与发展，不仅对生态美学的产生起到了推动作用，而且还为生态美学的建设输送了丰富的理论资源与实践经验。"[③]在欧洲启蒙主义时期，西方文学的主调是以"人类中心主义"为基础的"人道主义"，但在这种主调之下，也有一股生态主义文学支流在浅吟低唱，英国浪漫主义文学就是典型代表。英国"湖畔派"诗人华兹华斯隐居在英国中西部地区的自然山水之中，创作了大量的歌颂自然以及春天的诗歌。例如，他在诗中写道："春天树林的律动，胜过一切圣贤的教导，它能指引你识别善恶，点拨你做人之道。自然挥洒出绝妙篇章；理智却横加干扰，它

---

① ［德］马丁·海德格尔著，孙周兴译：《荷尔德林诗的阐释》，商务印书馆2000年版，第221页。

② 曾繁仁：《生态美学导论》，商务印书馆2010年版，第76页。

③ 曾繁仁：《生态美学导论》，商务印书馆2010年版，第78页。

毁损万物的完美形象——剖析无异于屠刀!”这显然是一首大自然的颂歌。另一位湖畔派诗人柯勒律治在其著名的长篇叙事诗《古舟子咏》中叙述了老水手杀死吉祥之鸟信天翁,受到自然的惩罚,航船遇难,同伴丧命殆尽,粮水尽无,痛苦不堪,在祈祷上帝、忏悔自责后才得救的故事。这首诗被生态文学研究者 N. 罗伯茨和吉福特称为英语文学界“最伟大的生态寓言”①。

生态批评虽然诞生于20世纪下半叶,但生态文学的先驱是美国的亨利·梭罗和利奥波德。曾繁仁详细解读了亨利·梭罗的《瓦尔登湖》,认为其生态美学思想表现在以下几个方面:深刻批判了过度工业化和“人类中心主义”倾向;借鉴了中国古代儒家“仁爱”思想,阐发了人类与自然友好为邻的观点;倡导一种尊重自然、爱惜自然的简洁健康的生活方式。因此,“《瓦尔登湖》成为现代生态哲学、生态伦理学与生态文学的启示式的作品。梭罗也成为‘浪漫主义时代最伟大的生态作家’”②。另一位生态理论家奥尔多·利奥波德的贡献在于,他既不同意“人类中心主义”,也不同意“生态中心主义”,而是提出了生态“共同体”的“土地伦理”。他说:“只有当人们在一个土壤、水、植物和动物都同为一员的共同体中,承担起一个公民角色的时候,保护主义才会成为可能;在这个共同体中,每个成员都相互依赖,每个成员都有资格占据阳光下的一个位置。”③曾繁仁认为,这是当代伦理学的一个新延伸。因为传统的伦理学只涉及人与人、人与社会的关系,而利奥波德的“土地伦理”思想则延伸到了人与土地(自然)的关系。

---

① [美]帕特里克·墨菲主编:《文学与自然:国际思想资源》,美国菲兹罗依·迪尔本出版社1998年版,第169页。

② 曾繁仁:《生态美学导论》,商务印书馆2010年版,第79~80页。

③ [美]奥尔多·利奥波德著,侯文蕙译:《沙乡年鉴》,吉林人民出版社1997年版,第216页。

"生态批评"是继女性批评、后殖民主义批评之后,在20世纪80年代以来逐渐形成的一个批评派别。它之所以出现较晚且直到今天在理论上还不太成熟,是由于"文学理论与文学批评领域中'人类中心主义'的力量太过强大,难以突破;再就是文学的生态观本身比起生态哲学、生态伦理学又具有更多的繁难性"[①]。曾繁仁反对把生态批评仅作为一种文化批评,他说:"生态批评的确是一种文化立场的重大转变,但这种转变同时又带来了美学原则的变更;而将文学的外部规律与内部规律截然分开,这种做法毕竟还是一种二分式思维,是不科学的。"[②]在他看来,生态批评的原则主要由以下几个方面。

首先,生态批评是一种包含着生态维度的文学批评。生态批评与过去所有批评形式最大的不同就在于:它包含着过去从未包括的"生态维度"。"从此前人类文学史和文学理论史上盛行的各种文学批评模式来看,应该说都是'人类中心主义'的。所谓社会的历史的批评是以传统的'人道主义'为其价值取向的;而美学批评也是以传统的'理念论'与'模仿论'等这些以'主体论'为中心的美学观念为其标准的;新批评则是一种'文本中心主义',但这种'文本'也是人类的语言与文本,缺少与非人类物种的对话,非人类物种从来都是缺位和失语的;精神分析批评尽管强调了非理性的'原欲'(Libido),但最后还须经'升华'的途径进入人的主宰范围;原型批评带有'人类学'的色彩,强调'集体无意识',但仍然是一种对于人的意识发生的描述;当代现象学与阐释学批评,也还是强调了'主体的构造功能'。"[③]在曾繁仁看来,既往的文学批评形态都是缺少"生态维度"的,只有生态批评才第一次将"生态维度"纳入文学批评之中,并使之成为最根本的文化立场。这个文化立场就是当代生态哲学的立场,

---

① 曾繁仁:《生态美学导论》,商务印书馆2010年版,第93页。
② 曾繁仁:《生态美学导论》,商务印书馆2010年版,第94页。
③ 曾繁仁:《生态美学导论》,商务印书馆2010年版,第95~96页。

或者说就是当代生态整体论的立场。

其二,生态批评是当代文学工作者生态道德责任的体现。生态批评不同于“为艺术而艺术”、“为形式而形式”的纯粹文学批评,它是人类在对生存问题加以思考之后的一种立足于改变人对自然的文化立场与态度的重要措施。曾繁仁说:“它的出现是一批富有正义感和对人类‘终极关怀’情怀的文学工作者‘拯救地球’、‘拯救人类’的生态道德责任的体现。”[①]正如生态批评的首倡者威廉·鲁克尔特所说:“现在的问题,正如大多数生物学家所赞同的那样,是要找到阻止人类群体破坏自然群体——与之相伴随的是人类社会——的方法。生态学家喜欢称其为自我毁灭性或自杀性动因,它内在于我们那对自然所持的普遍的、自相矛盾的态度。概念性问题与实践性问题旨在发现两个群体——人类群体与自然群体——能够在生态圈中共存、互助与繁荣的基础。”[②]也就是说,生态批评的任务与责任不只在于鼓励读者重新亲近自然,而是要灌输一种观念、一种真切的人类生存意识,使每个人都意识到他和他所栖居的地球生物圈是一个息息相关的整体。

其三,生态批评是一种对文学进行“价值重建”的绿色阅读。早在19世纪后期,尼采针对理性主义哲学文化思想的终结,曾在其著名的《悲剧的诞生》中提出了“价值重估”的惊世骇俗之言。而今随着生态文学与生态批评的崛起,文学艺术领域又面临着一场新的“价值重估”。当然,这场“价值重估”是以“生态”或“绿色”为基本出发点的,曾繁仁称之为“绿色阅读”。“绿色阅读是一个以‘共生’、‘整体’、‘生命’为旨归的阅读,是包容着各种阅读和批评模式的阅

① 曾繁仁:《生态美学导论》,商务印书馆2010年版,第96~97页。

② [美]威廉·鲁克尔特:《文学与生态学:一项生态批评的实验》,见《生态批评读本》,美国佐治亚大学出版社1996年版,第107页。

读。”[①]不难理解，这种阅读颠覆了传统的人文主义批评，带来文学价值的“重建”。诸如《哈姆雷特》的经典台词：“人类是一件多么了不起的杰作！多么高贵的理性！多么伟大的力量！多么优美的仪表！多么文雅的举动！在行为上多么像一个天使！在智慧上多么像一个天神！宇宙的精华！万物的灵长！”在文艺复兴时代，这句台词具有冲破中世纪宗教压迫，解放人们精神的重大作用，但在人类肆意破坏自然、物欲急剧膨胀的今天，我们就不能再继续肯定这种人文主义的歌颂了。需要指出的是，“这样的重评与阅读并不意味着否定历史，而是对其当代价值给予新的阐发”[②]。这正如约瑟夫·密克在《喜剧的模式》一文中，从当代生态理论出发，对传统的悲喜剧理论进行了全新的阐释，并得出了喜剧高于悲剧的结论。他说：“悲剧要求在二选一的选择中做出选择，而喜剧认为，这两种选择可能都是错误的，生存要依靠使有关各方面都存在的和解”，因此，“喜剧在本质上是生态的”。[③]

其四，生态批评倡导一种坚持生态立场的“环境想象”。文学是一种诉诸想象的艺术形式，与此相应，生态批评也倡导想象，但这种想象是一种别异于文学想象的环境想象。美国生态批评家劳伦斯·布伊尔在《环境的想象：梭罗，自然文学与美国文化的形成》一书中论述了“环境想象”的四条“标志性要素”：1. 非人类环境的在场并非仅仅作为一种框定背景的手法；2. 人类利益并不被理解为唯一合法利益；3. 人类对环境负有的责任是文本伦理取向的组成部分；4. 自然并非一种恒定之物或假定事实。[④] 不难见出，环境想象有着明显的趋向

① 曾繁仁：《生态美学导论》，商务印书馆2010年版，第99页。

② 曾繁仁：《生态美学导论》，商务印书馆2010年版，第99页。

③ [美]约瑟夫·密克：《喜剧的模式》，见《生态批评读本》，美国佐治亚大学出版社1996年版，第164页。

④ [美]劳伦斯·布伊尔：《环境的想象：梭罗，自然文学与美国文化的形成》，美国哈佛大学贝尔纳普出版社2001年版，第7～8页。

"生态整体论"的价值取向。传统文学想象的作用在于把过去经验的记忆和先前形成的心中之象缀合起来,构建一种新"象",而"环境想象"却主要在于促进读者与自然环境的关联性:促进读者与人类、非人类苦难与痛苦经验的关联;促使读者构想出各种不同的未来;促使他们从物欲中解放等等。① 尽管"环境想象"有可能引导作家重蹈"人类中心主义"的覆辙,但曾繁仁认为它可以权作当代西方文学生态批评的重要理论原则之一。

其五,生态批评的效应是通过"绿色阅读"使自然的"负熵"成为可能。在物理学中,"熵"是指物体内在结构的不稳定性,而"负熵"则指克服这种不稳定性而使之趋向稳定。鲁克尔特借用物理学的"能量"概念,认为文学的创作、教学、阅读、传播等等都是一种能量传输的过程。"因此,所有生态诗学的中心意图肯定都是为了发现一种能量的转化过程的运行模式,这种能量转化过程发生在人们从储藏在诗歌中的创造性能量起步,通过阅读、教学与写作活动依次完成创造性能量转化的活动:能量从诗歌中释放出来,转化成意义,并且最终——在一种生态价值体系中——得到应用,即应用于麦克哈格所谓的'合适与适应'以及被他定义为'创造性适应'的'良性状态';他借这种'良性状态'的观念建议我们创造一种合适的环境。这种行动可能会使文化发生变革并促使我们结束对生态圈的破坏。"他将这个过程称之为"文学转化成净化——救赎生态圈的行动"。② 由此可见,"负熵"在这里只不过是自然"能量"的一个形象比喻而已,其本意是指生态文学与生态批评应该担负起改变人们文化态度的作用。

---

① [美]劳伦斯·布伊尔:《为濒临危险的地球写作》,美国哈佛大学贝尔纳普出版社 2001 年版,第 1 页。

② [美]威廉·鲁克尔特:《文学与生态学:一项生态批评的实验》,见《生态批评读本》,美国佐治亚大学出版社 1996 年版,第 120 页。

曾繁仁对生态批评原则的论证，不仅向文学研究者灌输了一种生态观念与生存意识，使日益委顿的文学精神获得新生，而且拓展了生态批评的空间，为文学研究者提供了一条可在批评实践中予以操作的方法。

女性主义是滥觞于19世纪80年代、以欧陆妇女解放为其内涵的文化思潮。曾繁仁以美国加州大学卡洛林·麦茜特博士的《自然之死——妇女、生态和科学革命》一书为个案，阐发了生态女性主义的特征。

其一，生态女性主义最基本的理论根基是有机论。在曾繁仁看来，男权中心主义是人类中心主义的派生物。它们的哲学基础都是以人与自然、主体与客体、身与心、感性与理性二分对立为其特点的机械论哲学以及与之有关的僵化的思维方式。而与之相反的生态整体论与生态女性主义则是以消解以上各种二分的有机论为哲学基础。事实证明，有机论所导致的必然结果是将自然比喻为女性与母亲，因为，有机论总是与自然所具有的诞育万物与哺育人类的特点相伴。正如麦茜特所说，“有机理论的核心是将自然，尤其是地球与一位养育众生的母亲相等同：她是一位仁慈、善良的女性，在一个设计好了的有序宇宙中提供人类所需的一切”①。诸如在文艺复兴时期乔叟的笔下，“自然是母性供养者形象，是把预定秩序赋予世界的上帝的化身”；在莎士比亚的悲剧《李尔王》中，李尔王的女儿柯黛里亚“代表着乌托邦的自然，也代表着作为对立面的理想统一的自然”；而文艺复兴时期的田园诗“代表着作为女性的另一类形象，即对过去时代母亲般仁慈怀抱的向往”；在德国画家卢卡斯·克拉那赫所作的绘画《春天女神》中则有“代表着女性地球的女神躺在花床上，象征着

① [美]卡洛琳·麦茜特著，吴国盛等译：《自然之死——妇女、生态和科学革命》，吉林人民出版社1999年版，第2页。

和平的鸽子正在附近的涓涓溪流边吃食，小鹿在它远处的岸边饮水”。[①] 在当代，拉夫洛克将地球比喻为“盖娅”，后来也有人将其称为“盖娅定则”。“盖娅定则”有力地说明了大地与自然的母性品格，特别是其内在的有机性与生命力。

其二，机械论必然导致“自然之死”与生态环境恶化。众所周知，16、17 世纪之际，欧洲发生了波澜壮阔的科技革命与工业革命，其重要标志就是传统的有机论世界观让位于机械论世界观。在这场哲学与思想革命中，培根、霍布斯与法国的笛卡尔是典型的机械论呐喊者。培根将科学方法与机械技术相结合，创造出一种以具体的科学实验为主的机械论方法。培根在《新大西岛》这本书中虚构了一个“本森岛”，这个岛其实是一个“等级化的、家长制的，仿照现代早期父权制家庭的模式”建构的资本主义工业社会。这个乌托邦社会的最高统治机构是叫做“所罗门宫”的科研机构，它推行一种“支持对自然的进攻态度，鼓吹‘掌握’和‘管理’大地”的培根式纲领。也正是按照这个纲领，人类开始对自然进行大规模的改造和破坏。笛卡尔则是机械论哲学的推动者。他提出著名的“我思故我在”，将理性与感性加以两分对立。他在自己的《方法谈》中表示自己要“掌握和拥有自然”。他在 1622 年的《论人》中把人体明确地描述为机器，而在 1644 年的《哲学原理》中则把宇宙重构为一个机械的装置，“这个装置依靠把运动通过有效的因果过程连续地从一个部分传到另一个部分，使惰性粒子移位”[②]。另一位英国哲学家霍布斯则将这种机械论哲学运用到社会领域，认为“政治实体由平等的原子式的存在所组成，它根据由共同的担忧而成的契约而统一到一起，并被来自上面的

---

① ［美］卡洛琳·麦茜特著，吴国盛等译：《自然之死——妇女、生态和科学革命》，吉林人民出版社 1999 年版，第 6 ~ 10 页。

② ［美］卡洛琳·麦茜特著，吴国盛等译：《自然之死——妇女、生态和科学革命》，吉林人民出版社 1999 年版，第 224 页。

有力的君主所控制"[1]。正是在资本主义市场经济和机械论哲学观的经济文化背景下，自然才沦为人类的奴隶并遭到蹂躏。不仅如此，机械论所导致的人类中心主义也同时导致了男权中心主义，资本主义在压榨自然的同时也压榨妇女。麦茜特说："与难以驾驭的自然相联系的象征是妇女的阴暗面。虽然文艺复兴时期柏拉图式的情人体现真、善、美，贞女玛丽被崇拜为救世之母，但妇女也被看作更接近自然、在社会等级中从属于男人的阶级、有着强得多的性欲……和混沌的荒蛮自然一样，妇女需要驯服以便使之待在她们的位置上。"[2]在资本主义的文艺作品与思想观念中也充斥着将女性妖魔化的内容。如医生约翰·韦尔在《争论论题的历史》一书中认为，女人心智和精神脆弱，很容易被负担她们头脑的黑胆汁恶化她们的理性。苏格兰新教改革家约翰·诺克斯则认为，既然肉体服从于精神，那么妇女的地位就在男人之下，自然规律决定男人应命令女人。当时的医学专家甚至荒唐地认为，在生殖中女人只提供质料，而运动的本源则来自男性的精子，灵魂通过男性系统传递等等。麦茜特在总结资本主义时代的以机械论为标志的"科学革命"所导致的妇女的被压迫时写道："对妇女来说，'科学革命'的这一方面并没有带来人们以为会带来的精神启蒙、客观性，也没有从古代的假定中解放出来，倒是与之在传统上是一致的。"[3]

其三，在理想的生态社会里，自然权利与妇女权利会同时实现。在资本主义发展的早期，西方也产生了两个生态乌托邦社会形态，它们是康帕内拉的《太阳城》(*The City of the Sun*，1602)和安德烈的《基

---

① [美]卡洛琳·麦茜特著，吴国盛等译：《自然之死——妇女、生态和科学革命》，吉林人民出版社1999年版，第229~230页

② [美]卡洛琳·麦茜特著，吴国盛等译：《自然之死——妇女、生态和科学革命》，吉林人民出版社1999年版，第146页。

③ [美]卡洛琳·麦茜特著，吴国盛等译：《自然之死——妇女、生态和科学革命》，吉林人民出版社1999年版，第180页。

督徒城》(*Christianopolis*,1619)。康帕内拉与安德烈是文艺复兴时期自然主义哲学的追随者,他们的乌托邦理想国虽然最终失败,但其理想及其实践却为人类今后的建设与发展提供了十分重要的理论智慧与启示。麦茜特认为它们"表达了一种公社共享的哲学,反映了工匠和穷人基于人与自然的原始和谐,要求更平等地分配财富的利益"。[①] 这两个乌托邦都坚持整体论,而这种整体论实际上也是有机论的具体表现。麦茜特在论述这种整体论时指出:"它成长于农民经验和村庄文化,以差异性层次为基础,却强调共同体的首位性、人民的集体意志和内部同意与自我管理的理想。这里,公共整体仍然大于和更重要于部分之和,但部分之间没有或几乎没有高低贵贱之分。"[②]在这个乌托邦理想国中,妇女的解放及其权利也得到了实现。"乌托邦共同体是以男女之间、工匠与主人之间的更加平等为出发点的。"[③]

在生态女性主义之后,西方出现了生态女性主义文学批评。曾繁仁认为,生态女性主义文学批评除了将有机论与自然母亲的观点以及对生态理想社会建设的倡导,对机械论与自然之死的批判运用于文学批评之外,还应加入如下一些内容:第一,借鉴生态文学对"人类中心主义"的批判有力地批判了男性中心主义。恰如鲁克尔特在分析艾德里安·里奇的《潜入残骸》一文时所说:"男性对待与摧毁女性的方法与男性对待与摧毁自然的方法二者之间存在着明显的联

---

① [美]卡洛琳·麦茜特著,吴国盛等译:《自然之死——妇女、生态和科学革命》,吉林人民出版社 1999 年版,第 89 页。

② [美]卡洛琳·麦茜特著,吴国盛等译:《自然之死——妇女、生态和科学革命》,吉林人民出版社 1999 年版,第 85 页。

③ [美]卡洛琳·麦茜特著,吴国盛等译:《自然之死——妇女、生态和科学革命》,吉林人民出版社 1999 年版,第 89 页

系。”[1]第二,发掘文学作品与其他作品中有关大地母亲形象的丰富内容。第三,对妇女特有的生存场所的描写与阐释。正如威廉·霍沃斯在《生态批评的一些原则》中所说:“今天,生态文学批评在女权主义批评家与性别批评家当中找到了最有力的支持者,因为他们关注位置观念(the idea of place),这种位置观念起到了界定社会地位的作用,具有特殊意义的一个观念是‘一个女性的位置’(a woman’s place),这个位置通常被描述成阁楼或储物间,在个体寻找到合适的环境之前,这个位置就是容纳并且扶养这些个体的地方。”[2]第四,对女性文学与女性作家的重新评价。第五,鼓励广大女性积极参与生态女性文学创作,参与其他生态运动,使其真正成为保护女性权益、保护地球、保护孩子的主力。

① [美]威廉·鲁克尔特:《文学与生态学:一项生态批评的实验》,见《生态批评读本》,美国佐治亚大学出版社 1996 年版,第 117 页。

② [美]威廉·霍沃斯:《生态批评的一些原则》,见《生态批评读本》,美国佐治亚大学出版社 1996 年版,第 82 页。

第二章　生态美学的理论指导

上世纪70年代以来，随着全球问题的深入研究，人们对马克思主义思想价值问题产生了不少的质疑。有人认为马克思主义唯物实践论是导致全球生态破坏的推手；有人认为马克思主义是人类中心主义的体现，“如果说人类中心主义实质是人道主义，非人类中心主义实质是自然主义的话，马克思主义明显是属于人类中心主义一方的”①。曾繁仁并不否认马克思主义的“弱式人类中心主义”中，但对其生态审美观亦有所洞见，“它是新世纪我们深入思考与探索生态审美问题的极其宝贵的理论指导与重要思想资源”②。

一　马克思、恩格斯的唯物实践观具有浓郁的生态审美意识

众所周知，西方自黑格尔逝世后，在思想、文化、哲学领域中出现了三个转型，即由认识论向存在论、由主客二分向主体间性、由“人类中心”向“生态整体”的转型。在这种时代文化语境下，马克思指出：“从前的一切唯物主义——包括费尔巴哈的唯物主义——的主要缺点是：对对象、现实、感性，只是从客体的或者直观的形式去理解，而不是把它们当作人的感性活动，当作实践去理解，不是从

---

①　邓天雄：《人类中心主义与马克思主义及科学发展观》，载《社会科学研究》2005年第3期。

②　曾繁仁：《生态美学导论》，商务印书馆2010年版，第119页。

主体方面去理解。”[①]从这里可以看出，马克思在批判唯心主义和旧唯物主义的基础上，创立了以突破形而上学为特点的唯物主义实践观，这是一种不同于一切旧唯物主义的、以主观能动的实践为其特点的唯物主义世界观，即唯物实践的存在论世界观。它一方面突破了主客二分的形而上学，另一方面也突破了“人类中心主义”，包含着明显的自然生态意识。“彻底的自然主义或人道主义，既不同于唯心主义，也不同于唯物主义，同时又是把这二者结合的真理。我们同时也看到，只有自然主义能够理解世界历史的行动。”[②]马克思在这里所说的“自然”就是生态意义的“自然”，其唯物实践观也是一种实践存在论世界观。这是因为：“首先，马克思的唯物实践观，是以个人的自由解放和美好生存为出发点的；其次，以整个无产阶级和人类的解放和美好生存为其理想和目标；最后，以社会实践为最重要的途径，包括社会革命（就是要推翻资本主义制度）和生产实践。只有这样才能真正逐步克服人与自然的矛盾，人和自然的统一也只有在马克思主义实践存在论与社会实践的基础上才能实现。”[③]由此，我们也可看出马克思唯物实践存在论与西方唯心主义存在论的本质差别，即西方存在主义的“存在”仅指个人的存在，而马克思主义的“存在”则不仅强调了个人的存在，而且也强调了社会大众的存在。

马克思的唯物实践观还包含着明显的生态审美意识。这一点我们可以从非常著名的马克思对“美的规律”的有关论述中得出。在《1844 年经济学哲学手稿》中，马克思在论及人的生产与动物的生产的区别时讲了一段十分重要的话。他说：“动物只是按照它所属的那个种的尺度和需要来建造，而人却懂得按照任何一个种的尺度来进

---

① 《马克思恩格斯选集》第一卷，人民出版社 1995 年版，第 58 页。

② 《马克思恩格斯全集》第四十二卷，人民出版社 1979 年版，第 167 页。

③ 曾繁仁：《生态美学导论》，商务印书馆 2010 年版，第 121 页。

行生产，并且懂得怎样处处都把内在的尺度运用到对象上去；因此，人也按照美的规律来建造。”[1]对于“种的尺度”和“内在尺度”，学界有人认为它们都指人的尺度。而曾繁仁却认为“种的尺度”是指物种的尺度，而“内在尺度”则是讲人的尺度。他说：“所谓‘任何一个种的尺度’即广大的自然界包含着各种动植物的基本需要，‘美的规律’也要包含这种基本需要，不能使之‘异化’，变成人的对立物。这已经带有承认自然的价值之意。因为，承认自然事物的‘基本需要’必然要承认其独立的价值，起码是相对独立的价值。而所谓人的‘内在的尺度’（Inherent Standard），按字面含义即为‘内在的、固有的、生来的标准和规格’，即是人所特有的超越了狭隘物种肉体需要的一种有意识性、全面性和自由性的需要。但这种具有超越性的有意识的需要应该在承认自然界基本需要的前提之下，也就是在自然主义与人道主义的结合、人与自然的和谐统一之下，‘按照美的规律来建造’。”[2]

二　“异化的扬弃”包含有重建人与自然和谐关系的生态思想

“异化”作为德国古典哲学的范畴，意指主体在一定的发展阶段，分裂出它的对立面，变成外在的异己的力量。曾繁仁认为，马克思的“异化”理论不仅从微观上反映了某种自然与社会现象，而且从宏观上指出了自然事物发展的否定之否定规律。他说：“马克思在《1844 年经济学哲学手稿》中论述了劳动由人的本质表现（肯定）到异化（否定），再到异化劳动之扬弃重新使之成为人的本质（否定之否定）问题……而在劳动中人与自然的关系，恰也经过了这样一种肯定（人与自然和谐）、否定（自然与人异化）再到否定之

---

① 《马克思恩格斯全集》第四十二卷，人民出版社 1979 年版，第 97 页。

② 曾繁仁：《生态美学导论》，商务印书馆 2010 年版，第 123 页。

否定（重建人与自然的和谐）的过程。”①确如曾繁仁所言，在工业革命前的漫长岁月里，人与自然是和谐统一的，但这之后，特别是资本主义制度产生以来，人与人、人与社会、人与自然出现了异化。据此，我们完全有理由相信，在未来的共产主义社会，人与自然的关系又会重新和谐起来。

曾繁仁认为，马克思主义的“异化”理论包含两层意思。其一是自然界同劳动者处于异己的、对立的状态。“劳动为富人生产了奇迹般的东西，但是为工人生产了赤贫。劳动创造了宫殿，但是给工人创造了贫民窟。劳动创造了美，但是使工人变成畸形。劳动用机器代替了手工劳动，但是使一部分工人回到野蛮的劳动，并使另一部分工人变成机器。劳动生产了智慧，但是给工人生产了愚钝和痴呆。”②即工人在改造自然的劳动中创造了财富和美，而自己却远离财富和美，过着一种非自然与非美的生活。其二，“异化”还表现在人对自然的严重污染与破坏。“每当有了一项新的发明，每当工业前进一步，就有一块新的地盘从这个领域划出去……鱼的‘本质’是它的‘存在’，即水。河鱼的‘本质’是河水。但是，一旦这条河归工业支配，一旦它被染料和其他废料污染，河里有轮船行驶，一旦河水被引入只要把水排出去就能使鱼失去生存环境的水渠，这条河的水就不再是鱼的‘本质’了，它已经成为不适合鱼生存的环境。”③这就说明，在资本主义制度下，科技的发展不是使人与自然相统一，而是使人与自然处于异化的、对立的状态之中。正因此，马克思明确地提出了扬弃异化、扬弃资本主义私有制、建设共产主义社会、重建人与自然和谐协调关系的美好思想。他说：“共产主义是私有财产即人的自我异化的

---

① 曾繁仁：《转型期的中国美学——曾繁仁美学文集》，商务印书馆 2007 年版，第 276 页。

② 《马克思恩格斯全集》第四十二卷，人民出版社 1979 年版，第 93 页。

③ 《马克思恩格斯全集》第四十二卷，人民出版社 1979 年版，第 369 页。

积极的扬弃，因而是通过人并且为了人而对人的本质的真正占有。”①由此可见，马克思对人与自然的关系的思考，实际上是将其同社会政治制度的革命结合在了一起。

三　辩证唯物主义自然观体现了人与自然相统一的哲学维度

曾繁仁详细解读恩格斯的《自然辩证法》，认为其辩证唯物主义自然观中也体现了人与自然相统一的哲学维度。

首先，恩格斯从比较生理学的视角，批判了“人类高于其他动物的唯心主义”的观点。“可以非常肯定地说，人们在研究比较生理学的时候，对人类高于其他动物的唯心主义的矜夸是会极端轻视的。人们到处都会看到，人体的结构同其他哺乳动物完全一致，而在基本特征方面，这种一致性也在一切脊椎动物身上出现，甚至在昆虫、甲壳动物和蠕虫等等身上出现（比较模糊一些）。”②又说：“在我们的那些由于和人类相处而有比较高度的发展的家畜中间，我们每天都可以观察到一些和小孩的行动具有同等程度的机灵的行动。……孩童的精神发展是我们的动物祖先、至少是比较近的动物祖先的智力发展的一个缩影，只是这个缩影更加简略一些罢了。”③在曾繁仁看来，恩格斯从哲学的高度阐述了人与动物之间的“亦此亦彼”性，实际上是批判了将人与自然相对立的“非此即彼”性，而这种“非此即彼”性恰是违背辩证法的形而上学。

其次，恩格斯揭示了自然生态的破坏与资本主义制度和科技发展的关系。“当一个资本家为着直接的利润去进行生产和交换时，他只能首先注意到最近的最直接的结果。……当西班牙的种植场主在古巴焚烧山坡上的森林，认为木灰作为能获得最高利润的咖啡树的

---

① 《马克思恩格斯全集》第四十二卷，人民出版社1979年版，第120页。
② 《马克思恩格斯全集》第二十九卷，人民出版社1972年版，第325页。
③ 《马克思恩格斯全集》第二十卷，人民出版社1971年版，第518页。

肥料足够用一个世代时,他们怎么会关心到,以后热带的大雨会冲掉毫无掩护的沃土而只留下赤裸裸的岩石呢?”①在这里,恩格斯意识到了生态环境的破坏同资本主义盲目追求经济利益的关系,那么怎样来解决这种矛盾呢?恩格斯认为,唯有通过社会主义革命建立一种能够有计划地生产和分配的社会生产组织,方可解决问题。曾繁仁说:“今天,我们中国已经进入了这样的历史时期,具备了消除盲目追求经济利益的可能性条件,只要我们进一步完善‘有计划地生产和分配的自觉的社会生产组织’,就一定能使人与自然、人与人的关系进一步和谐协调,从而实现人类审美的生存。”②在论述科技时,恩格斯曾写道:“在科学的猛攻之下,一个又一个部队放下了武器,一个又一个城堡投降了,直到最后,自然界无限的领域都被科学所征服,而且没有给造物主留下一点立足之地。”③又说:“但是这种事情发生得愈多,人们愈会重新地不仅感觉到,而且也认识到自身和自然界的一致,而那种把精神和物质、人类和自然、灵魂和肉体对立起来的荒谬的、反自然的观点,也就愈不可能存在了。”④曾繁仁认为,恩格斯这一科学的自然观在今天极富启发意义。因为“恩格斯在抨击人们过分迷信自己科技能力时并没有完全否认科技的作用,他相信科学的发展会使人们正确理解自然规律,从而学会支配和克服由生产行为所引起的比较深远的自然影响”⑤。

四　中国特色社会主义的生态文明理论

2007 年 10 月,我国第一次在社会主义物质文明、精神文明与政

① 《马克思恩格斯全集》第二十卷,人民出版社 1971 年版,第 521～522 页。
② 曾繁仁:《生态美学导论》,商务印书馆 2010 年版,第 131 页。
③ 《马克思恩格斯全集》第二十卷,人民出版社 1971 年版,第 540 页。
④ 《马克思恩格斯全集》第二十卷,人民出版社 1971 年版,第 519～520 页。
⑤ 曾繁仁:《生态美学导论》,商务印书馆 2010 年版,第 130～131 页。

治文明之后明确提出建设“生态文明”的重要问题，将其作为建设我国小康社会的新目标与新要求，并对“生态文明”的内涵进行了一系列深入的论述。胡锦涛在党的十七大报告中指出：“建设生态文明，基本形成节约能源资源和保护生态环境的产业结构、增长方式、消费模式。循环经济形成较大规模，可再生能源比重显著上升。主要污染物排放得到有效控制，生态环境质量明显改善。生态文明观念在全社会牢固树立。”曾繁仁对中国特色社会主义的生态文明理论进行了解读，认为其大致包含了五层意思：

第一，一个反思，即对传统发展模式的反思。“从这个意义上说，我国有关‘建设生态文明’的理论也带有积极的建设性的‘后现代’性质，是对资本主义工业化和我国既往工业化‘先污染后治理’发展模式的反思与超越。”①第二，两个立足点。既立足于人民群众的根本利益，也立足于中华民族的生存发展。即它以人民群众与民族的生存发展为其宗旨，以人民、民族与人类的福祉为其旨归，充分体现“以人为本”和科学发展的原则。第三，三个关系。一是生态文明与经济发展的关系，我国既要又好又快地发展经济，又要将“保护环境”作为经济发展的“基础”；二是生态文明与科学技术的关系，我国社会主义现代化建设要“开发和推广节约、替代、循环利用和治理污染的先进实用技术”，将经济社会发展从依靠资源环境消耗转移到依靠科技进步的轨道上来；三是中国与世界的关系，我国既要认识到当代生态环境问题的全球性性质，同时又要承担起相应的国际生态责任。第四，三个重要措施。即生态文明建设要从法律政策、体制机制与工作责任制三个方面着手。“法律政策方面由以前的行政处罚向通过税收渠道和科学论证的转变；体制机制与工作责任制方面，把环境保护与地方与干部工作业绩考核

① 曾繁仁：《生态美学导论》，商务印书馆2010年版，第133页。

紧密结合。”①第五，五个重要转变。“首先在经济层面的产业结构上，要‘由主要依靠资源消耗向主要依靠科技进步、劳动者素质提高、管理创新转变’；在增长方式上，要由盲目追求经济效益向‘可持续’与‘又好又快’转变；在消费方式上，要由盲目追求物质需求、铺张浪费、互相攀比向节约、适度转变；在理论观念上，要使‘生态文明观念在全社会牢固树立’，这里的‘生态文明观念’应该包含当代生态哲学、生态伦理学、生态美学与生态文学等十分丰富的具有时代先进性与中国特色的当代生态文化形态；最后，在发展目标上，要使我国成为‘生态环境良好的国家’。”②

毋庸置疑，生态文明建设理论的提出对于我国当代包括生态美学在内的生态理论建设具有重大的意义。首先，它为我国当代生态理论建设提供了坚实的现实依据。长期以来，我国的生态理论研究基本上处于被质疑和边缘化状态，而生态文明理论的提出就为我国生态理论的发展提供了一个良好的现实环境与前提。其次，我国社会主义生态文明理论的提出为创建具有中国特色的生态理论，包括生态美学理论指明了方向。“那就是首先须从中国的国情出发，中国的生态理论建设必须紧密结合中国的经济社会与自然生态实际，不能照搬西方理论；同时，中国生态理论建设应更多借鉴吸收中国传统文化中丰富的生态智慧，使之具有中国气派与中国风格。”③

五　当代西方马克思主义在生态理论建设中的基本贡献

当代西方马克思主义作为西方“马克思主义”理论的一个重要组成部分，是在20世纪中期以后生态危机日益严重的形势下，在各种

① 曾繁仁：《生态美学导论》，商务印书馆2010年版，第134页。
② 曾繁仁：《生态美学导论》，商务印书馆2010年版，第134页。
③ 曾繁仁：《生态美学导论》，商务印书馆2010年版，第135页。

生态理论蓬勃发展的情况下产生的，它虽持有激进的左翼立场，但对于分析和解决当今人类面临的生态问题具有重要的启示和借鉴意义。曾繁仁通过对英国学者戴维·佩珀的生态社会主义理论的解读，阐发了它的几个主要贡献：

其一，当今生态社会主义对各种试图曲解社会矛盾的观点给予有力的还击。在当代生态危机日益严重的形势下，有人别有用心地试图曲解社会矛盾，认为阶级矛盾已被环境问题和其他风险所代替，已不是社会的主要矛盾。当代生态社会主义对这种理论给予了批判，他们认为"尽管上述论点中包含着某些真理性的因素，但它们在总体上是立足于一个极端错误和夸大其词的立场上的"①。事实上，这些问题的出现证明了"社会主义和共产主义理论与实践变得比以往任何时候都更需要"②。其二，当代生态社会主义对马克思、恩格斯的生态观予以了充分的肯定。当前，许多理论家否定马克思、恩格斯理论中包含着生态观，认为不存在马克思主义的生态学流派。当代生态社会主义对此严加痛斥，他们普遍认为"马克思主义思想确实以一种有意义的——尽管大都是含蓄的——方式包含了足够的生态学观点"③。其三，对当前严重的生态危机进行了历史唯物主义的阐释。当代西方马克思主义者力图运用马克思主义的社会存在与社会意识、经济基础和上层建筑的历史唯物主义理论来阐释当代生态危机的原因和解决的途径。他们认为："如果我们想改变社会以及社会—自然之间的关系，我们就必须寻求不仅在人们的思想中……而

① ［英］戴维·佩珀著，刘颖译：《生态社会主义：从深生态学到社会正义》，山东大学出版社2005年版，第1页。

② ［英］戴维·佩珀著，刘颖译：《生态社会主义：从深生态学到社会正义》，山东大学出版社2005年版，第1页。

③ ［英］戴维·佩珀著，刘颖译：《生态社会主义：从深生态学到社会正义》，山东大学出版社2005年版，第91页。

且也在他们的物质与经济生活中的改变。”[①]并且认为,通过“生产资料共同所有制实现的重新占有对我们与自然关系的集体控制”[②],异化才有可能得到克服。其四,坚持认为生态社会主义是“人类中心主义”的基本观点。戴维·佩珀在《生态社会主义:从深生态学到社会正义》一书的前言中指出:“本书的目的是概述一种生态社会主义的分析,它将提供在绿色议题上的一种激进的社会公正的和关爱环境的但从根本上说是人类中心主义的观点。”[③]他认为“绿色运动目前所需要的正是这种观点,而不是它现行的‘生物中心主义’的和政治上散漫的方法,以便引起许多的被绿色运动疏远或对它漠不关心的人们的关注。而且,撇开实用主义的理由不谈,我认为,不允许我们对非人自然的关切代替或超过对人类的关切是重要的。一些绿色分子相信,我们应该基于自然的‘内在价值’而不是它对(所有)人的价值去保护和尊重自然,无论这种价值是什么。我很难认同这一点。我认为,社会正义或它在全球范围内的日益缺乏是所有环境问题中最为紧迫的。地球高峰会议清楚地表明,实现更多的社会公正是与臭氧层耗尽、全球变暖以及其他全球难题做斗争的前提条件”[④]。他把社会公正放在首要地位,而否定自然的内在价值。在《生态社会主义:从深生态学到社会正义》一书的“生态社会主义概要”部分,首先便是“生态社会主义是人类中心论的……它拒绝生物道德和自然神秘化以及这些可能产生的任何反人本主义,尽管它重视人类精神及

① [英]戴维·佩珀著,刘颖译:《生态社会主义:从深生态学到社会正义》,山东大学出版社2005年版,第101页。

② [英]戴维·佩珀著,刘颖译:《生态社会主义:从深生态学到社会正义》,山东大学出版社2005年版,第355页。

③ [英]戴维·佩珀著,刘颖译:《生态社会主义:从深生态学到社会正义》,山东大学出版社2005年版,第2页。

④ [英]戴维·佩珀著,刘颖译:《生态社会主义:从深生态学到社会正义》,山东大学出版社2005年版,第2页。

其部分地由与自然其他方面的非物质相互作用满足的需要。但是，人类不是一种污染物质，也不'犯有'傲慢、贪婪、挑衅、过分竞争的罪行或其他暴行"①。

不难见出，佩珀生态社会主义理论具有明显的局限性，"首先是改良的立场。试图通过改良的方式、通过工会和乌托邦社会主义，回归土地的运动来改变社会现有制度，同时来改变生态。其次便是对人类中心主义的保留，这应该说是对马克思、恩格斯生态观的一种退却"②。即便如此，曾繁仁还是认为生态社会主义功不可没，他说："西方生态社会主义理论对资本主义制度对人与自然双重掠夺的批判，它所坚持的人与自然和谐发展的文化立场，以及它所提出的通过社会主义制度解决生态危机的途径等，对于当代社会主义文明建设都是十分有价值的精神财富。"③

---

① ［英］戴维・佩珀著，刘颖译：《生态社会主义：从深生态学到社会正义》，山东大学出版社 2005 年版，第 354 页。

② 曾繁仁：《生态美学导论》，商务印书馆 2010 年版，第 138～139 页。

③ 曾繁仁：《生态美学导论》，商务印书馆 2010 年版，第 139 页。

第三章　生态美学的西方资源

一　工业革命背景下的生态美学资源

18世纪以来,西方在启蒙主义的工业革命洪流中,产生了以人文主义为标志的“人类中心主义”,但在这种科技革命的主流之下,也流淌着一股倡导自然与生态美学思想的支流。

近代美学先驱乔巴蒂斯达·维柯在《新科学》一书中所提出的诗性思维,在曾繁仁看来,这种诗性思维就是一种原始的自然的审美思维。其主要表现在这样三个方面:其一,原始思维是凭借人的身体感官进行想象的思维。人的身体本来就是一个感官的自然的实体,原始人就是凭借人的身体语言进行互相交流的。其二,原始思维是一种“万物有灵”的人与自然相统一的思维,在这种思维模式下,万物有灵,雷有雷神,雨有雨神,花有花神等等。维柯认为原始人类还没有自己的观念,使自己感到惊奇的事物都有一种实体的存在,正像儿童们把无生命的东西拿在手里跟它们游戏言说,仿佛它们就是些活人。[①] 其三,在原始思维的隐喻、转喻和比喻中,人与自然获得了平等游戏的地位。例如原始人“用‘首’(头)来表达顶或开始,用‘额’或‘肩’来表达一座山的部位,针和土豆都可以有眼,杯或壶都可以有‘嘴’,耙、锯或梳都可以有‘齿’,任何空隙或洞都可叫做‘口’,麦穗

---

① [意]维柯著,朱光潜译:《新科学》,人民文学出版社1997年版,第162页。

的‘须’,鞋的‘舌’,河的‘咽喉’,地的‘颈’……”[①]这些比喻虽然只是一种表达方式,但内里可以看出原始人与自然为友的生活态度。由此可见,维柯的原始的诗性思维类似于利奥波德的“像山那样思考”,对于我们建设生态美学的艺术思维模式有着重要的借鉴作用。

美国的乔治·桑塔耶纳是一个自然主义美学家。曾繁仁认为,其自然主义美学思想中的生态内涵主要表现在以下几个方面:其一,强调了美感是对人的“自然功能”的满足。这种对自然功能满足的审美价值观实际上包含了某种生态美学的意味,因为“生态美学不仅将人视为理性的人,而且将人看作是与自然构成一个整体的活生生的有生命的人。正是在这个意义上,生态美学从来不否认人的自然功能”[②]。其二,强调人的一切生理机能都参与到审美当中。这种观点是对传统视听感官参与审美的一种反驳,是后世柏林特“参与美学”的先声。其三,力主审美的有利性,批判传统的审美“无利害”论,为生态美学中生态原则的建立开辟了先河。其四,提出“美是一个生命的和声”的重要美学思想。这一重要论断阐述了人与自然生命的和弦、共振与和谐,而这恰是一种生态审美的状态。

《艺术即经验》是美国实用主义美学家杜威的代表性著作,它虽产生于工业化高涨的年代,但曾繁仁认为它也包含了极为浓郁的生态审美意识。其一,杜威突破了传统的物质与精神、人与自然的二元对立论,提出了“自然是人类的母亲”的重要生态观。其二,杜威的审美艺术经验是人作为“活的生物”与周围环境的冲突与和谐中所形成的一个完满的经验。这个经验使环境与人融为一体,成为人们审美生存的家园。其三,杜威提出了“我们住进了世界,而它成了我们的家园”的重要生态审美观点。其四,杜威在概括审美经验与艺术的作

---

① [意]维柯著,朱光潜译:《新科学》,人民文学出版社1997年版,第180页。

② 曾繁仁:《生态美学导论》,商务印书馆2010年版,第145页。

用时,总结出艺术是使人拥有更强大、更充沛的生命力的结论。

俄国伟大的思想家、作家和批评家尼古拉·车尔尼雪夫斯基于1855年在《艺术与现实的审美关系》一书中倡导了“美是生活”的唯物主义美学观,曾繁仁从生态美学的视角重新解读这部美学论著,认为其中的自然美学思想有三。其一,车氏提出了“美是生活、是健康地活着”的生命论美学命题。车尔尼雪夫斯基说:“在普通人民看来,‘美好的生活’、‘应当如此的生活’就是吃得饱,住得好,睡眠充足;但是在农民,‘生活’这个概念同时总是包括劳动的概念在内:生活而不劳动是不可能的,而且也是叫人烦闷的。辛勤劳动却不致令人精疲力竭那样一种富足生活的结果,使青年农民或农家少女都有非常鲜嫩红润的面色——这照普通人民的理解,就是美的第一个条件。丰衣足食而又辛勤劳动,因此农家少女体格强壮,长得很结实,——这也是乡下美人的必要条件。‘弱不禁风’的上流社会美人在乡下人看来是断然‘不漂亮的’,甚至给他不愉快的印象,因为他一向认为‘消瘦’不是疾病就是‘苦命’的结果。”①在车氏看来,“美”就是一种人在劳动中与自然生态处于和谐关系并充满活力的美好的健康的生命状态。曾繁仁说:“我们曾经认为这种人的生命之美是一种庸俗的唯物主义,这种批判虽不是没有一点道理,但健康的充满活力的生命之美总的来说还是有其合理性的,是一种符合自然生态规律的美的重要形态。”②其二,车尔尼雪夫斯基提出“生活美高于艺术美”的重要思想。这一思想直接批判了黑格尔的“艺术中心论”,维护自然审美的合法地位。曾繁仁认为,黑格尔的“艺术中心论”实际上也是“人类中心主义”在美学与艺术学上的反映。“因为,按照黑氏的理解,人类是绝对理念的最完美体现者,那么由人类创造的艺术就在美

---

① [俄]车尔尼雪夫斯基著,周扬译:《艺术与现实的审美关系》,人民文学出版社1979年版,第7页。

② 曾繁仁:《生态美学导论》,商务印书馆2010年版,第152页。

学中拥有了至高无上的地位,自然便被边缘化到前美学阶段。我们认为,这种观点是不符合事实的,美学理应包括艺术、自然与生活的审美三个部分,而且自然在人类的包括艺术在内的精神生活中具有基础的地位。”①其三,车尔尼雪夫斯基从自然与人的生命关联中阐述了自然的审美价值。车氏说:“在人看来,动物界的美都表现着人类关于清新刚健的生活的概念。在哺乳动物身上——我们的眼睛几乎总是把它们的身体和人的外形相比的,——人觉得美的是圆圆的身段、丰满和壮健;动作的优雅显得美,因为只有‘身体长的好看’的生物,也就是那能使我们想起长得好看的人而不是畸形的人的生物,它的动作才是优雅的。”②在车氏看来,植物的新鲜与茂盛也是一种美,因为它显示了生命力量的横溢与蓬勃。曾繁仁认为,车氏与黑格尔虽然都从自然与人的关联中论述过自然的审美价值,但两者有着根本的差异。因为“车氏是从‘美是生活’,生活即是健康地活着这样的美学观出发,从自然与人的生命力的关联中来论述自然的审美价值;而黑格尔则是从自己的理念论美学出发,从自然与理念的关联中来论述自然的审美价值的”③。因此,黑格尔的自然审美命题是一种歧视自然的理念论美学的翻版。其四,车尔尼雪夫斯基批判康德“观念压倒形式”的“人类中心主义”的崇高观,提出“崇高就是自然事物本身崇高”,承认自然自有的崇高价值。在康德的美学中,“崇高不存在于自然的事物里,而只能在我们的观念里寻找”④。这显然是“人类中心主义”的反映。车氏对之进行了针锋相对的批判,他说:

---

① 曾繁仁:《生态美学导论》,商务印书馆 2010 年版,第 152 页。

② [俄]车尔尼雪夫斯基著,周扬译:《艺术与现实的审美关系》,人民文学出版社 1979 年版,第 9 ~ 10 页。

③ 曾繁仁:《生态美学导论》,商务印书馆 2010 年版,第 156 页。

④ [德]康德著,宗白华译:《判断力批判(上卷)》,商务印书馆 1964 年版,第 89 页。

"一件事物较之与它相比的一切事物要巨大得多,那便是崇高。"[①]他举例说,高山是雄伟的但却是可以测量的,大海好像是无边的但却是有岸的。这就将"崇高"这一美学范畴奠定在了唯物主义基础之上,维护了崇高不在观念而在自然自身的唯物主义崇高观。

二　海德格尔的生态审美观

海德格尔被美国现代生态理论家看做是"具有生态观的形而上学理论家"。曾繁仁通过对海氏哲学美学论著的研读,认为其生态美学思想表现在哲学观、语言观和审美观上。

在哲学观上,海氏凭借现象学方法构筑了一个"人在世界之中"的生态整体观点。这种观点是对西方二元对立思维模式、机械认识论和将存在与存在者二元分裂观点的反叛,表达了"人在世界之中"的在世模式,这个"在之中"不是传统的一个事物在另一个事物之中,而是"我居住于世界,我把世界作为如此这般熟悉之所而依寓之、逗留之"[②]。曾繁仁说:"这里的'居住'、'依寓'、'逗留'是指人与这个自然生态环境已经融为一体,不可须臾分离,如鱼之离不开水,人之离不开空气。用我们的理解就是人与包含自然生态的环境构成了一个水乳交融的生态整体,这就是一种具有哲学色彩的当代存在论的生态整体观。"[③]

在语言观上,海德格尔以大地与语言关系的基本理论构筑了大地是人的生成的根基的重要观点。在海德格尔看来,"语言是存在之家",语言是"此在"、是人的最基本的存在方式。他说:"方言的差异

① ［俄］车尔尼雪夫斯基著,周扬译:《艺术与现实的审美关系》,人民文学出版社 1979 年版,第 18 页。

② ［德］马丁·海德格尔著,陈嘉映、王庆节译:《存在与时间》,生活·读书·新知三联书店 1987 年版,第 67 页。

③ 曾繁仁:《生态美学导论》,商务印书馆 2010 年版,第 159 页。

并不单单、而且并不首先在于语言器官的运动方式的不同。在方言中各各不同地说话的是地方,也就是大地。而口不光是在某个被表象为有机体的身体上的一个器官,倒是身体和口都归属于大地的涌动和生长——我们终有一死的人就成长于这个大地的涌动和生长中,我们从大地那里获得了我们的根基和稳靠性。当然,如果我们失去了大地,我们也就失去了根基。"[①]曾繁仁认为,海氏的这种语言存在观是一种非常深刻的生态观,它揭示了语言与大地以及与自然生态的紧密关系。

在审美观上,海德格尔以"艺术是真理的自行置入"建立了人与自然平等游戏的家园意识。海德格尔在《艺术作品的本源》一文中说:"艺术作品以自己的方式开启存在者之存在。在作品中发生着这样一种开启,也即解蔽(Entbtrgen),也就是存在者之真理。在艺术作品中,存在者之真理自行设置入作品中了。艺术就是真理自行设置入作品中。"[②]在海德格尔看来,艺术的解蔽就是一种自由解放与保护,它不同于技术世界凭借技术对自然万物的开掘与破坏,而是使自然万物回归大地。那么,真理如何才能做到自行置入与无碍无累的解蔽呢?海氏认为,只有通过人的理解、阐释及其与自然为友的行动,才能使万物之本性由遮蔽走向澄明之境。而且,人的这种阐释必须在"天地神人四方游戏"的世界之中。他说:"我们把这四方的纯一性称为四重整体(das Geviert)。终有一死的人通过栖居而在四重整体中存在。但栖居的基本特征乃是保护,终有一死者把四重整体保护在其本质之中,由此而得以栖居。相应地,栖居着的保护也是四重的。终有一死者栖居着,因为他们拯救大地——拯救一词在此取

---

① [德]海德格尔著,孙周兴译:《在通向语言的途中》,商务印书馆2004年版,第199~200页。

② [德]马丁·海德格尔著,孙周兴译:《林中路》,上海译文出版社2004年版,第25页。

莱辛还识得的那种古老意义。拯救不仅是使某物摆脱危险;拯救的真正意思是把某物释放到它的本己的本质之中。拯救大地远非利用大地,甚或耗尽大地。对大地的拯救并不是控制大地,也不是征服大地——这还只是无限制的掠夺的一个步骤而已。"①由此可见,"终有一死者"正是在这种"四方游戏"的世界中保护万物、拯救大地、回归大地的。因此,海德格尔的美学观既是一种生态审美观,也是一种远离故乡的游子的回乡之歌。

三 西方20世纪兴起的环境美学与生态美学

环境美学是西方20世纪逐步兴起的一种新的美学形态,其主要的代表人物有芬兰的瑟帕玛、加拿大的卡尔松和美国的罗尔斯顿与阿诺德·伯林特。曾繁仁与这些美学家保持着友好的联系,经常与他们一起开会交流,探讨生态美学的理论范畴等,应该说,曾繁仁是最能深度挖掘国外环境美学资源的中国学者之一。

约·瑟帕玛的《环境之美》是较早的一部环境美学论著,其从传统分析美学的基础上讨论了三个问题:第一个问题是关于本体论的——作为一个审美对象的环境是什么样的。瑟帕玛认为,"使环境成为审美对象通常基于受众的选择"②,也就是说,受众只有选择了环境作为审美对象,环境美学才得以产生,人与环境之间的审美关系才得以建立。所以,受众是真正的艺术家。对此,曾繁仁评论道:"瑟帕玛在这里所谓的'本体论'仍然是'人类中心主义'的。因为最终,环境之美还是人创造的,是人的选择的结果,环境外在于人,人与环

---

① [德]马丁·海德格尔著,孙周兴译:《演讲与论文集》,生活·读书·新知三联书店2005年版,第157~159页。

② [芬]约·瑟帕玛著,武小西、张宜译:《环境之美》,湖南科学技术出版社2006年版,第41页。

境没有构成整体。”①第二个问题就是关于元批评的——环境是如何被描述的。瑟帕玛说:“只有当自然被观看和阐释时,它对于我们来说才是有意义的。”②而且断言:“但是在感知和描述之外便不存在环境了——甚至‘环境’这个术语都暗示了人类的观点:人类在中心,其他所有事物都围绕着他。”③曾繁仁认为,瑟帕玛的这一观点虽有“人类中心主义”倾向,但却包含有某种尊重自然、尊重生命的现代生态哲学意味。第三个问题是环境美学的实践问题。瑟氏一方面强调了美学的理论品质与哲学品质,同时也将之应用于环境美学实践。他说:“以下我将探讨由美学所产生的理论知识的传播方式和影响实践的方式。”④主要涉及环境教育、人对环境的影响、展望的具体化等。曾繁仁认为,瑟帕玛所谓环境的理想指人在改造环境的实践中所要遵循的“伦理的限制”与“对和谐、完整的要求”等;所谓立法,是指在环境的改造中从审美的角度来考虑所有的环境变化,并通过立法的形式保证下来;所谓积极美学是试图将趣味与对象造成积极影响联系起来;而所谓展望的具体化则是探讨伦理学与环境美学的关系,为环境美学在今后的发展开辟先河。

艾伦·卡尔松是西方环境美学的奠基人之一。其代表作《环境美学》写作历时20多年,所涉内容甚广,其贡献主要表现在以下三个方面:第一个方面是关于环境美学的性质范围。卡尔松认为,环境美学的主题就是对原始环境与人造环境的审美鉴赏。环境美学的审美对象就是我们的环境。这个对象具有非常重要的特点,那就是“作为

---

① 曾繁仁:《生态美学导论》,商务印书馆2010年版,第166页。

② [芬]约·瑟帕玛著,武小西、张宜译:《环境之美》,湖南科学技术出版社2006年版,第136页。

③ [芬]约·瑟帕玛著,武小西、张宜译:《环境之美》,湖南科学技术出版社2006年版,第136页。

④ [芬]约·瑟帕玛著,武小西、张宜译:《环境之美》,湖南科学技术出版社2006年版,第192页。

鉴赏者,我们沉浸在鉴赏对象之中……鉴赏对象也构成了我们鉴赏的处所。我们移动时总是在鉴赏对象中,因而改变了我们与它的关系,也改变了它本身"①。第二个方面是区分了自然景观鉴赏模式和环境鉴赏模式的问题。卡尔松认为,自然景观的鉴赏模式是一种主客二分的"人类中心主义",而自然环境的鉴赏模式是从人的生存的角度来鉴赏所有的环境并且是凭借所有的器官对作为人的生存环境的"气味、触觉、味道,甚至温暖和寒冷,大气压力和湿度"来进行鉴赏的。第三个方面是自然环境鉴赏与艺术的鉴赏的关系问题。卡尔松认为,自然环境鉴赏与艺术鉴赏有着明显差异:自然环境的鉴赏模式是从人的生存的角度来鉴赏所有的环境并且凭借所有的器官对人的生存环境进行体验,它是一种主客不分的参与性鉴赏;而艺术鉴赏则是一种主客二元对立的鉴赏。不难见出,卡尔松的环境美学已突破了传统的静观美学,并昭示了环境美学的独立性。这意味着,环境美学要想成为一个独立的学科,就必须重建自己的理论范畴以区别于传统美学。正是在这种思想指导下,卡尔松提出了"自然全美"的重要理论观点,他说:"全部自然界是美的。按照这种观点,自然环境在不被人类所触及的范围之内具有重要的肯定美学特征:比如它是优美的,精巧的,紧凑的,统一的和整齐的,而不是丑陋的,粗鄙的,松散的,分裂的和凌乱的。简而言之,所有原始自然本质上在审美上是有价值的。自然界恰当的或正确的审美鉴赏基本上是肯定的,同时,否定的审美判断很少或没有位置。"②在卡尔松看来,"自然全美"不仅仅是一种"给定的"、非人造的,而且是一种整体的、理想的。"在这里,卡尔松继承了达尔文的某些观点,同时又将其改造为环境美学的

① [加拿大]卡尔松著,杨平译:《环境美学——关于自然、艺术与建筑的鉴赏》,四川人民出版社2006年版,第5页。

② [加拿大]卡尔松著,杨平译:《环境美学——关于自然、艺术与建筑的鉴赏》,四川人民出版社2006年版,第109页。

一个原则，那就是尊重原生态的自然，保护它的天然的审美价值而不要轻易改动它！”①

霍尔姆斯·罗尔斯顿是国际著名的生态哲学与生态伦理学的开拓者与奠基者之一。其著作《哲学走向荒野》坚持“生态本体”的立场，他说：“在父母与神的面前，人们想到的是自己的生命之源(source)，而不是资源(resource)，人们寻求的关系，是与超越自身的存在在一起，处于根的生命之流中的体验。”②又说：“自然的美是一种愉快——仅仅是一种愉快——为了保护它而做出禁令似乎不那么紧急。但是这种心态会随着我们感觉到大地在我们脚下，天空在我们头上，我们在地球上的家里而改变。……这是生态的美学，并且生态是关键的关键，一种在家里的、在它自己的世界里的自我。我把自己所居住的那处风景定义为我的家。这种‘兴趣’导致我关心它的完整、稳定和美丽。”③对此，曾繁仁评论道：“在这里，罗尔斯顿深刻地阐释了所谓‘生态的美学’是一种从人的生存的终极意义上的美学，是人类的生存与生命与自然紧密相连、须臾难离的意义上的美学，应该是点到了生态美学的精髓之所在。”④因此在曾繁仁看来，罗尔斯顿的荒野哲学价值表现在：第一，提出自然具有审美价值、荒野是人类之根的重要命题；第二，提出自然的审美必须具有审美能力与审美特性两种品质；第三，认为美是一种责任，审美经验是环境伦理学的基本出发点之一。

从以上的梳理可以见出，西方环境美学确有其自身的学理依据，并与我国的生态美学有着共同的学术品格。但曾繁仁认为，西方环

---

① 曾繁仁：《生态美学导论》，商务印书馆2010年版，第173页。

② [美]霍尔姆斯·罗尔斯顿著，刘耳、叶平译：《哲学走向荒野》，吉林人民出版社2000年版，第207页。

③ [美]阿诺德·伯林特主编，刘悦笛等译：《环境与艺术：环境美学的多维视角》，重庆出版社2007年版，第167～168页。

④ 曾繁仁：《生态美学导论》，商务印书馆2010年版，第177页。

境美学毕竟是西方社会的产物,其一些学术立场并不适用中国。他举例说:“作为哲学立场的‘荒野哲学’。除了从‘本体论’的角度看待其肯定的价值之外,对于保护大量荒野的理念和行动,在我国却很难推行。因为,在西方发达国家,它们不仅具有辽阔的国土与丰饶的资源,而且还保留了大量的荒野。在这样的情况下,‘荒野哲学’可以加以推行,人们也能欣赏完全原生态的美。但对于我国这样的国土资源相对紧缺、生态足迹相对有限的国家,就很难保留和搁置大片荒野。再如西方的‘生态中心主义’哲学立场,包括将人权延伸到大猩猩等动物等等,我们也只能是有限度地实行,秉持生态人文主义的立场,走人与自然双赢的道路。与之相关还有,西方环境美学坚持‘自然全美’论,力求维持原始自然的原生态之美。但对于‘自然全美’论,我们不仅在理论上难以苟同,在实践上我们也难以完全接受。我们的立场是‘环境友好’、开发与保护共存。”①因此,我们在建设生态美学时,应该立足于自己的国情与文化传统,有选择地借鉴西方的环境美学资源。

四 基督教文化中的生态资源:生态神学

众所周知,基督教是西方文化重要的渊薮之一,它对整个西方文明都有着非常深远的影响。因此,我们在借鉴西方环境美学资源时,不可忽略西方基督教文化特别是《圣经》的美学资源。曾繁仁说:“基督教神学美学的确具有同古希腊美学不同的风貌。基督教神学美学是属于存在论的,而不包含古希腊作为认识论的‘模仿论’美学内涵。其次,基督教神学美学的以原罪与救赎为内涵的悲剧色彩,导向人类对苦难的恐惧和深深的自谴之情,同古希腊美学的‘和谐’内

① 曾繁仁:《生态美学导论》,商务印书馆2010年版,第185~186页。

涵完全不同。”[①]因此，在当下多元文化交流的时代，基督教文化之神学存在论生态审美观无疑是不可忽视的一极，它不仅可以补正西方文化之“人类中心主义”，而且能给中国当下正在兴起的生态美学以借鉴。

“生态神学”这一新的神学理论形态，由美国历史学家林恩·怀特于1967年在《生态危机的历史根源》一文中所提出。在该文中，林恩·怀特明确地将当代生态危机的根源归结为基督教文化，并指出：“如果我们不寻找一种新的宗教信仰或者对旧有的宗教信仰进行反思，即使有再多的科学与技术也不会使我们摆脱生态危机。”[②]那么面对当代的生态危机，我们该怎么办呢？怀特提出以基督教内的圣方洛各会的宗教思想来取代传统的基督教思想，“圣方洛各试图解除人对自然万物的统治地位，重见过去一种属于上帝所创造的所有生物的民主”，因此，“圣方洛各是一位能为生态学家提供帮助的圣人”。[③]

莫尔特曼是德国当代著名的新教神学家，其著作《创造中的上帝：生态的创造论》提出了“生态创造论”的神学思想。曾繁仁认为，莫尔特曼的“生态神学”思想主要有三：其一，提出了以上帝为中心的“生态平等”问题。莫尔特曼说：“我们同样也不再把他与他所创造的世界的关系看成是片面的统治关系。我们必须把这种关系理解为复杂的共同体关系——多层次、多侧面和多方位的关系。这是非等

① 曾繁仁：《转型期的中国美学——曾繁仁美学文集》，商务印书馆2007年版，第439页。

② ［美］利恩·怀特：《我们的生态危机的时代根源》，见《生态批评读本》，美国佐治亚大学出版社1996年版，第8页。

③ ［美］利恩·怀特：《我们的生态危机的时代根源》，见《生态批评读本》，美国佐治亚大学出版社1996年版，第10页。

级制的、淡化中央集权的、联邦制神学背后的基本观念。”[①]由此可见，莫尔特曼的神学观念已隐含有“生态人文主义”的痕迹了。曾繁仁认为，“这正是对传统机械论的主客对立思维方式的突破，是对交往性、有机性与整合性的生态论思维方式的选择与坚持；再就是倡导尊重生态学家史怀泽所提出的‘敬畏生命’的观念。史怀泽的‘敬畏生命’思想包含着‘生命价值’与‘生态平等’等一系列十分重要的生态观念。”[②]其二，莫尔特曼论述了“人在上帝与自然中”的中介性地位。他说：“在基督教的创造教义中，人类就既不能消失在创造物共同体中，也不能同创造物共同体分离。人类同时是世界的形象又是神的形象。他们以这种双重角色等待着时间意义上的创造物的安息。他们准备着创造物的盛宴”[③]。这就是说，人类在上帝面前代表创造物，而在创造物面前又代表上帝，是上帝与自然万物之间的“中介”。面对人类无家可归的精神困惑，莫尔特曼说：“我们可以用‘家’或者——用布洛赫的话来说——用‘家园’的概念来概括居住的兴趣。‘家园’的概念主要地不是乞灵于回归出身地——由‘国家’、‘母语’及童年的安全感组成——的梦想。只有在自由中才有家园，在奴役中没有家园。”[④]莫尔特曼在这里用“自由”来给“家园”作界定，实际上暗含“家园”的美好感受不仅体现在人与人的自由平等上，而且体现在人与自然的自由平等上。其三，莫尔特曼发现了“安息日”的生态价值，并视之为创造的真正标志。在莫尔特曼看来，基督教中的安息日，不仅意味着第六日造物造人活动的完成，更意味

---

① ［德］莫尔特曼著，隗仁莲等译：《创造中的上帝：生态的创造论》，汉语基督教文化研究所 1999 年版，第 8 ~ 9 页。

② 曾繁仁：《生态美学导论》，商务印书馆 2010 年版，第 190 ~ 191 页。

③ ［德］莫尔特曼著，隗仁莲等译：《创造中的上帝：生态的创造论》，香港汉语基督教文化研究所 1999 年版，第 258 页。

④ ［德］莫尔特曼著，隗仁莲等译：《创造中的上帝：生态的创造论》，香港汉语基督教文化研究所 1999 年版，第 65 页。

着是上帝与万物、人与人、人与自然的和平相处、互不侵扰，因此包含着重要的生态意义。

曾繁仁虽然肯定了莫尔特曼的"生态的创造论"思想，但对其消极的一面也有所洞察。他说："莫氏的'生态创造论'与所有的神学理论一样，都是以高高矗立于彼岸世界的'上帝'为其最高信仰与最重要核心的，包括当代生态危机的解决，也都寄希望于此。我们对这种信仰的尊重难以代替其理论本身的虚无与缥缈。归根到底，包括生态危机在内的一切人类问题的解决还得依靠人类自己，依靠人类的文化以及与此相应的实际行动。"[①]对于莫氏"创造的生态论"中的某些历史倒退的错误观念，曾繁仁辩证地指出："历史证明，现代文明作为一种时代的进步已经成为历史的结论，它同一切文明形态一样都有其利与弊两个方面。我们不能因其造成环境污染的'弊'而否定其推动社会前进的'利'，更不能对'前现代'的低层次的'均衡'加以不恰当的推崇。历史已无法也不可能倒退，我们只能在现代文明的基础上并借助现代文明的力量而迈向新的'生态文明'。"[②]

《圣经》是基督教文化的原典，曾繁仁从神学存在论的视角对其进行了新的解读，发现其蕴含有生态审美观的内涵。其一是"因道同在"之超越美。众所周知，在《圣经》中，上帝耶和华是"万神之神，万主之主"。人与万物在上帝面前是平等的，这种平等是指人与万物作为呈现上帝之道的存在者都有同等的价值。曾繁仁认为，《圣经》这种因道同在的哲思包含着一种超越之美，但这种超越不是引向在场，而是引向信仰之彼岸。他说："作为神学存在论美学又有其特点，面对灵与肉、神圣与世俗、此岸与彼岸等特有矛盾，通过灵超越肉、神圣超越世俗、彼岸超越此岸之过程，实现上帝之道对万有之超越，呈现

① 曾繁仁：《生态美学导论》，商务印书馆2010年版，第195页。
② 曾繁仁：《生态美学导论》，商务印书馆2010年版，第195～196页。

上帝之道的美之灵光。”[1]在曾繁仁看来，基督教神学存在论所主张的超越之美，不仅为后世的静观美学提供了宝贵的思想资源。而且，也为生态美学中对“自然之魅”的适度承认提供了学术的营养。其二是“藉道救赎”之悲剧美。面对当下生态危机日益严重的现实，曾繁仁认为基督教文化之原罪悲剧精神可以给我们以深刻的警醒。在他看来，《圣经》的苦难论不仅以巨大的不可抗拒的灾难给人以惊惧威慑，而且以强烈的自谴给人的心灵以特有的震撼，并以对未来更大灾难的预言给人以深深的启示。关于救赎论，基督教文化的特别之处在于，它的救赎论是对人类前途命运的终极关怀，是对整个大自然的热爱。“基督教文化的救赎论中包含上帝将大地、雨露、阳光、五谷等美好丰硕的大自然赐给人类，使人得以美好地生存。”[2]其三是“因信称义”之内在美。“因信称义”是对人的信仰具有高度精神性的内在美的突现与强调，也是到达神学存在论美之真理敞开的必由之途。曾繁仁说：“‘因信称义’是基督教文化不同于通常认识论之信仰决定论的神学理论……它不是依靠通常的诉诸道德理性之律就可达到，而必须凭借对于基督耶稣的信仰，而信仰是一种属灵的内在精神之追求，必须舍弃各种外在的物质诱惑和内在的欲念，甚至包括财产乃至生命等。”[3]其四是“新天新地”之理想美。在基督教文化中，人类因原罪被逐出了伊甸园，但基督教文化与《圣经》却为我们描述了一个天地人神和谐相处、美丽富庶的家园。“我又看见了一个新天新地，因为先前的天地都过去了，海也再没有了。我又看见圣城，新耶路撒冷，从天上由上帝那里降下来，预备好了，好像打扮整齐等候丈夫的新娘。”[4]从这段描述中可知，《圣经》的神学存在论与生态美学

---

① 曾繁仁：《生态美学导论》，商务印书馆 2010 年版，第 198 页。

② 曾繁仁：《生态美学导论》，商务印书馆 2010 年版，第 205 页。

③ 曾繁仁：《生态美学导论》，商务印书馆 2010 年版，第 206 页。

④ 《圣经》（新译本），香港天道书楼有限公司 1993 年版，第 1711 页。

一样，都是以追求美好和谐的物质家园与精神家园为旨归的。

曾繁仁对宗教美学的生态解读，解除了学界长期以来对神学、《圣经》的警惕态度。通过他的解读我们看到，宗教神学在生态危机日益严重的今天确具有救赎人的灵魂、解困生态危机的功能。这意味着生态美学的理论建设资源是多维的，唯有海纳百川、兼收并蓄，其理论根基方更为牢固。曾繁仁对神学美学的生态解读不仅丰富了生态存在论的内涵，而且为中国的生态文化建设提供了有益的理论滋养。

第四章　生态美学的中国资源

众所周知,中国传统文化是儒、释、道三家鼎足而立、互融互补的文化。这三种文化元素在传统文化中地位与作用虽然各不相同,但都被“天人合一”的思想统摄着。曾繁仁认为,中国古代“天人合一”的思想体现了存在论生态智慧。他说:“‘天人合一’实际上是说人的一种在世关系,人与包括自然在内的世界的关系,这种关系不是对立的,而是交融的、相关的、一体的。”①面对近年来,学界对“天人合一”思想的褒与贬,曾繁仁指出:“‘天人合一’论的确具有某种神学目的论色彩,两汉时期更加明显,而它也确实缺乏近代西方哲学的演绎内涵。但从总体上说,‘天人合一’论作为一种中国古代特有的哲学理念与思想智慧,以‘位育中和’为其核心内涵,深刻包含了我国古人对于‘天地人’三者关系的极富哲理的特定把握,对于当代生态文化建设具有极为重要的参考价值。”②

一　儒家的生态智慧:仁者爱人

众所周知,儒家思想的核心是仁学思想,那么什么是“仁”呢?孔子说,“仁者爱人”。“对于‘仁者爱人’的内涵,孔子作了很多论述,

① 曾繁仁:《生态美学导论》,商务印书馆2010年版,第212页。

② 曾繁仁:《中国古代“天人合一”思想与当代生态文化建设》,载《文史哲》2006年第4期。

其中有些论述是包含着古典生态人文主义的,也就是说是一种包含生态观念的对人的关爱,其中一个重要的思想就是'修己以安人'。"[①]后来孟子将"仁爱"精神扩大,提出"仁民而爱物"的思想。"君子之于物也,爱之而弗仁;于民也,仁之而弗亲。亲亲而仁民,仁民而爱物。"[②]在孔孟看来,"仁爱"是人的一种天性和本能,人人都有仁心、仁性。对于"仁",孔子在另一处又作了有关"恕"的解释。"子贡问曰:'有一言而可以终身行之者乎?'子曰:'其恕乎!己所不欲,勿施于人。'"[③]所谓"己所不欲,勿施于人"就是"由己推人",在哲学的意义上也可以说将对象看作另一个主体,即"互为主体"。曾繁仁说:"如果将'己所不欲,勿施于人'的'人'的范围加以扩大,延伸到自然万物的话,那么这就是人对自然万物的仁爱精神,是一种典型的古典生态人文主义。"[④]

正因儒家有一种亲和自然的态度,他们在消费观念上,力主节俭素朴的符合生态规律的生活方式。在曾繁仁看来,儒家的生存审美智慧体现在两个方面:一是"代天而理物",即人在利用自然为自身的生存和发展服务时,是在尊重自然的基础上去加以引导和调整的。如孔子《论语》中的"钓而不纲,弋不射宿"[⑤],张载的"代天而理物者,曲成而不害其直"[⑥]等。二是"取物守时而有节",即从可持续发展的角度出发,主张在改造自然的同时遵循自然的规律,防止不加节制地粗暴索取。诸如"不违农时,谷不可胜食也;数罟(细网)不入洿池,鱼鳖不可胜食也;斧斤以时入山林,林木不可胜用也。谷与鱼鳖不可

① 曾繁仁:《生态美学导论》,商务印书馆2010年版,第217页。
② 《孟子·尽心上》。
③ 《论语·卫灵公》。
④ 曾繁仁:《生态美学导论》,商务印书馆2010年版,第218页。
⑤ 《论语·述而》。
⑥ 《正蒙·至当》。

胜食,材木不可胜用,是使民养生丧死无憾也"[①],荀子的"草木荣华滋硕之时,则斧斤不入山林,不夭其生,不绝其长也;鼋鼍、鱼鳖、鳅鳝孕别之时,网罟毒药不入泽,不夭其生,不绝其长也;春耕、夏耘、秋收、冬藏,四者不失时,故五谷不绝,而百姓有余食也;污池、渊沼、川泽,谨其时禁,故鱼鳖优多,而百姓有余用也。斩伐养长不失其时,故山林不童,而百姓有余材也"[②]。在儒家学派看来,人只有遵照自然生态规律来安排农业生产,才能既保证生态环境的良好,又保证物质资料的丰盈与持续。

孔子在《论语·子路》中说:"君子和而不同,小人同而不和。"曾繁仁认为,这种"和而不同"的思想体现了一种古典的"共生"智慧。因为"和"即为不同事物之间的协调和谐,而"同"则为事物的单一状态。的确,生态原理告诉我们,"异己者"不一定是敌人,在这个世界上,土地、植物、野生动物以及与我不同的人,它们虽然各有差别,但这种差别却是生态的需要,所谓"和实生物,同则不继"[③]。如果执意铲除"异己"的东西,生态规律就会被破坏。也就是说,多种生物相杂,自然才能繁盛;相反,只有同一种生物则不能维持生态繁盛。因此,古人在种族繁衍中总结出的"同姓不蕃"的思想,实际上是一种生态规律的自觉运用。

二 《周易》的生态审美智慧:"生生为易"

《周易》是儒家的经典之作,也是我国文化的源头之一,它阐发了中国古人的生存智慧以及对宇宙运行规律的认识。因此,《周易》"作为中国古代哲学与美学的源头之一,它包含着我国古代先民特有的以'生生为易'为内涵的诗性思维,是一种东方式的生态审美智慧,

① 《孟子·梁惠王上》。
② 《荀子·王制》。
③ 《国语·郑语》。

影响了整个中国古代的审美观念与艺术形态”①。曾繁仁认为，《周易》的生态审美智慧主要表现在以下五个方面。

其一是“生生为易”之古代生态存在论哲思。“生生”是指活的个体生命的生活与生存，而“易”是指发展变化，“生生为易”即指活生生的个体生命的生长与生存发展之理。曾繁仁认为，“生生之谓易”以最简洁的语言阐释了中国古代生态存在论。因为中国古人作“易”的目的在于阐释人的生命与生存发展的道理。在宇宙本源上，《周易》将“乾坤”、“阴阳”与“太极”作为万物生命之源。所谓“大哉乾元，万物资始，乃统天”；“至哉坤元，万物资生，乃顺承天”。这种乾坤阴阳交混施受、混沌难分的“太极”迥异于西方的“物质”与“理念”。“这与西方现代生命论哲学将生命局限在有机物、植物、动物特别是人类身上是有区别的。西方的这种生命论哲学与美学可以说还有某种‘人类中心主义’的遗存，而《周易》中的生命论则更加具有生态的意义。”②

其二是“天人合德”之古代生态人文主义。人文主义有狭义与广义之别。“狭义的人文主义，特指西方文艺复兴时期以对抗神道为其核心内涵的对人的本性欲望的张扬，而广义的人文主义，则是自有人类以来就存在的对于人的生存命运的重视与关怀。”③正是从广义的人文主义角度看，曾繁仁认为，《周易》包含了一种古典形态的人与自然万物共生共存的素朴的生态人文精神，而“天人合德”就是这种古代生态人文主义精神的重要体现。《乾·文言》曰：“夫‘大人’者，与天地合其德，与日月合其明，与四时合其序，与鬼神合其吉凶，先天而天弗违，后天而奉天时。”从这里可以见出，在古人的视域中，人与天

① 曾繁仁：《生态美学导论》，商务印书馆 2010 年版，第 219 页。

② 曾繁仁：《生态美学导论》，商务印书馆 2010 年版，第 221 页。

③ 曾繁仁：《转型期的中国美学——曾繁仁美学文集》，商务印书馆 2007 年版，第 449 页。

地自然万物是融为一体的,人只有在天地自然万物之中才能繁衍诞育,生长生存。因此,中国古代的人文主义包含有天、地、人三个维度,而这三个维度的和谐统一正是生态人文主义的必有之义。

其三是“大乐同和”之古代生态审美观。在中国古代,诗、乐、舞、巫是融为一体的综合性艺术形式,它们与人们的生产劳动总是联系在一起的。《周易·系辞上》借用孔子的话说:“子曰:‘圣人立象以尽意,设卦以尽情伪,系辞焉以尽言,变而通之以尽利,鼓之舞之以尽神’。”这里所谓的“鼓之舞之以尽神”实际上反映了我国先民诗、舞、乐、巫、礼相结合的生活方式。《礼记·乐记》说:“大乐与天地同和,大礼与天地同节。和,故百物不失;节,故祀天祭地。”又说:“乐在宗庙之中,君臣上下同听之,则莫不和敬;在族长乡里之中,长幼同听之,则莫不和顺;在闺门之内,父子兄弟同听之,则莫不和亲。”这里的“乐”不是今天的音乐,而是一种“大艺术”。它不仅给人们带来快乐,而且渗入到社会生活的各个方面,成了中国先民的生存方式之一。曾繁仁说:“这是一种通过‘乐’来和敬天地乡里家庭的审美的生活方式,是古典的生态审美形态。”①

其四阐发了宇宙万物是一个有生命的环链的理论。《周易》本身构建了一个天人、乾坤、阴阳、刚柔、仁义循环往复的宇宙环链,而且这种环链是一种具有生命力的无尽的循环往复。《周易·乾》曰“用九:见群龙无首,吉”,就用“乾”的卦象比喻自然界的有机相连,循环往复。因为,“乾卦”六爻皆阳,象征着群龙飞舞盘旋,循环往复,不见其首。这才合于天之德(规律),合于自然界环环相连的情状和规律;而所谓诞育万物的“太极”实际上也是一幅阴阳乾坤交互施受环环相连的“太极图”。所谓易生太极,太极生两仪,两仪生四象,四象生八

① 曾繁仁:《转型期的中国美学——曾繁仁美学文集》,商务印书馆2007年版,第453页。

卦，两两相叠，成六十四卦，阴阳相继，循环往复，从而构成一个天地人、宇宙万物发展演变的环链。“这实际上在一定程度上描述了宇宙万物与人的生命的循环，是一种物质能量与事物运行规律交替变换的过程，是生命的特征之一。”①

其五是对美好家园的期许与追求。从辞源学上讲，德语“生态学”本义是“人的居所、房子或家务”，所以，“人的居所”就是指适宜于人与自然万物共生并适宜于人之生存的“家园”。前已论述，西方的海德格尔从存在论美学的角度论述了“家园意识”的重要性，但曾繁仁认为，最先具有清醒“家园意识”的应是中国先民。他说：“《周易》对于‘休复之吉’的描述则是最早的有关生态美学的‘家园意识’的表述。”②因为《周易·泰卦》指出“泰：小往大来，吉，亨”。在中国古典美学中，建筑为“大壮”卦，该卦下方四个阳爻相叠，象征房屋柱墙雄伟，上方两个阴爻相叠，象征房屋茅草荫蔽，整个卦象意为坚固的房屋立于苍穹大地之间，为人们避雨纳凉。中国古人在筑室中强调处理好天地、大小、阴阳与内外等各方面的关系，这些观念虽然存在若干封建迷信的因素，但蕴涵着对人与自然和谐生态智慧的诉求。曾繁仁说：“即便是汉代以后逐步发展起来的流行于民间的‘堪舆’之说，虽充满着迷信色彩，但也在一定程度上反映了我国古代人对于安居家园的追求，其中的某些说法也表现了古人对于‘宜居’家园的观念。例如所谓‘吉宅’的要求是‘住宅西南有水池，西北丘势更相宜，艮地有岗多富贵’等等，尽管所谓的‘富贵’是无稽之谈，但对于住宅位置与自然地貌关系的要求在一定程度上还是具有某种生态意识的。”③

---

① 曾繁仁：《生态美学导论》，商务印书馆2010年版，第223页。
② 曾繁仁：《生态美学导论》，商务印书馆2010年版，第229页。
③ 曾繁仁：《生态美学导论》，商务印书馆2010年版，第229页。

三 道家的生态审美智慧:“道法自然”

在中国传统文化谱系中,儒道互补已成为学术界的共识。但在20世纪以来的现代化浪潮中,道家文化显示出愈来愈重要的价值与意义。曾繁仁说:“老庄哲学—美学思想的当代价值是难以估价的,它作为东方古典形态的、具有完备理论体系和深刻内涵的存在论哲学美学思想与人生智慧,业已成为人类思想宝库中的一份极为重要的遗产,也是当代人类疗治社会与精神疾患的一剂良药。”[①]在曾繁仁看来,道家的生态审美智慧主要表现在以下四个方面。

其一是“道法自然”的生态存在论命题。在老子看来,“道”是不可分离的浑然存在,所谓“有物混成,先天地生。寂兮!寥兮!独立而不改,周行而不殆,可以为天下母。吾不知其名,字之曰道,强为之名曰大”[②]。曾繁仁认为,老子对“道”的阐释蕴涵着人类与万物同源的思想,有着“非人类中心主义”倾向。他说:“它不是物质或精神的实体,因而它不属于认识论范围,没有主体—客体之分;它属于存在论范围,它是宇宙万物生成乃至于‘存在’的总根源,也是一种过程或人的生存方式。”[③]“道”既然是万物诞育的总根源,那么它又是如何创生的呢?老子在《道德经》四十二章中说:“道生一,一生二,二生三,三生万物。万物负阴而抱阳,冲气以为和。”即“道”是一团气,万物就是阴阳之气交汇施受的结果。曾繁仁认为,中国这种“中和论”哲学—美学思想,完全不同于西方的“和谐论”哲学—美学理论。“‘和谐论’完全以认识论为其理论根基,以主体与客体、感性与理性二分对立为其思维模式,以外在物质形式的比例、对称、黄金分割,乃

---

① 曾繁仁:《老庄道家古典生态存在论审美观新说》,载《文史哲》2003年第6期。

② 《老子》第二十五章。

③ 曾繁仁:《生态美学导论》,商务印书馆2010年版,第238页。

至共性与个性之关系为其理论内涵。而中国古代的‘中和论’则是阴阳的中和浑成，万物的生成诞育，是一种宏观整体上的交融合成。”①在老子的哲学中，“自然”除了含有西语的“nature”之意外，还含有“自然而然”的意思。老子说：“万物作焉而不为始，生而不有，为而不恃，功成而弗居。夫唯弗居，是以不去。”②如果从人与自然的关系来理解这段话，那就是指，人类应该尊重“自然”本性，不应对其改造和占有；如从“自然而然”的意义来理解，那就是对知识技巧的滥用以及儒家“知其不可而为之”态度的一种批判。庄子在《至乐篇》中讲述了一个人类驯养动物而失败的故事：人类“以己养养鸟也，非以鸟养养鸟也”，最后导致了海鸟的死亡。这就说明人类只有充分尊重自然的本性，自然才能和谐协调发展的道理。老子的“慈”、“俭”和“不敢为天下先”也是这个道理的注脚。曾繁仁说：“‘慈’实为敬重自然、尊重自然的本意；‘俭’是指不随便地掠取自然，人类应该过一种符合自然状态的生活；所谓‘不敢为天下先’，即是万物都有各自的生存空间，不能搞人类中心主义，要对自然采取一种平等相处的态度。”③

其二是“万物齐一”的平等观。《齐物论》是庄子哲学的代表性著作，所谓“齐物”就是万物平等的意思。但人与物真的能够平等吗？在无数哲学家看来，这是一个将人类拉回到史前时代甚至生物世界的问题，根本不值得讨论；但是，庄子却严肃地提出了这个问题，并且作出了认真地回答。在《秋水篇》中，庄子借河伯之口说：“以道观之，物无贵贱。以物观之，自贵而相贱。以俗观之，贵贱不在己。以差观之，因其所大而大之，则万物莫不大；因其所小而小之，则万物莫

---

① 曾繁仁：《老庄道家古典生态存在论审美观新说》，载《文史哲》2003 年第 6 期。

② 《老子》第二章。

③ 曾繁仁：《生态美学导论》，商务印书馆 2010 年版，第 247 页。

不小；知天地之为稊米也，知豪末之为丘山也，则差数睹矣。”意思是说，从不同的角度出发，就会有不同的贵贱观。人之所以贵己而贱物，是因为他仅仅站在人的立场，而没有达到“道”的境界。曾繁仁认为，庄子的“万物齐一论”体现了一种古典形态的平等价值观。他说：“这样的一个思想来源于存在论，而非认识论。因为从认识论的角度来看，自然万物在客观上的确存在着长短优劣之别，所以不可能把它们加以同等对待；而只有从存在论的角度，我们方可认为万物都具有‘内在的价值’。”①正因万物是平等，所以就不存在谁“有用”谁“无用”的问题，对此，庄子的《人世间》给予了评论：“女将恶乎比予哉？若将比予于文木邪？夫柤梨、橘柚、果蓏之属。实熟则剥，剥则辱；大枝折，小枝泄。此以其能苦其生者也，故不终其天年而中道夭，自掊击于世俗者也。物莫不若是。且予求无所可用久矣，几死，乃今得之，为予大用。使予也而有用，且得有此大也邪？且也若与予也皆物也，奈何哉其相物也？而几死之散人，又恶知散木！”在这里，庄子所说的“无所用之大用”实际上包含了中国古代道家的生态存在论思想，“所谓‘无所用’是从世俗的功利和认知的角度来判断，‘大用’是从生态存在论的角度来判断。因为生态存在论认为，任何事物，特别是自然物均有其‘内在价值’”②。庄子在《寓言》中说：“万物皆种也，以不同形相禅，始卒相环，莫得其伦，是为天钧。天钧者，天倪也。”很显然，“天倪”说阐述了宇宙万物普遍共生、须臾难分的普遍规律。第一，明确提出了事物构成环链的思想；第二，形成事物环链的重要原因是事物之间具有更多的联系性和统一性；第三，形成事物环链的根本原因是它们都有着共同的生命本原——“道”；第四，这种“天倪”的思想也是对“万物齐一”论的一种补充，那就是万物所享受的平等

---

① 曾繁仁：《生态美学导论》，商务印书馆 2010 年版，第 241 ~ 242 页。

② 曾繁仁：《生态美学导论》，商务印书馆 2010 年版，第 245 页。

都是在自己所处的环链位置上的平等①。

其三是“守中”与“心斋”、“坐忘”的古典生态现象学。庄子在《应帝王》中讲了一个故事：“南海之帝为倏，北海之帝为忽，中央之帝为浑沌。倏与忽时相与遇于浑沌之地，浑沌待之甚善。倏与忽谋报浑沌之德，曰：‘人皆有七窍，以视听食息，此独无有，尝试凿之。’日凿一窍，七日而混沌死。”意思是说，浑沌之“道”在“主客二分”的思维模式下去认识是行不通的。在“言”与“意”的关系上，庄子说：“荃者所以在鱼，得鱼而忘荃；蹄者所以在兔，得兔而忘蹄；言者所以在意，得意而忘言。”②意思是说，语言作为声音的组合，是属于在场的、现象界的，如以其去表达不在场的现象背后的“道”（即“存在”），那几乎是不可能的。那么“道”如何实现解蔽呢？道家提出了“守中”、“心斋”与“坐忘”的主张。所谓“心斋”与“坐忘”就是“堕肢体、黜聪明”，用胡塞尔的现象学来理解就是“悬搁”知性认识，通过纯粹的自我意识之流去接近“本源”。曾繁仁说：“老庄的‘坐忘’与‘心斋’就是将现象界中的外物与知识加以‘悬搁’，通过凝神守气而体悟宇宙万物之道的过程，最后达到‘无待’之逍遥游的‘至乐’之境。这正是一个超越存在者而走向审美的、诗意的存在过程，用通常认识论中可知与不可知的范畴是无法理解的。”③

其四是关于“至德之世”的生态审美理想。在“道”和“世”的关系上，道家推行“道丧世丧，道兴世亦兴”的世道观。庄子说：“由是观之，世丧道矣，道丧世矣，世与道交相丧也。道之人何由兴乎世，世亦何由兴乎道哉！道无以兴乎世，世无以兴乎道，虽圣人不在山林之中，其德隐矣。”④曾繁仁认为，老庄的所谓“世丧”既包括社会政治经

---

① 曾繁仁：《生态美学导论》，商务印书馆2010年版，第246页。

② 《庄子·外物》。

③ 曾繁仁：《生态美学导论》，商务印书馆2010年版，第250页。

④ 《庄子·缮性》。

济方面的腐败,也包括自然生态方面的灾难,因为在古人的宇宙观中,“天、地、道、人”都在其中。因此,“道兴则生态社会兴,人们可以按照‘道法自然’、‘清静无为’的观念建立一种‘辅万物之自然而不敢为’的生活方式,从而建立人与自然普遍共生、中和协调,共同繁荣昌盛的生态型社会。相反,道丧则生态社会丧,如果人们违背‘道法自然’的观念,以‘人类中心’为原则,攫取并滥伐自然,人与自然的协调关系必然会受到破坏,社会的衰败必然到来”[①]。对于战国时代穷奢极侈、破坏生态的情形,老子在《道德经》中进行了无情揭露:“朝甚除,田甚芜,仓甚虚,服文采,带利剑,厌饮食,财货有余,是为盗夸。非盗也哉!”[②]庄子也借鸿蒙之口说:“乱天之经,逆物之情,玄天弗成;解兽之群,而鸟皆夜鸣;灾及草木,祸及止虫。意,治人之过也!”[③]对于未来的社会理想,老子曰:“小国寡民。使有什伯之器而不用;使民重死而不远徙。虽有舟舆,无所乘之;虽有甲兵,无所陈之。使人复结绳而用之。甘其食,美其服,安其居,乐其俗,邻国相望,鸡犬之声相闻,民至老死不相往来。”[④]老子“小国寡民”思想因倡导小农经济的社会理想而被学界所批判。但曾繁仁认为,如果从存在论的视角来看,这些观点还是有其重要理论价值的:“第一,这是对当时战国时期战争频繁、民不聊生、流离失所、动荡不安的黑暗现实的有力揭露和批判,是对当时人民处于非美的生存状态的有力控诉;第二,追求一种节约、俭朴、安定、平衡,人同自然、社会和谐相处的生态型社会的理想。”[⑤]庄子则在《马蹄》篇中寄予了“至德之世”的社会理想。他说:“夫至德之世,同与禽兽居,族与万物并,恶乎知君子小

① 曾繁仁:《生态美学导论》,商务印书馆 2010 年版,第 250 ~ 251 页。
② 《老子》第五十三章。
③ 《庄子 · 在宥》。
④ 《老子》第八十章。
⑤ 曾繁仁:《生态美学导论》,商务印书馆 2010 年版,第 253 页。

人哉！同乎无知，其德不离；同乎无欲，是为素朴。素朴而民性得矣。”庄子所理解的“至德之世”就是人同鸟兽友好相居，人同自然万物同时并生的生态社会。这种构想虽带有乌托邦性质，但“同样反映了他对现实的批判，对于符合‘道法自然’的‘至一’的生态社会理想的追求”[①]。

四　佛家的生态审美智慧：众生平等

佛教起源于印度，自西汉末年传入中土，至隋逐渐形成了宗派。这些宗派大致包括天台宗、唯识宗、律宗、华严宗、密宗、净土宗和禅宗等，这些宗派虽然各标教义，但都融入了中国传统文化的血液。曾繁仁将中国佛教宗派统称为“佛家”流派，并从以下几个方面阐发了“佛家”的生态智慧。

第一，“佛性缘起论”。“‘佛性缘起论’是佛教生态智慧的哲学基础”[②]。在世界本源问题上，佛家力主佛性为本，这种“佛性”既不是物质的实体，也不是精神的“实体”，而是一种“非无非有的寂灭之境”。这种“寂灭之境”体现了人与自然万物难分难舍的因缘际遇关系。佛教的《缘起偈》为“诸法从缘起，如来说是因，彼法因缘尽，是大沙门说”。大意是说，宇宙一切都互为因果，无数因引出一果，一因引出无数果，相互包含，互不妨碍，彼此摄入，重重无尽。第二，“善恶业报论”。它是所有佛教宗派共同认可的一种伦理观念。所谓“业报”意为业的报应或业的果报，用以说明人生与社会差别的佛教原理。佛家力主“善有善报，恶有恶报”，而分别善恶的标准就是佛家所说的“五戒”，即“所谓不杀、不盗、不邪淫、不妄语、不饮酒”[③]。“不杀

① 曾繁仁：《生态美学导论》，商务印书馆 2010 年版，第 254 页。

② 曾繁仁：《生态美学导论》，商务印书馆 2010 年版，第 255 页。

③ 任继愈主编，宗教词典编辑委员会编：《宗教辞典》，上海辞书出版社 1981 年版，第 167 页。

生"成为"五戒"之首,这就说明善待自然生态在佛家伦理观中的重要地位。第三,"众生平等论"。《华严经》"十地品·现前地六"中专门阐述了"十平等法",其内容包括:"所谓一切法无相故平等,无体故平等,无生故平等,无成故平等,本来清净故平等,无戏论故平等,无取舍故平等,寂静故平等,如幻、如梦、如影、如响、如水中月、如镜中相、如焰、如化故平等,有无不二故平等。"[①]由此可见,"无相"的基本特征即为"无体"、"无生"、"无成"、"无取舍"。正因如此,自然万物才是平等的。曾繁仁认为,"众生平等"包含着极为丰富的生态内涵:一方面,"众生都有佛性",佛性是"善恶轮回"的本源,在本体论上,人与万物众生都是平等的;另一方面,菩萨在施舍慈悲情怀时,众生具有均等机会。曾繁仁说:"这种大慈大悲普度众生的生态平等观是佛家独具的非常有价值的生态伦理观念,说明无论人类以前对于自然生态的态度如何,只要一心向善,改变观念,善待自然,就具立地成佛的可能,这对于鼓励人们改变态度,树立正确的生态观念,具有积极的意义。"[②]第四,"善根果报论"。《华严经》告诉我们,大地"必当普为一切众生作所依处",人类只要行善积德、特别是善待大地,大地就会同样的善待人类,为人类营造美好的家园。第五,"修行解脱论"。大乘教认为,人只有通过"十地"的修行过程,才能真正实现解脱,并在《华严经》中以一个虔诚的修士善财童子为案例,描述了佛徒刻苦修行的艰苦过程。一开始,文殊菩萨就要求善财童子"求善知识勿生疲懈,见善知识勿生厌足,于善知识所有教诲皆应随顺于善知识善巧方便勿见过失"。经过九地的刻苦修炼终于到达最后的第十"法云地",达到禅定的境界。金刚藏菩萨对此评价道:"以如是无量智慧观察觉了已,善思惟修习,善满足白法,集无边助道法,增长大福德智

---

① 张新民等注译:《华严经今译》,中国社会科学出版社 1994 年版,第 398 页。

② 曾繁仁:《生态美学导论》,商务印书馆 2010 年版,第 259 页。

慧，广行大悲，知世界差别，入众生界稠林，入如来所行处，随须如来寂灭行，常观察如来力、无所畏、不共佛法，名为得一切种一切智智受职位。”[①]这就是说，人只有通过修行才会超越物欲达到“心灵净化”，才能从对于自然的无休止的贪欲中解脱出来，真正做到以生态审美的态度对待自然。第六，“西方净土观”。净土又称清净国土、佛刹、佛土等，是佛的居所，也是大乘佛教追求的理想国。《华严经》对此有所描述：“此华藏庄严世界海，大轮围山，住日珠王莲华之上。旃檀摩尼以为其身，威德宝王以为其峰，妙香摩尼而作其轮，焰藏金刚，所共成立。一切香水，流注其间。众宝为林，妙华开敷，香草布地，明珠间饰，种种香华，处处盈满，摩尼为网，周匝垂覆。”[②]由此可见，佛家的“净土”是一个没有受过任何污染的人类理想居所。

禅宗是完全中国化的佛教宗派，它内蕴着中国传统的儒道玄学思想。曾繁仁认为，它以禅立宗，以知性关照为本，包含着丰富的生态智慧。这种生态智慧主要表现在人与自然和谐的境界说上。《坛经》指出：“此法门中，何名坐禅？此法门中，一切无碍，外于一切境界上念不起为坐，见本性不乱为禅。何名为禅定？外离相为禅，内不乱曰定。”所谓禅定，从外部说，即是摆脱一切物质和精神的形象相；从内部说，即为精神气息丝毫不乱，从而做到修炼的“无碍”，在外部形态上达到了一种“境界”的高度。“这是一种对人与自然、物质与精神对立消解的过程。”[③]曾繁仁认为，唐代以后的建筑、诗画艺术所表现的人与自然融合的审美境界，就是一种与禅定密切相关的古典生态审美智慧的体现。日本禅学大师铃木大拙指出，境界之“境”源于梵文 Gacara，本指牛吃草或走动的场地。牛有吃草的场所，人有心灵

① 张新民等注译：《华严经今译》，中国社会科学出版社 1994 年版，第 279、423 页。

② 张新民等注译：《华严经今译》，中国社会科学出版社 1994 年版，第 230 页。

③ 曾繁仁：《生态美学导论》，商务印书馆 2010 年版，第 261 页。

活动的领域，这就是一种对“境”的领悟过程，也是人与自然和谐统一的过程。曾繁仁认为，禅宗之境与传统佛学的厌世轻生不同，它是在人与自然的融合中，追求生命的无生之境。他说：“禅宗佛学与传统佛学有一个区别，传统佛学是对在世的轻视，所以是一种苦行的生活，追求来世成佛；而禅宗既重视来世，又重视现世，追求现实生活的安定平稳。但什么是禅？一切的行为都可以是禅，特别是人对生命的重视，传统佛教是轻生的，禅宗则是重生的。人的生命虽是有限的，但自然是无限的，在有限的生命与无限的自然融合中，追求一种生命的无限性，此即著名的‘无生观’。”①正因禅宗秉持在世的生活理念，它与佛教的净土观判然有别，“佛教的净土观是一种理想、理想国，而禅宗主张净土在世间，无需到西方世界苦求，也即可通过对现实世界的改造，实现净土的世界，这是另一种具现实性的生态实践观”②。

五 中国传统绘画艺术的生态审美智慧

近年来，随着生态美学的崛起，国内学界对传统绘画艺术特点及生态审美资源问题颇多关注。冯民生在《“天人合一”与中国传统绘画的表现特点》一文中指出：“正是由于天人合一思想观念的影响，中国传统绘画在表现时提倡主客体的高度融合，重视表达主体的感悟和宇宙的大化育生的生命精神，使绘画表现超越对客观物象外在形态的描摹，以显现主体内在精神为主，追求气韵生动和意境，并形成了独特的透视方式。”③滕志朋在《生态美学视阈中的中国传统文人山水画艺术》一文中更明确地指出了传统文人画的生态美学意味：

---

① 曾繁仁：《生态美学导论》，商务印书馆 2010 年版，第 262 页。

② 曾繁仁：《生态美学导论》，商务印书馆 2010 年版，第 264 页。

③ 冯民生：《“天人合一”与中国传统绘画的表现特点》，载《文艺研究》2006 年第 4 期。

“文人山水画是中国传统绘画艺术之精华,它不仅以自然山水为描绘对象,体现自然的美,更在画者凝神静观、与对象交通相应和同构契合中创造了第二自然,创造了最高的美:人内在自由的实现。人不仅依附于自然,并且在理解与接受自然之美的基础上,进一步创造美,从而达到人与自然和谐统一。从生态美学角度看,文人山水画艺术对于我们认识自然、正确处理人与自然关系极富启发意义。”①曾繁仁则从物质质料、绘画透视、美学原则、创作原则、审美追求等方面对中国传统绘画艺术的生态智慧进行了全方位的研究,并探析了其深层的文化动因。

从物质质料上看,中国国画的使用工具均来自于自然。“文房四宝”中的笔墨纸砚都是自然的物品。笔是由羊、兔、狼等动物毛发制成的毛笔,墨由松烟、油烟制成,纸则是开始使用的绢与后来的宣纸,砚是由自然的崖石与泥土构成,所用其他颜料也是天然矿物质与植物之天然颜色。因此,“‘国画’是一种中国特有的‘自然生态艺术’”②。

在绘画透视上,西画一般采用“焦点透视法”,这种画法是以画家的固定视角为出发点,根据物体在视网膜上形成的远近大小、近实远虚的现象进行绘画的,这种“焦点透视法”实际上是一种以科学上的光学理论与几何学理论为指导的绘画创作方法。这种画法诚然有其自身的价值,并在长期的西画实践中取得了辉煌成就。但曾繁仁认为,如从自然万物平等的原则来看,其缺陷是十分明显的。“在这种‘焦点透视’之中,对于那些被隐晦与遮蔽的物体来说是不公平的,这仍然是一种科学主义与人类中心主义的反映。”③这也正如沃尔夫

---

① 滕志朋:《生态美学视阈中的中国传统文人山水画艺术》,载《江西社会科学》2008 年第 7 期

② 曾繁仁:《生态美学导论》,商务印书馆 2010 年版,第 265 页。

③ 曾繁仁:《生态美学导论》,商务印书馆 2010 年版,第 267～268 页。

冈·韦尔施所说:“全景的展示取决于观者的眼睛和立足点。人的标准处于整幅画面的中心。这样看来,透视绘画中的人类中心主义是根深蒂固的。一切都不是自然浮现,而是基于我们单方面的感知。画面的每一细节都与我们有关,由我们的视野和立足点决定。被画对象与我们对世界的凝视紧密相关。”①与“焦点透视法”不同,中国国画采取的是一种“散点透视法”。“这是一种‘景随人迁,人随景移,步步可观’的绘画方法,创造了画面上的多视角,使得远近之地、阳阴之面,甚至里外之物均有得到显现的机会。”②正因此,中国古代山水画才能做到既高远,又深远与平远;宋代张择端的《清明上河图》才能全面反映汴河两岸的风光与生活场景。

在美学原则上,中国传统国画将大自然作为有生命的灵性之物,追求“气韵生动”。那么,什么是“气韵生动”呢?“气韵”最先见于人物品藻中,《世说新语·任诞》中说:“阮浑长成,风气韵度似父。”其中,气胜为阳刚之美,韵胜为阴柔之美,而理想的人格总是刚柔相济。“气韵生动”实际上以理想人格或生命比照了艺术的审美追求。宗白华先生在《艺境》中说“中国画的主题‘气韵生动’,就是‘生命的节奏’或‘有节奏的生命’”③。这就是说,中国山水画中的“气韵生动”是以表现大自然的生命力、灵性为主旨的。中国国画之所以有时“离形得似”,其目的正在于使艺术形象灌注生命气韵。这正如唐张彦远在《论画六法》中所言:“至于鬼神人物,有生动之可状,须神韵而后全。若气韵不周,空陈形似。”④在长期的绘画实践中,中国国画总结出了许多表现自然生命力的方法,所谓“山以水为血脉,以草木为毛

① 高建平、王柯平主编:《美学与文化·东方与西方》,安徽教育出版社 2006 年版,第 475 页。

② 曾繁仁:《生态美学导论》,商务印书馆 2010 年版,第 267 ~ 268 页。

③ 宗白华:《中国美学史论集》,安徽教育出版社 2006 年版,第 283 页。

④ 沈子丞编:《历代论画名著汇编》,文物出版社 1982 年版,第 36 页。

发,以烟云为神采。故山得水而活,得草木而华,得烟云而秀媚;水以山为面,以亭榭为眉目,以渔钓为精神。故水得山而媚,得亭榭而明快,得渔钓而旷落”①。在曾繁仁看来,这些画法主要在于表现出大自然生命力的根本——“天地之真气”,即自然万物的神韵。

在创作原则上,中国国画追求“外师造化,中得心源”。曾繁仁认为,这一原则与中国古代“天人合一”思想是完全一致的。“这里所谓的‘天’包含的内容极为丰富,有自然之物之意,也有自然之物内在的体貌与神韵之意,甚至有宇宙的运行,等等;这里的所谓‘人’,当然是‘天地人’之人,‘人文’之人,也包含人对外物的观察的心得与体悟,内在的精神气韵等等。”②在中国国画创作原则中,外师造化与中得心源是统一的。外师造化主要解决艺术美的感性形式问题,中得心源主要解决艺术美的内在意蕴问题,二者不可偏废。

在艺术追求方面,西方的自然画侧重于表现自然景物本身的美丽生动,如法国罗梭的风景画《橡树》仅只描摹阳光下的草地与浓重的树影,惟妙惟肖。而中国国画则不然,它并非为了单纯的审美鉴赏,而在于“可行、可望、可游、可居”的审美诉求,在于创造一种与人的生活世界紧密相关的自然景观。宋代郭熙在《林泉高致》中所说:“世之笃论,谓山水有可行者,有可望者,有可游者,有可居者。画凡至此,皆入妙品。但可行可望,不如可居可游之为得。何者?观今山川,地占数百里,可游可居之处,十无三四,而必取可居可游之品。君子之所以渴慕林泉者,正谓此佳处故也。故画者当以此意造,而鉴者又当以此意穷之。”曾繁仁认为,中国国画多描摹山水,是因为中国乃农业大国,中国古人,特别是艺术家们有一种天然地亲近山水和以自然为友的艺术情怀。在中国人的观念中,“自然外物不是外在于人

---

① 沈子丞编:《历代论画名著汇编》,文物出版社 1982 年版,第 70 页。
② 曾繁仁:《生态美学导论》,商务印书馆 2010 年版,第 271 ~ 272 页。

的，而是与人处于一种机缘性的关系之中，成为人的生活的组成部分"①。例如，宋代著名青年画家王希孟所作《千里江山图》以色清色绿为主调，画出了山清水秀锦绣河山的壮丽景色。但尽管是山水，却是人的生活世界。画中错落着渔村山庄，点缀着道路小桥人家，间杂着扶疏的林木，一副人间可观、可居、可游的气派，成为中国画的珍品。曾繁仁肯定中国传统绘画作为"自然生态艺术"的优长之处，但并不是否定西画的优点，而是意在说明，两者可以取长补短，发展出更加符合新时代需要的自然生态艺术。

曾繁仁对中国传统国画生态智慧的研究，既从生态美学的视角丰富了中国传统艺术史的研究成果，加深了人们对中国传统艺术的理解和认识，而且为中国当下艺术学、生态美学以及审美教育研究提供了思想资源，推进了有中国特色的艺术学、生态美学的学科建设。在当下文艺日益全球化的时代，中国传统艺术常处于尴尬的"失语"境地，曾繁仁对中国国画生态智慧的挖掘与推介，凸显了中国本土艺术在世界艺术园地中的独特价值。

① 曾繁仁:《生态美学导论》，商务印书馆 2010 年版，第 273 页。

第五章　曾繁仁对经典文学文本的生态解读

生态存在论审美观是否成立，除了要进行形而上的哲学探讨之外，还必须有具体的个案研究作支撑，以验证其理论的周延性。为此，曾繁仁对中外的文学经典文本进行了生态解读。

一　《诗经》中所蕴涵的生态存在论审美理想

《诗经》是华夏文学的源头。曾繁仁之所以选择《诗经》进行生态美学解读，是因为它反映了我国先民本真的生活形态，是一曲生命之歌、生存之歌。“它的极为可贵之处就在于其原始性，即基本上没有受到后来的封建礼教的浸染，还特别保持了诸多中华古代艺术对‘天人合一’的诉求和‘中和美’的独有风貌。”①

众所周知，我国古典诗歌素有“诗言志”的美学传统，《毛诗序》说：“诗者，志之所之也，在心为志，发言为诗。”袁行霈等在《中国诗学通论》中经过详细考订后指出，“在这些诠释与理解中，‘志’的内涵就是‘情’、‘意’，也就是诗人内心的情感与意志”②。曾繁仁赞同袁行霈的这一解释，但又对之进行了丰富补充，指出当时诗人之“情志”是一种“大乐与天地同和”之“情志”。那么，这种“情志”又是何

① 曾繁仁：《生态美学导论》，商务印书馆2010年版，第372页。

② 袁行霈、孟二冬、丁放：《中国诗学通论》，安徽教育出版社1994年版，第19页。

以“发言为诗”的呢？在曾繁仁看来，中国古典诗歌的言说方式遵循着“中和之美”的准则，“这种‘中和’之美的追求，是包含着生态内涵的古代存在论美学精神，是我国特有的古典形态的美学与艺术精神，迥异于西方古代的美学与艺术精神，是一种极为宏观的‘天人之和’的美学精神”①。他将同是“归乡”诗的《卫风·河广》与《荷马史诗》进行了比较阅读。指出《卫风·河广》以一种与自然为友的方式表达思乡之情，而《奥德修记》则以隐喻的方式表现了人与自然的斗争。

曾繁仁从“诗体”、“诗意”与“诗法”等三个方面对《诗经》的“天人之和”之“志”作了生态解读。从“诗体”上看，《诗经》305 篇，除了用于祭祀的庙堂之乐“颂”体诗之外，其余均为“风体诗”（高亨先生认为《诗经》中“雅”借为“夏”字，《小雅》、《大雅》即《小夏》、《大夏》，表此为西周王畿之诗。所以，我们也可以说《小雅》、《大雅》也是“风”）。那么，何为“风”呢？《毛诗序》认为，“风，风也，教也；风以动之，教以化之”。又说，“上以风化下，下以风刺上，主文而谲谏，言之者无罪，闻之者足以戒，故曰风”。我国著名学者高亨先生从乐与自然之风相似及其反映风俗的角度阐释了“风”之内涵：其一，“风”与乐曲异质同构，均有高低、大小、清浊、曲直之分别，所谓“八风从律而不奸，百度得数而有常”②。其二，《诗经》之“风”反映了周王朝的民情风俗。曾繁仁认为，《诗经》之所以以“风”喻诗体，正取其反映生命活动的原初之义。他说：“最原初的艺术之风与自然之风一样是人的生命的本真状态的表征。‘风体诗’就是这种类似于自然之风的最原初的艺术之风，是一种原生态的生命的律动，映现了人的最本真的生存状态。”③在他看来，《诗经》中爱情诗表现了生命最本真的需要与状况，它是人的生态本性的回归；而《诗经》中“饥者歌其

---

① 曾繁仁：《生态美学导论》，商务印书馆 2010 年版，第 374 页。
② 《礼记·乐记》。
③ 曾繁仁：《生态美学导论》，商务印书馆 2010 年版，第 378 页。

食,劳者歌其事”之诗刻画了战争频仍、礼崩乐坏、民不聊生、家庭不稳的社会生态失衡之状况,其实反映了先民对美好生存理想的召唤。

从“诗意”的角度来看,曾繁仁认为,《诗经》全方位地描写了我国先民的生活,反映了他们的情感,特别表现了普通人民与自然及人之本性密切相关的生活状况与欲望情感。他以《鄘风·桑中》、《陈风·东门之枌》等“桑间濮上”诗为例,阐发了先民对浪漫本真爱情的追求;他以《诗经》中的“怀归”诗为例,阐发了中国思乡文学既反映了先民对美好家园的思念,又表达了对社会和平的祈望。“在那样的时代,‘父慈子孝’成为最重要的道德准则,也是人类社会生态之链得以维系的重要原因。”①中国传统建筑作为一种“实用”艺术,在结构布局上以融入自然为前提,所谓“宅以形势为身体,以泉水为血脉,以土地为皮肉,以草木为毛发,以舍屋为衣服,以门户为冠带”②。在基址选择上,则坚持“负阴抱阳,背山面水”的原则。对此,《小雅·斯干》有所描绘:“秩秩斯干,幽幽南山。如竹苞矣,如松茂矣。”曾繁仁认为,《诗经》中的“筑室”诗“记录了先民们在当时‘天人之和’观念指导下择地而居、营造宜居环境的古典生态人文主义思想”③。在中国古代,巫、乐、诗、舞是统一的,它既是人们最重要的生存方式,也是人们最重要的生活内容。《小雅·楚茨》描写了祭祀祖先时歌乐,所谓“礼仪既备,钟鼓既戒。孝孙徂位,工祝致告。神具醉止,皇尸载起。钟鼓送尸,神保聿归”。在《周颂·执竞》中则描写了对于先王的祭礼:“钟鼓喤喤,磬筦将将,降福穰穰。降福简简,威仪反反。”曾繁仁指出:“先民正是在这种如歌、如舞、如诗的带有宗教性质的氛围中不断实现自己与上天相通的愿望的。”④

---

① 曾繁仁:《生态美学导论》,商务印书馆2010年版,第387页。
② 《黄帝宅经》。
③ 曾繁仁:《生态美学导论》,商务印书馆2010年版,第388页。
④ 曾繁仁:《生态美学导论》,商务印书馆2010年版,第395页。

从“诗法”的角度看，曾繁仁认为，“比兴”反映了中国古代包含在“天人之和”中的生态平等观念。“比”在《说文解字注》中解释为：“比，密也，其本义谓相亲密也。余义，付也，及也，次也，校也，例也，类也，频也，择善而从之也，阿党也。”“比”的本义即为二人亲密相处。曾繁仁通过对《周南·桃夭》、《秦风·小戎》的解读，阐发了“比”寄寓有“天人合德”之深意。《周南·桃夭》是这样描写姑娘出嫁的：“桃之夭夭，灼灼其华。之子于归，宜其室家。”作者先以三月盛开的鲜艳桃花比喻新嫁娘的美丽，后以丰硕的果实与茂密的枝叶祝福新娘多子多福。在这首诗中，姑娘之美与桃花之艳两相比照，是在两者亲密平等的意义上来作比的，而且“桃”又含福寿之义。因而，以桃花比喻不仅取美丽之义，也有祝愿其家庭与个人长远的美好生存之义，可谓寓意深刻。曾繁仁说：“《诗经》主要给我们提供了‘比兴’这样的诗歌表现手法，而且是从人与自然平等的古典‘主体间性’的角度来进行比兴，包含了与自然为友的精神，难能可贵，成为中国诗艺在人与自然平等交流中创造出诗情画意的经久不衰的优良传统。”①

曾繁仁对于《诗经》的重新解读给了我们许多启发，使我们进一步认识到长期以来影响极广的“实践美学”及其所强调的美是“人的本质力量的对象化”以及“主体性”理论的片面性。袁行霈主编的《中国文学史》总认为，《诗经》的主要内容为农事、燕飨、怨刺与战争徭役等，这在某种程度上是对《诗经》的误读，其实，《诗经》的主要内容不是什么劳动之歌，更不是什么人的本质力量对象化的产物，而是从人的生态本性发出的歌唱。它也不是什么人类改造战胜自然的产品，更不完全是人的自我颂歌。它是人出于天性的生命之歌、生存之歌，是对于“天人之和”的期盼，甚至是对渺茫宇宙与上天的祈祷。因

① 曾繁仁：《生态美学导论》，商务印书馆 2010 年版，第 398 页。

此,《诗经》是生命之歌,是对人与自然和谐祈盼之歌。

当然,《诗经》毕竟是创作于3000多年前的作品,当时我们的先民们还生活在前现代的极其落后的生活条件之下,思想也处于较为蒙昧的状况,保留了许多神秘与迷信的色彩。这些情况不可避免地要反映到《诗经》之中,渗透于它的艺术审美经验之中,但这并不能抹杀其重要价值,不能抹杀其在建设当代生态存在论审美观之中的重要思想资料作用。

二　《额尔古纳河右岸》:家园的回望

迟子建的长篇小说《额尔古纳河右岸》是第一部描述我国东北少数民族鄂温克人生存现状的史诗性的优秀小说。自2005年出版以来,学界对之研究颇多,大多研究者从民俗学和人类学的角度探究了鄂温克人的民情风俗史和民族发展史,如陈大为的《历史的挽歌——〈额尔古纳河右岸〉与〈根〉的历史书写之比较》一文认为,作品是通过一个家族的兴衰史去展现一段特定时期的社会历史进程,并透视特定历史时期中特定族群的文化特征;侯长生的《跨越进程的城市之熵——试析〈额尔古纳河右岸〉的城市观念》一文认为,迟子建的《额尔古纳河右岸》是通过鄂温克人的爱恨情仇、生死传奇、民情风俗显示弱小民族顽强的生命力及其不屈不挠的民族精神的作品。曾繁仁先生则从生态美学的视角予以解读,新意迭出。他说:"作者以其丰厚的生活积淀与多姿多彩的艺术手法,展现了当代人类'回望家园'的重要主题,揭示了处于'茫然失其所在'的当代人对于'诗意栖居'生活的向往。"[①]曾繁仁认为,《右岸》的"回望"表现在三个方面:"回望"的独特视角——探寻"家园"的本源性;"回望"的独特场域——探询"家园"的独特性;"回望"的独特美学特性——探询"家园"特有

① 曾繁仁:《生态美学导论》,商务印书馆2010年版,第399~400页。

的生态存在之美。

在迟子建的《额尔古纳河右岸》中,"回望"既是一种怀念,更是一种批判与反思。在小说中,作者采取史诗式的笔法,以一个年纪90多岁的鄂温克族老奶奶的口吻,讲述了额尔古纳河右岸敖鲁古雅鄂温克族百年来波浪起伏的历史,这种讲叙始终以鄂温克族人生存本源性的追溯为主线。在《额尔古纳河右岸》里,大自然、大森林不仅是鄂温克人赖以生存和生活的主要载体,而且是他们生命的一部分,在这里,草木会唱歌,驯鹿通人性,森林能思考,一切动植物充满了灵性和神性。鄂温克族人敬畏、仰慕、尊重大自然,又亲近、怜惜、关爱大自然,与自然相互依存、和谐相处。他们已经将自己完全融化在周围的山山水水之中,他们的生命与血肉已经与大自然融为一体。鄂温克族人对自然的尊重和亲近,还表现在与生活的自然环境密切相关的民间风俗上。比如分食动物前的祭祀活动和禁忌习俗,腊月二十三举行的祭火神仪式,婚礼上热闹的篝火舞,高悬于森林树枝上的风葬仪式,等等,这些习俗与大自然一起构成了鄂温克人的生命存在。总之,在远离现代文明的原始森林里,在自由自在的大自然中,鄂温克人与山河对话,与动物为伴,与神灵同行,其精神本质与自然状态达到了一种高度的融合。曾繁仁认为,迟子建描绘额尔古纳河右岸的原始自然生态与淳朴的民情风俗,其主要目的不是为了向读者陈述鄂温克民族的历史,而是通过小说来拷问人类与自然、现代文明与民族传统、城市与森林之间的矛盾关系。他说:"我们如何对待自己的生命与生存之根与本源呢?在环境污染和破坏日益严重的今天,这已经不仅仅是一个鄂温克族的命运问题,而其实是整个人类的命运问题。这正是这篇小说给予我们的重要启示之一。"①

"家园"是与人的生存与生命紧密相连的"世界",而"场所"则是

① 曾繁仁:《生态美学导论》,商务印书馆2010年版,第409页。

作为具体的人生活的"地方"(place)。阿诺德·伯林特指出,所谓"场所","这就是我们熟悉地方,这是与我们自己有关的场所,这里的街道和建筑通过习惯性的联想统一起来,它们很容易被识别,能带给人愉悦的体验,人们对它的记忆中充满了情感。如果我们的邻近地区获得同一性并让我们感到具有个性温馨,它就成为了我们归属其中的场所,并让我们感到自在和惬意。"①而海德格尔则将"因缘整体性"与"上手"视为"场所"的两个基本要素。他说:"这种场所的先行揭示是由因缘整体性参与规定的,而上手事物之来照面就是向着这个因缘整体性开放出来。"②曾繁仁认为,在《额尔古纳河右岸》中,鄂温克族人与额尔古纳河右岸的山山水水的须臾难离,以及由此形成的特有的衣食住行、生老病死等生活方式,就是与"场所"相关的"因缘整体性",也是一种"上手"。而大自然带给鄂温克族人的灾难,诸如"白灾"、"黄灾"、"瘟疫"与"狼祸"等等,只是一种暂时的"不称手","而更为本源的则是熟悉却不触目的'上手',是一种须臾难离的生活方式"③。

我们在迟子建所构筑的鄂温克族人的生活中看到,这里的自然不是"人化的自然",不是"被模仿的自然",而是原生态的、与人构成统一体的存在论意义上的自然。正是在这种人与自然特有的"此在与世界"的存在论关系中,"存在者之真理已经自行设置入作品",从而呈现出一种特殊的生态存在之美。这里的"存在者"就是鄂温克族人,而所谓"真理"则是指人之本真的人性,"自行置入"则指本真人性的逐步展开,由遮蔽走向澄明。曾繁仁说:"迟子建在《右岸》中所

---

① [美]阿诺德·伯林特著,张敏、周雨译:《环境美学》,湖南科学技术出版社2006年版,第66页。

② [德]马丁·海德格尔著,陈嘉映、王庆节译:《存在与时间》,生活·读书·新知三联书店2006年版,第121页。

③ 曾繁仁:《生态美学导论》,商务印书馆2010年版,第414页。

描写的这种'真理自行置入'的美,不是一种静态的物质的对称比例之美,也不是一种纯艺术之美,而是在人与自然关系中的,在'天人之际'中的生态存在之美和特殊的人性之美。"①在曾繁仁看来,迟子建在作品中所表现的这种美有两种形态,一种是阴柔的安康之美。这种美反映了"天人合一",人性幸福的一面,诸如捕猎胜利后的满足、爱情收获后的婚礼等。而另一种情况则是阳刚壮烈之美,曾繁仁称之为"生态崇高",这种"崇高"在《额尔古纳河右岸》中表现为两个方面:一个方面是人与恶劣自然环境奋斗中的英勇抗争与无畏牺牲。诸如林克为调换健康驯鹿时在林中被雷击的悲凄场面、鄂温克族人达西与狼拼死搏斗的场景。另一种则是为了维护部族利益而牺牲自我的崇高之美,比如鄂温克族萨满为了民族大义在跳神中奉献了自己生命的场面。

曾繁仁对《额尔古纳河右岸》的生态美学解读,给我们提供了一系列深刻的启示,告诉我们在大踏步的现代化浪潮中,要不断地回望自己的家园。"回望是一种眷恋,是我们永记地球母亲对于人类的养育;回望是一种反思,促使我们不断地反思自己的行为;回望也是一种矫正,不断地矫正我们对地球母亲的态度与行为。"②《额尔古纳河右岸》的回望告诉我们,地球家园中存在着众多的文明形态与生存方式,每一种文明形态都有其存在的必要性,保留文明的多样性是一种地球家园生态平衡的需要。这就意味着,我们在兴建高速公路的同时,还应适当保留那一条条特殊的"鄂温克小道"。同时,《右岸》也告诉我们,永远也不要忘记自己是大自然的儿子,也许大自然有时会是一个暴虐的家长,但我们作为子女的身份是永远无法改变的,我们只有依靠自然父母才能实现美好。珍惜自然,爱护自然,既是珍惜爱

① 曾繁仁:《生态美学导论》,商务印书馆2010年版,第415页。
② 曾繁仁:《生态美学导论》,商务印书馆2010年版,第421页。

护我们的父母,也是珍惜爱护我们人类自己!

三 《查泰莱夫人的情人》:心灵故乡的回归与家园的重建

《查泰莱夫人的情人》是劳伦斯最后一部长篇小说。学界对之争议很多,有人斥之为“淫书”,将之与中国的《金瓶梅》作对比:“《金瓶梅》里的有些场面和字句,是重复的,牵强的,省去了也不关宏旨的,而在《却泰来夫人的爱人》里,却觉得一句一行,也移动不得;他(劳伦斯)所写的一场场的性交,都觉得是自然得很。”①有人指出它是作者的一部“自传”。英国研究劳伦斯的专家约翰·沃森指出,《查泰莱夫人的情人》的主人公实际上是以他和自己妻子弗丽达为原型而创作的。大多数研究者则从批判英国“工业革命”的视角来解读的。如林语堂曾说,劳伦斯此书是骂英人,骂工业社会,骂机器文明,骂理智的——劳伦斯要归于自然的艺术的情感的生活。当然也有一些生态视角的解读,如西人玛载·戴卫德指出,劳伦斯可称为早期的生态批评家,这缘于他对原始自然的积极肯定态度。而曾繁仁先生则以生态存在论的视角对之进行了全新的研究。

首先,曾繁仁分析了劳伦斯生态审美观产生的条件。劳伦斯出生于英国中部城市诺丁汉郡附近的一个矿山小镇伊斯特伍德,其时,正值英国完成第一次工业革命,成为欧洲工业最发达的国家,但英国科技与财富的增长是以环境的极度污染为代价的。据记载,1789 年英国的年产煤量为 1000 万吨,而法国只有 70 万吨。与此同时,随着“圈地运动”的发展,英国的保存林正在被耗尽,环境污染严重,出现了著名的“伦敦雾”。而且,由空气污染形成的肺结核与肺炎空前严重,戕害着人们的健康。劳伦斯本人也是其中的受害之一,他曾在给

① 伍仁编选:《中国二十世纪散文精品:郁达夫散文》,太白文艺出版社 2005 年版,第 56 页。

友人的信中说:“我不敢去伦敦,为了保命。到了那里就像走进了毒气室,肺受不了。”正是在这种情况下,劳伦斯很早就确立了自己初步的生态观念。

自然是人类身心的栖所之地,劳伦斯在该书对之进行了优美的描绘,如第十二章写道,“午餐过后,康妮到树林去了。那真是可爱的日子,蒲公英开着太阳似的花,新出的雏菊花是这样洁白。榛树的茂林,半开的叶子中杂着尘灰颜色的垂直花絮,好像是一束花边。盛开的黄燕蔬满地簇拥,像黄金似的闪耀。这种黄色,是初夏最有力的黄色。樱草花花枝招展的,再也不萎缩了。绿油油的玉簪花,像似个苍海,向上举着一串串的蓓蕾,跑在路上。忘忧草乱蓬蓬地繁生着,楼斗菜乍开着紫蓝色的花苞,在那边矮丛林的下面,还有些兰色的鸟蛋的壳。处处都是生命的跳跃!”曾繁仁认为,劳伦斯对大自然的热情歌颂是以对工业文明所造成的生态病症的批判为目的的,并以该书第二章对康妮和克利夫的老家格勒贝的描绘、第六章康妮的心理独白、第八章康妮与克利夫的对话为例证,进行了详细的分析。“这段对话借主人公的口对当时资本主义对自然生态、社会生态与精神生态的破坏进行了全面的批判,并将其归结为‘把空气里的生气都毁灭了’、‘是人类把宇宙摧毁了’、‘他们把自己的巢窝摧毁了’、‘是人类把一切事物奸污了’。由此造成人的‘家园’的丧失。”①

从字形结构看,“性”字由“心”字旁和“生”字构成,意为“性”是一种由“心”而“生”发出的东西,它是人性中最本能的欲望之一。“之所以说性爱符合人的生态本性,是因为在其哲学理念上进行了必要的调整,如果从主客、身心二分的角度出发,当然要得出否定性爱的结论,但如果从‘人’之作为整体生存于世界之中的角度出发,那么性爱就是符合人的生态本性的,更何况人的繁衍也是生态得以延续

① 曾繁仁:《生态美学导论》,商务印书馆 2010 年版,第 423 页。

的前提。”①文学是人学，“如果写人不写其性，是不能全面表现人的，也不能写到人的核心，如果你真是一个严肃的、有深度的作家，性这个问题是无法回避的”②。劳伦斯在《查泰莱夫人的情人》中，大量描写了康妮和梅勒斯的性爱场景：两人犹如原始人那样在雨中追逐和拥抱，共享着自然的赤裸，之后，又用鲜花装点彼此的身体，宛如回归原始的亚当与夏娃。这在许多人看来是难以理解的，曾繁仁却认为，那就是对于资本主义机械化生活剥夺人的性爱生态本性的有力批判和对于符合人的生态本性的性爱的热情歌颂。

在《查泰莱夫人的情人》中，劳伦斯运用对比手法为我们展示了两个世界：一个是机器轰鸣、污染严重的勒格贝，而另一个则是远离尘嚣、繁花似锦、百鸟齐鸣的森林世界。而在这两个世界中生活着两类人，一个是克利夫，上流社会的文明人，却被城市文明所异化；另一个则是“自然之子”，守林人梅勒斯。曾繁仁认为，作品展现克利夫与梅勒斯对康妮的争夺，实际上体现了两种文明、两类人与两种社会理想的尖锐斗争，康妮最终决定离开身体残废和“心灵瘫痪”的克利夫而选择和梅勒斯结合，这正是劳伦斯借康妮而表现自己痛恨人类文明、“回归自然”的生态审美追求。“《查泰莱夫人的情人》的象征在于，以查泰莱象征现代的工具理性与工业文明，以梅勒斯象征生命、审美直觉与生机勃勃的大自然，以康妮作为在两者之间选择的人，康妮离弃丈夫而投入情人的怀抱，象征着现代人厌弃工具理性与工业文明，而走向充满生命活力与审美直觉的大自然。”③

---

① 曾繁仁：《生态美学导论》，商务印书馆2010年版，第424～425页。

② 王安忆、陈思和：《两个69届初中生的即兴对话》，载《上海文学》1988年第3期。

③ 高旭东：《一个温情的反异化神话——论〈查太莱夫人的情人〉的哲理意蕴》，载《外国文学》2000年第5期。

四 《白鲸》:人与自然和解才能共存

《白鲸》是美国著名小说家梅尔维尔的代表作。该书出版之际并没有引起足够的重视,直到作者诞辰100周年纪念以及他的第一本传记出版之时才受到社会的广泛关注和高度评价。20世纪后半期,美国当代著名生态文学批评家劳伦斯·布依尔在《环境想象》一书中指出,"'白鲸'这部小说比起同时代任何作品都更为突出地……展现了人类对动物界的暴行"①。曾繁仁从生态的维度进行了解读,认为《白鲸》以特有的审美意象再现了人类掠杀鲸鱼的残酷过程,并由此思考了人类与自然的复杂关系,向"人类中心主义"发出了强烈的预警。

据史料记载,在石油提炼和电力出现之前,鲸油是人类的主要照明能源之一,美国正是凭借其独特的海洋优势而依靠捕鲸业成为了全球的霸主。《白鲸》以美国捕鲸业为创作题材,真实地再现了资本主义前期捕鲸业畸形发展所造成的对鲸鱼等自然资源的残酷掠夺。小说《白鲸》以埃哈伯为代表的捕鲸人与白鲸莫比·狄克之间的仇恨斗争为中心线索,告诉我们,捕鲸人选择捕鲸这种危险的职业其主要目的除了好奇心与探险等原因之外,最主要是出于经济上获取利润的需求。对此,《白鲸》第十六章作了比较详细的描写。它借叙述人以实玛利的口说道:"我已经知道,干捕鲸这一行,东家是不付工资的;不过所有人手,包括船长在内,每人都可以从获利中拿到一份钱,叫做份子。这份子的多少要看自己在全船人中间干的什么活儿,它有多重要。我也知道自己在捕鲸这一行中是个新手,我的份子不会很大……也就是这次出海挣的钱的二百七十五分之一。"在这种分配体制下,捕鲸越多获利就越多,于是,捕鲸人拼命地去捕鲸以赚取更

① 王诺:《欧美生态文学》,北京大学出版社2003年版,第164页。

多利润。《白鲸》的深刻之处在于,它"对于捕鲸人与鲸鱼关系的表现没有停留在简单的经济的层面,而是深入到了人与自然关系的层面"[①]。诸如船长埃哈伯,其捕鲸的主要目的不仅是为了谋利,而且还有一种力图战胜自然,甚至与自然为敌的心理参与其间。

在《白鲸》这篇小说中,人与自然的对抗集中反映在披谷德号捕鲸船船长埃哈伯身上。埃哈伯是一位勇敢、坚定的捕鲸人,曾因与莫比·狄克搏斗而失去了一条腿,但仍奋战在捕鲸的第一线,持守着"不是鲸死就是艇亡"的誓言,最后在与莫比·狄克的较量中葬身海底。在曾繁仁看来,埃哈伯代表着人类对于自然的掠取与复仇,而莫比·狄克则由作者通过拟人化的描写代表了自然对人类的惩罚。"捕鲸人埃哈伯与白鲸莫比·狄克殊死的悲剧冲突以及人鱼双亡的悲剧结局,向人类昭示了人对自然的掠杀最后必然导致双毁的悲剧命运……这两种形象代表着各有其道理而又片面的伦理观念,殊死的冲突和斗争并不能解决问题,只能以双亡以告终结。这更揭示给人类一种更具永恒性的理念,那就是人与自然的和解,只有和解才能共存。"[②]

---

① 曾繁仁:《生态美学导论》,商务印书馆2010年版,第434页。

② 曾繁仁:《生态美学导论》,商务印书馆2010年版,第448页。

第六章　生态美学的内涵

一　生态存在论美学观的内涵

生态存在论美学观是生态美学最基本的范畴,它既不同于传统的以“人类中心主义”为指导美学观,也不同于以“生态中心主义”为旨归的达尔文式美学观,而是一种以“生态人文主义”为哲学基础的崭新的审美观。曾繁仁说:“这里的‘生态维度’是与绝对‘生态中心主义’有别的,是一种人与自然融为‘生态整体’的新的生态人文主义,是一种生态存在论哲学与美学观。”①

生态存在论虽由当代生态理论家大卫·雷·格里芬首次提出,但曾繁仁在马克思主义实践存在论的指导下,吸收中西古典生态智慧的精华,对之进行了改造,创造了独具特色的生态存在论美学观。曾繁仁以马克思的实践存在论为指导,是因为它超越了西方当代存在论美学观:首先,在哲学基础上,马克思主义唯物实践存在论是唯物的,以物质生产实践为其前提,以“实践世界”为其基础;而西方当代存在论则是唯心的,是完全建立在主观的“意向性”基础之上的,是以较为抽象的所谓“生活世界”为其基础的。其次,在内涵上,马克思主义的唯物实践存在论具有广阔深厚的现实社会基础,将每个人的自由全面发展与无产阶级与人类的解放相统一;而西方当代存在论

① 曾繁仁:《生态美学导论》,商务印书馆2010年版,第279页。

则主要立足于对以中产阶级知识分子为代表的个人的生存状态的关注，以相对脱离现实经济与社会文化与心灵救赎为其途径，不免显得空乏而脱离实际。再次，在基调上，马克思主义唯物实践存在论以人类的解放与共产主义理想的实现为其旨归，洋溢着富有朝气的、积极向上的基调；而当代西方存在论哲学则集中反映了中产阶级知识分子在资本主义激烈竞争中的一种"被抛"、"畏惧"的情绪，怀抱着"他人是地狱"的消极心态。最后，在人与自然的关系上，马克思主义的唯物实践存在论不仅力倡"按照美的规律建造"，而且认为人与自然的协调，人道主义与自然主义的统一必须借助生产关系与社会制度的变革；而西方当代存在论则过分地寄希望于文化维度，难免受到历史唯心主义的束缚。[①] 曾繁仁通过对马克思主义唯物实践存在论与西方当代存在论的比附，重新阐释和发掘了马克思主义实践存在论的内涵，并使其自己创设的生态存在论美学观获得了可靠的哲学理论基础。

在曾繁仁看来，"生态论的存在观"具有以下三个方面的具体内涵：其一，"生态论的存在观"包含着从认识论到存在论过渡的重要内容。认识论是一种人与世界"主客二分"的在世关系，在这种在世关系中，人与自然从根本上来说是对立的，不可能达到统一协调。而当代存在论哲学则是一种"此在与世界"的在世关系，在这种"在世"关系中，"此在"与周围事物构成了关系性的生存状态，自然也包含在"此在"之中。其二，"生态论的存在观"包含着由人类中心主义到生态整体过渡的重要内容。"人类中心主义"虽给人类带来了巨大进步，但却导致了生态危机的出现，这正如当代生态批评家威廉·鲁克尔特所指出："在生态学中，人类的悲剧性缺陷是人类中心主义（与之相对的是生态中心主义）视野，以及人类要想征服、教化、驯服、破坏、

① 曾繁仁：《生态美学导论》，商务印书馆2010年版，第281～282页。

利用自然万物的冲动。"[①]因此,人类若要冲破"人类中心主义"的"生态梦魇",就必须倡导"生态整体主义"。其三,生态论的存在观包含着对自然的部分"返魅"的重要内涵。所谓"魅"乃是远古时期人类对于自然自身的神秘感、敬畏感与恐惧感。但随着工业革命与科技的发展,人类对于自然变得无所不知,这就是马克斯·韦伯所说的"祛魅"。而这种"祛魅"却成了人类肆无忌惮地掠夺自然的重要原因之一。因此,人类要挽救生态危机,就得部分地"返魅"。但曾繁仁又指出:"这种'世界的返魅'绝不是回复到人类的蒙昧时期,也不是对于工业革命的全盘否定,而是在工业革命取得巨大成绩之后的当代对于自然的部分的'返魅',亦即部分地恢复自然的神圣性、神秘性与潜在的审美性。"[②]

从以上的论述可知,曾繁仁在"生态存在论"的"此在与世界"的在世关系中解决了生态性与人文性的统一性问题,那么,生态性与审美性又如何统一呢?曾繁仁认为,"在存在论哲学中,美的内涵与传统的认识论美学中作为'感性认识完善'的美学内涵已大不一样——它的美的内涵已经与真、存在没有根本的区别,而是紧密相联。所谓美就是存在的敞开与真理的无蔽"[③]。也就是说,"此在与世界"的在世结构解决了生态性与审美性的统一问题。曾繁仁以《1844 年经济学哲学手稿》中"美的规律"为例,阐发了"美的规律"所涉及的三个层面。"首先是'内在的尺度',主要讲的是人的需要,属于人文观的范围;其次是'物的尺度',主要讲的是物种的需要,是生态观的范围,而两者的统一则是'美的规律',属于审美观的范围。这实际上是人

---

① [美]威廉·鲁克尔特:《文学与生态学:一项生态批评的实验》,见《生态批评读本》,美国佐治亚大学出版社 1996 年版,第 113 页。

② 曾繁仁:《当代生态美学观的基本范畴》,载《文艺研究》2007 年第 4 期。

③ 曾繁仁:《生态美学导论》,商务印书馆 2010 年版,第 286 页。

文观、生态观与审美观的统一,包含着浓郁的生态美学意蕴。”①

二 生态美学的研究对象与研究方法

长期以来,我们深受黑格尔的影响,将艺术作为美学的研究对象,而自然美总是处于边缘化的地位,甚或不被看做是艺术的审美对象。这种美学研究观是不全面的,甚至是不正确的。而生态美学的提出,就在某种程度上纠正了传统美学的“艺术中心主义”倾向。但我们是否可以说生态美学是以“自然”作为自己的研究对象呢?答案当然是否定的,“因为站在生态存在论审美观的立场之上,人与自然不是主客二分、相互对立的,而是与自然万物共同构成一个统一的整体、一个世界;而且,自然也不具有实体性的属性,不存在一种独立于人的‘自然美’。所谓‘美’都是存在于人与自然万物的统一整体中、存在于人类活动的时间长河中,存在于存在与真理逐步显现与敞开的过程中”②。在曾繁仁看来,生态美学的研究对象不是“自然”,而是“生态系统”的美。

“ecologie”一词由德国学者恩斯特·海克尔于1866年首创,后来逐步演化为生态学(ecology),意指研究任何一种有机体彼此之间,以及与其整体环境之间是如何相互影响的学问。由此可见,从一开始,生态学关注的即是共同体、生态系统和整体。1973年,挪威哲学家阿伦·奈斯将生态理论运用于人类社会与伦理的领域,从而使“价值”、“平等”、“公正”与“美丑”等内涵融进了生态学之中,并由此诞生了生态哲学、生态伦理学与生态美学。曾繁仁批判地吸收了古今中外许多生态理论家的思想,指出生态美学的研究对象就是生态系统的美,并从学理上分析了“生态系统的美”的内涵。

---

① 曾繁仁:《生态美学导论》,商务印书馆2010年版,第287~288页。

② 曾繁仁:《生态美学导论》,商务印书馆2010年版,第292页。

其一,生态系统的美包含着自然之美但又不是“自然全美”。生态系统的美与传统理性美学的重要区别在于:它包含着自然的因素,承认自然所特具的审美价值,但“自然又不能独自成为审美对象,而必须依靠着人的参与,生态审美是关系中的美,是生态系统中的美”①。“自然全美”论来源自达尔文的《物种起源》,它经美国环境美学家卡尔松提出,后经我国学者蔡仪、彭锋等的丰富发展日益成熟。但“自然全美”论有“生态中心主义”倾向,其理论弊端在于离开了自然与人紧密相联的“生态系统”来谈论“自然之美”,将自然的价值绝对化,从而走上了将生态性与人文性相对立的错误轨道。因此,曾繁仁坚持从“此在与世界”的在世关系中来理解和阐释自然的审美价值。他说:“美与真、善一样,不是一种实体,而是一种关系性存在,是在‘此在与世界’的在世结构中,在人与自然的‘生态系统’中,存在得以展开、真理得以显现的过程。如果离开了人的参与,离开了‘此在与世界’的在世结构,离开了人与自然紧密相联的‘生态系统’,自然审美的价值属性将不复存在。即便是自然的独特性也不会闪现出美的光芒。”②不难见出,曾繁仁对“生态系统之美”的论述既使他与“生态中心主义”这划清了界限,也使他超越了康德与黑格尔,因为在德国古典美学中,“自然美”是没有地位的,更遑论“生态系统之美”了。

其二,生态系统的美包含着人的因素,但又不同于“移情论”、“人化的自然论”与“如画风景论”。生态美学的“生态系统之美”包含着人的因素,这是由生态美学所遵循的“生态现象学方法”所决定的。因为“生态现象学特别强调审美过程中人的主体的构成作用,强调审美过程中‘此在’的阐释性与能动性”③。诚如罗尔斯顿所说,“有两种审美品质:审美能力,仅仅存在于欣赏者的经验中;审美特

① 曾繁仁:《生态美学导论》,商务印书馆 2010 年版,第 294 页。

② 曾繁仁:《生态美学导论》,商务印书馆 2010 年版,第 297 页。

③ 曾繁仁:《生态美学导论》,商务印书馆 2010 年版,第 297 页。

性，它客观地存在于自然物体内”①，又说，“当人类到来时就有了审美的火种，随着主体创造者的出现审美也随之产生了”②。但生态系统的美又不同于过分强调人的作用而走到“人类中心主义”的“移情论”、“人化的自然论”与“如画风景论”。在德国“移情论”美学中，自然之美的客观性是无从谈起的，自然物之所以美，就在于主体把自己的情感与意志移置到了审美对象之上，并在审美对象的观照中看到了“自我”。这显然是一种“人类中心主义”，因为它完全否定了自然自有的审美属性。“人化的自然”论由我国当代美学家李泽厚提出，他说：“‘自然的人化’可分狭义和广义两种含义。通过劳动、技术去改造自然事物，这是狭义的自然的人化。我所说的自然的人化，一般都是从广义上说的，广义的‘自然的人化’是一个哲学概念。天空、大海、沙漠、荒山野林，没有经人去改造，但也是‘自然的人化’。因为‘自然的人化’指的是人类征服自然的历史尺度，指的是整个社会发展到一定的阶段，人和自然的关系发生了根本改变。”③很显然，李泽厚的“自然人化”论是建立在人与自然二元割裂的基础上，且严重误读了马克思关于“人化的自然”思想，“‘人的本质力量的对象化’不能真实地反映马克思对审美的看法；‘人化自然’也不能真实地反映马克思对自然审美的看法”④。“如画风景论”由芬兰环境美学家瑟帕玛提出，意指以艺术的眼光来审视自然，将自然看做是一幅幅如画的风景，他说：“这里的出发点是风景画或摄影：我们看到的风景就像

---

① ［美］阿诺德·伯林特主编，刘悦笛等译：《环境与艺术：环境美学的多维视角》，重庆出版社2007年版，第158页。

② ［美］阿诺德·伯林特主编，刘悦笛等译：《环境与艺术：环境美学的多维视角》，重庆出版社2007年版，第156页。

③ 李泽厚：《美学四讲》，生活·读书·新知三联书店2004年版，第75页。

④ 曾繁仁：《生态美学导论》，商务印书馆2010年版，第299页。

一幅画那样有边框。选择和框定造就了风景。”①由此可见,“风景如画”论将自然当做一幅风景画来欣赏,仍然是主客二分的,其在本质上还是一种“人类中心主义”的反映。

通过对“生态中心主义”与“人类中心主义”审美观的批判,曾繁仁指出:“所谓生态系统的美既非纯自然的美,也非人的‘移情’的美和‘人化’的美,而是人与自然须臾难离的生态系统与生态整体的美。”②曾繁仁对“生态系统的美”的内涵的界定,破除了传统认识论美学“主客二分”的思维模式,强调了“此在”的意义,从而弥合了“主体”与“客体”之间的割裂;另一方面也彰显出生态美学研究对象的特殊意义与价值。

在生态美学的研究方法上,曾繁仁借鉴了中国古代的生态智慧和德国哲学家U. 梅勒的生态现象学,创设了生态现象学方法,这种方法具有如下几个特点:第一,摒弃工具理性的主客二分、人与自然对立的思维模式,将传统的人类中心主义观念与对自然过分掠夺的物欲加以“悬搁”。第二,回到人的精神的自然基础,探寻人的精神与存在的自然本性。第三,扭转人与自然的纯粹工具的、计算性的处理方式,走向平等对话的相互间性的交往方式。第四,在适度承认自然的“内在价值”的前提下批判与抛弃自然的祛魅与机械论世界观。曾繁仁的“生态现象学方法”破除了主客二分的认识论体系,为我们超越物欲,进入与自然万物的平等对话,审视“生态系统的美”提供了一种视角。更为重要的是,这种方法类似于中国道家的“心斋”和禅宗的“悬搁”,具有民族化和本土化的特点,它使中国的古典生态智慧再一次得到了现实性转化。

---

① [芬]约·瑟帕玛著,武小西、张宜译:《环境之美》,湖南科学技术出版社2006年版,第61页。

② 曾繁仁:《生态美学导论》,商务印书馆2010年版,第300页。

三　生态美学的基本范畴

任何一门学科，要想取得合法性依据，就必须拥有自己的学科范畴，而所谓“范畴”即指“人们对客观事物的本质和关系的概括。源于希腊文 Kategoria，意为指示，证明”①。因此，生态美学要想成立，就必须指示自己的研究对象，提出一些新的美学范畴。曾繁仁吸收了古今中外的生态美学智慧，认为生态美学的范畴主要有以下几个。

其一，生态审美本性。曾繁仁从生态存在论的独特视角把当代人的生态本性概括为三方面。第一，人的生态本源性。即自然是人类生命之源，人类须臾不可离开自然。第二，人的生态环链性。人作为生态环链性的一环，既与自然万物须臾相连，相对平等，同时又与自然万物相异共生，各自发挥着不同的作用和功能，共同维护着生态的动态平衡。第三，人的生态自觉性。即人类作为生态环链中唯一有理性的动物，不仅要维护好自己的生存，而且更应该凭借自己的理性自觉维护生态环链的良好循环，维护其他生命的正常存在。当前有些理论家认为，“人的生态本性”理论的提出漠视了人类的生存，也违背了“以人为本”的人文精神。面对这些批评，曾繁仁指出：“真正的科学生态理论是一种整体主义的生物环链理论，它将人的生存发展与自然联系在一起进行考虑。可以说，当代深层生态学、生态存在论哲学观和生态整体主义，以及我们提出的人的生态本性论与生态存在论审美观等，本身就是真正具有当代性的人的生存理论，它充分体现了当代世界的新人文精神。……这是符合时代需要的理论创新，它蕴涵着新时代人类长远美好生存的重要内涵，是人文主义精神在新时代的延伸和发展。”②在曾繁仁看来，人的生态本性在人文领

---

① 《哲学大辞典（修订版）》，上海辞书出版社 2001 年版，“范畴”条目。

② 曾繁仁：《转型期的中国美学——曾繁仁美学文集》，商务印书馆 2007 年版，第 339 ~ 340 页。

域有如下几个方面的具体表现：第一，由人的平等扩张到人与自然的相对平等。“当代生态理论所说的‘生态平等’不是绝对平等，而是相对平等，也就是生物环链之中的平等。它的意思是，包括人在内的生物环链之上的所有存在物，既享有在自己所处生物环链位置上的生存发展权利，同时也不应超越这样的权利。”①第二，由人的生存权扩大到环境权。当代环境权既包含享有美好环境的权利，同时也包括保护美好环境的权利。前者为了当代和人类自身，而后者则是为了后代和其他生命与非生命物体。第三，将人的价值扩大到自然的价值。长期以来，人们漠视自然的价值，认为河流、海洋、空气和水是天然存在的，本身不具有什么价值。当代生态理论突破了这一点，将人的价值扩大到自然领域，充分肯定了自然所具有的重大的不可代替的价值。第四，将对于人类的关爱拓展到对其他物种的关爱，反对虐待和残害生物。第五，由对于人类的当下关怀扩大到对于人类前途命运的终极关怀。

其二，“诗意地栖居”。“诗意地栖居”命题由海德格尔在《追忆》一文中提出，他说：“充满劳绩，然而人诗意地栖居在这片大地上。”然后，又说道：“一切劳作和活动，建造和照料，都是‘文化’。而文化始终只是并且永远就是一种栖居的结果。这种栖居却是诗意的。”②在曾繁仁看来，海氏的“诗意地栖居”划清了认识论的“在之中”与存在论的“在之中”的区别。因为“‘在之中’不意味着现成的东西在空间上‘一个在一个之中’；就源始的意义而论，‘之中’也根本不意味着上述方式的空间关系。‘之中’[‘in’]源自 innan-，居住，habitare，逗留。‘an’[‘于’]意味着：我已住下，我熟悉、我习惯、我照料；它有 colo 的含义；habito[我居住]和 diligo[我照料]。

① 曾繁仁：《生态存在论美学论稿》，吉林人民出版社 2009 年版，第 389 页。

② [德]马丁·海德格尔著，孙周兴译：《荷尔德林诗的阐释》，商务印书馆 2000 年版，第 107 页。

我们把这种含义上的'在之中'所属的存在者标识为我自己向来所是的那个存在者。而'bin'[我是]这个词又同'bei'[缘乎]联在一起,于是'我是'或'我在'复又等于说:我居住于世界,我把世界作为如此这般熟悉之所而依寓之、逗留之"[①]。不难见出,"诗意地栖居"表述了一种人与自然相融相和的亲密关系,反拨和补正了工业革命时代的"科技栖居",强调了人类审美生存的重要性。在某种程度上说,它与中国古代的"中和美"有着异域同构性。"中国古代'中和美'的实质是天人、阴阳、乾坤相谐相和,从而达到社会、人生与生命吉祥安康的目的,这也正是'中和美'对于人'诗意栖居'的期许,也与海氏生态存在论美学有关人在'四方游戏'世界中得以诗意栖居的内涵相契合。"[②]

其三,四方游戏说。"天地神人四方游戏说"是海德格尔后期提出的极为重要的生态美学观范畴。他说:"天、地、神、人之纯一性的居有着的映射游戏,我们称之为'世界'(welt)。世界通过世界化而成其本质。这就是说:世界之世界化(das welten von welt)既不能通过某个它者来证明,也不能根据它者来论证。"[③]这里的"四方游戏"是指"此在"在世界之中的生存状态,是人与自然的亲密性关系。曾繁仁认为,"四方游戏说"包含了极为丰富的生态内涵。第一,"四方游戏说"作为生态存在论美学的重要内容,构建了存在得以敞开,真理得以显现的"世界"结构。因为"在生态存在论美学中,美不是一种实体,而是一种关系,美也不是静止的,而是一个过程,是由遮蔽到澄明的过程;美不是单一的元素,而是在天人关系的世界结构中逐步得以展开的。'四方游戏说'为美的展开、真理的显现构建了一个必

---

① [德]马丁·海德格尔著,陈嘉映、王庆节译:《存在与时间》,生活·读书·新知三联书店2006年版,第63~64页。

② 曾繁仁:《生态美学导论》,商务印书馆2010年版,第320页。

③ 孙周兴选编:《海德格尔选集》,上海三联书店1996年版,第1173页。

要的前提,即‘天地神人四重整体’统一协调的世界结构”①。第二,“四方游戏说”扬弃了“世界与大地争执说”,使人与自然万物处于平等协调的崭新关系之中。因为海德格尔说过:“物之为物何时以及如何到来?物之为物并非通过人的所作所为而到来。不过若没有终有一死的人的留神关注,物之为物也不会到来。达到这种关注的第一步,乃是一个返回步伐,即从一味表象性的、亦即说明性的思想返回来,回到思念之思(das andenkende Denken)。”②这就意味着,海氏的“四方游戏说”彻底打破了“人类中心主义”,进一步阐明了人在生态存在之美的敞开中所起到的积极的建构作用。

其四,家园意识。这也是海氏最先提出的一个存在论美学范畴,他在1943年的《返乡——致亲人》的演讲中说:“在这里,‘家园’意指这样一个空间,它赋予人一个处所,人唯有在其中才能有‘在家’之感,因而才能在其命运的本己要素中存在。这一空间乃由完好无损的大地所赠予。大地为民众设置了他们的历史空间。大地朗照着‘家园’。如此这般照着的大地,乃是第一个‘家园’天使。”③由此可见,“家园意识”不仅包含着人与自然生态的关系,而且涵蕴着更为深刻的诗意地栖居之意。众所周知,在当下工具理性占主导的社会里,人们都有一种“无家可归”的“茫然失其所在”之感,回归人类的精神“家园”成了当代人普遍的一种价值诉求。其实,这种情结并非现代才有,在人类文化艺术的长河中,“家园意识”一直是永恒不变的“母题”。诸如西方的《荷马史诗》写希腊英雄奥德修斯历经艰辛最终回乡的故事,这实际上暗含了人类归乡之“母题”;中国《诗经·采薇》中的“昔我往矣,杨柳依依,今我来思,雨雪霏霏”更是表达了对“家

---

① 曾繁仁:《生态美学导论》,商务印书馆2010年版,第322页。

② 孙周兴选编:《海德格尔选集》,上海三联书店1996年版,第1182页。

③ [德]马丁·海德格尔著,孙周兴译:《荷尔德林诗的阐释》,商务印书馆2000年版,第15页。

园”的眷恋。曾繁仁认为,中国的“家园意识”不仅有浅层的“归家”之意,更有其深层的阴阳复位、回归本真的存在之意。《易经》中《复卦》“包含着返本与回归之意。卦象为震下坤上,一阳爻在下,五阴爻在上,含阴到极盛,物极必反之意。不仅总结了事物循环转化的规律,而且揭示了人要回归家园的意识”①。这就意味着,“家园意识”不仅具有维护人类生存家园、保护环境之意,而且蕴涵着人的本真存在的回归与解放。

其五,场所意识。“场所意识”亦由海德格尔提出,他说,“我们把这个使用具各属其所的‘何所往’称为场所”,又说,“依场所确定上手东西的形形色色的位置,这就构成了周围性质,构成了周围世界切近照面的存在者环绕我们周围的情况”。② 当代西方环境美学家阿诺德·伯林特从审美经验现象学的角度探索了“场所意识”问题,他说:“比其他的情境更为强烈的是,通过身体与处所(body and place)的相互渗透,我们成为了环境的一部分,环境经验使用了整个人类感觉系统。因而,我们不仅仅是‘看到’我们的活生生的世界,我们还步入其中,与之共同活动,对之产生反应。我们把握场所并不仅仅是通过色彩、质地和形状,而且还要通过呼吸,通过味道,通过我们的皮肤,通过我们的肌肉活动和骨骼位置,通过风声、水声和汽车声。环境的主要维度——空间、质量、体积和深度——并不是首先和眼睛遭遇,而是先同我们运动和行为的身体相遇。”③不难见出,阿诺德·伯林特的“场所意识”很符合当代生态美学的实际。“从存在论美学的角度,自然环境对人的影响绝对不仅是视听,而且还包含了嗅味触

---

① 曾繁仁:《生态美学导论》,商务印书馆 2010 年版,第 334 页。

② [德]马丁·海德格尔著,陈嘉映、王庆节译:《存在与时间》,上海三联书店 2006 年版,第 120 ~ 121 页。

③ [美]阿诺德·伯林特主编,刘悦笛等译:《环境与艺术:环境美学的多维视角》,重庆出版社 2007 年版,第 10 页。

与运动知觉。不仅噪音与有毒气体会对人造成伤害，而且沙尘暴与沙斯病毒更会侵害人的美好生存。当然，从另外的角度，从更高的精神的层面，城市化的急剧发展，高楼林立，生活节奏的加速，人与人的隔膜，人与自然的远离，居住的逼仄与模式化，人们其实都正在逐步失去自己的真正的美好的生活'场所'。这种生态美学的维度必将成为当代文化建设与城市建设的重要参照，这同时也是一种'以人为本'观念的彰显。"①

其六，参与美学。"参与美学"由阿诺德·伯林特明确提出，他说："首先，无利害的美学理论对建筑来说是不够的，需要一种我所谓的参与的美学。"②伯林特的"参与美学"超越了传统的"静观美学"，它是一种人体所有感官都积极参与的美学，他说："所有这些情形给人的审美感受并非无利害的静观，而是身体的全部参与，感官融入到自然界之中并获得一种不平凡的整体体验。敏锐的感官意识的参与，并且随着同化的知识的理解而加强，这些情形就会成为黑暗世界里的曙光，成为被习惯和漠然变得迟钝的生命里的亮点。"③"参与美学"将长期忽视的自然与环境的审美纳入美学领域，其意义当然十分重大，但其自身并非没有破绽，英国人 M. 巴德在《自然美学的基本谱系》一文中指出了"参与美学"的三个主要缺陷：其一，我们基本处于风景之中而非与之面对，风景并不能阻止我们的审美经验成为鉴赏的，这种鉴赏常常是很适宜的；其二，这些介入的方面如何成为审美的，但条件似乎在于，对于一种审美反应的观念的任何一种满足性的理解，都必须被满足；其三，与自然相伴的介入美学丧失了如下的资

---

① 曾繁仁：《生态美学导论》，商务印书馆 2010 年版，第 339 页。

② ［美］阿诺德·伯林特著，张敏、周雨译：《环境美学》，湖南科学技术出版社 2006 年版，第 134 页。

③ ［美］阿诺德·伯林特著，张敏、周雨译：《环境美学》，湖南科学技术出版社 2006 年版，第 154 页。

格:既被接受为一种自然鉴赏的考虑,也被作为一种自然的审美经验的概念所接受。[①] 巴德的批评不能说没有道理,但从总体上看,他还是忽视了"参与美学"的生态存在论内涵。面对"参与美学"的得与失,曾繁仁建言对其含义进行拓展,"我们不妨将'参与'拓展为主体的积极参与,首先是主体审美知觉能力的参与,参与到对审美对象的构成之中,当面对自然环境时则又包含着各种感官的参与;……在这样的拓展下,'参与美学'作为凭借现象学方法的生态存在论美学就具有了极大的包容性与理论的自明性"[②]。

其七,生态文艺学。众所周知,在传统的文学艺术领域里,"人类中心主义"总是占着绝对的统治地位,它高扬人的理性精神,鼓舞人类战胜自然,改造自然,在人类生产力极其低下的时代,它的确起到了不可估量的积极作用,但随着人类认识能力的提高和科技主义的发展,"人类中心主义"日益暴露了它的弊端。而负载它的文学艺术却永久地存在着,影响着一代又一代的读者。因此,为了抵制传统文学艺术的负面影响,以鲁枢元、曾繁仁为代表的一批文艺理论家倡导生态文艺学。在曾繁仁看来,生态文艺学有着丰富的内涵:其一,生态文艺学遵循着"绿色原则"。"所谓'绿色原则'是'生命圈'的'共生'原则,是一种'生态整体'的原则。它既不同于传统的'人类中心主义',也区别于具有某种极端性的'生态中心主义';它倡导的是一种'万物并育而不相悖'的'生态整体'的理论原则。"[③]其二,生态文艺学开展生态批评。生态批评虽由美国文学研究者威廉·鲁克尔特率先提出,但曾繁仁对其批评原则进行了规范。"环境伦理学与美学

① [英]M.巴德著,刘悦笛译:《自然美学的基本谱系》,载《世界哲学》2008年第3期。

② 曾繁仁:《生态美学导论》,商务印书馆2010年版,第346页。

③ 曾繁仁:《生态美学导论》,商务印书馆2010年版,第347页。

的统一是生态批评的最基本的原则。”[①]其三，生态文艺学开展艺术价值重估。这种“价值重估”是以“生态整体主义”为原则，以“绿色阅读”为重要内容的。它标志着文艺社会责任的回归与“唯我主义倾向”的放弃。

其八，生态审美的两种形态：阴柔的安康之美与阳刚的自强之美。这两种审美形态见之于我国古代典籍《周易》，并能得到西方美学的印证。在《周易》的六十四卦中，“天人关系”的论述是以乾与坤、阴与阳两种情状加以概括的。这就关涉到了与人的生存状态密切相关的阴柔之美与阳刚之美。比如《周易》将阴柔之美称为大地之美，并在坤卦中给予了比较深入的论述。“它以‘正位居体’、‘至柔至静’为其基本特征，以‘坤厚载物’为其基本品格，以‘黄中通理’、‘地道妻道’为其基本形式，以‘万物资生’为其基本职责。这是一种天地相交、万物相通、风调雨顺的‘中和安康’之美。”[②]《诗经》“周颂丰年”就给我们呈现了这种因天地相交，风调雨顺所出现的粮食丰收、吉庆祥和的情形：“丰年多黍多稌，亦有高廪，万亿及秭。为酒为醴，烝畀祖妣。以洽百礼，降福孔皆。”但是，阴阳相和，风调雨顺的年份在农业社会中是极少的情形，多数的年成是天灾人祸不断，在这种情况下，人类就要与自然抗争，表现出“自强不息”的可贵精神。所以，《周易》乾卦言“君子终日乾乾，夕惕若厉，无咎”。“天行健，君子以自强不息。”这种“自强不息”的精神，就是一种阳刚的自强之美。生态审美的这两种形态也可从尼采的日神精神和酒神精神得到佐证。在尼采看来，日神是外观、适度、素朴与梦。他说：“日神，作为一切造型力量之神，同时是预言之神。按照其语源，他是‘发光者’，是光明之神，也支配着内心幻想世界的美丽外观。这更高的真理，与难

① 曾繁仁：《生态美学导论》，商务印书馆2010年版，第349页。
② 曾繁仁：《生态美学导论》，商务印书馆2010年版，第355页。

以把握的日常现实相对立的这些状态的完美性，以及对在睡梦中起恢复和帮助作用的自然的深刻领悟，都既是预言能力的、一般而言又是艺术的象征性相似物，靠了它们，人生才成为可能并值得一过。”①日神的发光、和谐、外观与美丽指的就是一种阴柔的安康之美；而酒神精神的放纵、癫狂、醉与情感奔放，指的就是一种自强之美。“在酒神的魔力之下，不但人与人重新团结了，而且疏远、敌对、被奴役的大自然也重新庆祝她同她的浪子人类和解的节日。大地自动地贡献它的贡品，危崖荒漠中的猛兽也驯良地前来。酒神的车辇满载着百卉花环，虎豹驾御着它驱行。”②在这里，尼采写到的酒神精神中特有的和解人与人以及和解人与自然的作用，再一次说明了酒神精神的生态审美内涵。

四　生态美学对实践美学的超越

实践美学的兴起是中国当代美学史的重要事件，学界大多认为，它的产生根由决定于中国社会的性质，其主张直接师承马克思在《1844 年经济学哲学手稿》中有关“自然人化”的论述。曾繁仁认为，实践美学将“自然的人化”解释为“依照客观世界本身的规律来改造客观世界，以满足主观的需要”，这是对马克思主义的严重误读。“因为马克思在《1844 年经济学哲学手稿》中有关‘自然的人化’的论述并不是在美学的意义上讲的，而且马克思的有关人也按照‘两个尺度’建造的思想本身即为人的尺度要与物种尺度的统一，包含着浓郁的生态维度。因为，这里所说的‘任何物种的尺度’明显地是指‘自

① ［德］尼采著，周国平译：《悲剧的诞生——尼采美学文选》，生活·读书·新知三联书店 1986 年版，第 4 页。

② ［德］尼采著，周国平译：《悲剧的诞生——尼采美学文选》，生活·读书·新知三联书店 1986 年版，第 5～6 页。

然物种的需要’是一种生态意识的表现。”[①]那么，实践美学从何而来？曾繁仁通过认真的研究发现，实践美学所师承的并非马克思主主义哲学和美学，而是德国古典美学。实践美学诞生之时正值中国改革开放初期，而德国古典美学所主张的“美在自由”、“美是真与善的桥梁”刚好契合了中国的时代要求，因此，“启蒙主义的德国古典哲学与美学就这样必然地成为中国现代与当代思想文化与美学建设的重要思想理论资源，实践论美学就是德国古典美学、特别是康德美学在中国当代土壤上开出的一朵美学之花”[②]。

实践美学的历史意义当然不容抹杀，“它以其特有的理性主义与人文主义精神，特别是对人的理性精神与改造自然能力的张扬，在很大程度上适应与满足了我国建国后，包括新时期人文主义启蒙的需要；它构建了包括‘认识论—人类本体—自然的人化—积淀说’在内的具有相当的自恰性的美学理论体系，独树一帜”[③]。但随着时间推移，其理论困境与局限性也日益明显。在曾繁仁看来。实践美学的局限性表现在以下几个方面：第一，从哲学基础看，实践美学是一种机械认识论，较多关注审美的认识功能，而忽视人的生存状况与价值；第二，在美学理论自身，过分地强调审美是一种“自然的人化”，相对忽视对象、特别是自然本身的价值，表现出明显的人类中心主义倾向；第三，在美学研究对象上，固守西方古典美学的“美学是艺术哲学”的传统命题，而将非常重要的“自然”排除在审美之外；第四，在自然审美问题上，受黑格尔轻视自然审美的观点与马克斯·韦伯“世界祛魅”论的影响，在一定程度上无视自然特有的价值以及“自然”

① 曾繁仁：《对德国古典美学与中国当代美学建设的反思——由“人化自然”的实践美学到“天地境界”的生态美学》，载《文艺理论研究》2012 年第 1 期。

② 曾繁仁：《对德国古典美学与中国当代美学建设的反思——由“人化自然”的实践美学到“天地境界”的生态美学》，载《文艺理论研究》2012 年第 1 期。

③ 曾繁仁：《对德国古典美学与中国当代美学建设的反思——由“人化自然”的实践美学到“天地境界”的生态美学》，载《文艺理论研究》2012 年第 1 期。

在审美中的独立地位；第五，在思维方式上，实践美学总体上没有完全摆脱启蒙主义以来主客和身心二分思维模式的影响。总之，实践美学总体上是一种以人化为核心概念的、忽视生态维度并包含着浓郁的人类中心主义的美学形态，它已落伍于时代，不能适应生态文明时代的要求了。因此，对这种美学形态的改造与超越也已成为历史的必然。① 在这里，曾繁仁集中而全面地指出了实践美学的理论局限，是非常有见地的。

而曾繁仁的生态美学思想就是在认真吸取和总结中、西、马的理论资源的基础上，从上述诸方面全面系统地阐述了生态美学的理论主张，从而完成了对实践美学的超越。

第一，从哲学基础上看，生态美学不同于实践美学的认识论基础，而提出生态整体哲学观。众所周知，我国实践美学倡导者力主“美学科学的哲学基本问题是认识论问题”，所谓美则是“人的本质力量的对象化”。② 在曾繁仁看来，“实践美学过于强调审美的认识层面，而相对忽视了审美归根结底是人的一种重要生存方式与审美所必须包含的生态层面。而生态美学观却将审美从单纯的认识领域带入崭新的存在领域，并将不可或缺的自然的生态的纬度带入审美领域。这不能不说是一个重要的超越。”③对于生态美学的哲学基础，曾繁仁多次明确指出，生态美学的哲学基础为生态存在论哲学观，而在这种生态存在论哲学观中，“存在”，一方面包含着人的存在和生存之义，包含着“人诗意的栖居”，“语言是存在之家”这样的含义；另一方面也包含着世界物质存在第一性的含义，人的存在首先是自然存在物，“人在世界中”存在。因此，曾繁仁的“生态存在论”既突破了传统的“实践美学”，促进从认识论美学向以实践为基础的存

---

① 曾繁仁：《生态存在论美学论稿》，吉林人民出版社 2009 年版，第 102 页。

② 李泽厚：《美学论集》，上海文艺出版社 1980 年版，第 2 页。

③ 曾繁仁：《生态存在论美学论稿》，吉林人民出版社 2009 年版，第 103 页。

在论美学的转移；也超越了作为“后实践美学”形态的“传统存在论美学”，使当代存在论美学具有了更为具体、丰富和深刻的内涵。我国学者李庆本认为，“曾先生的生态存在论与生态整体论只是同一问题的不同表述而已。其目的都是为生态美学找到一个坚实的理论基础”①。

第二，在美学理论自身，与实践美学过分强调“自然的人化”不同，生态美学更加追求人与对象处于中和协调的审美存在状态。前已论述，实践美学在解释自然美问题时，常用“人化的自然”来解释，故而得出“美是人的本质力量的对象化”的结论，这就使美学界感到困惑，原因有二：一是有没有实体性的自然美？二是自然审美是否是“自然的人化”？针对如此理论困惑，生态美学首先认为所谓审美是人与对象的一种关系，它是一种活动或过程，绝对不存在任何一种实体性的“自然美”；其次，生态美学认为自然审美是自然对象的审美属性与人的审美能力交互作用的结果，两者缺一不可，绝对不是什么单纯的“自然的人化”。曾繁仁指出：“从艺术的起源来看，无数考古资料已经证明，艺术并不完全起源于生产劳动，而常常同巫术祭祀等活动直接有关。例如甲骨文中的‘舞’字，就表现出一个向天祭祀的人手拿两个牛尾在舞蹈朝拜。因此，归根结底，艺术起源于人类对自身与自然（天）中和协调的一种追求。从审美本身来看，也不是一切‘人化的自然’都美，更不是所有非人化的自然就一定不美。”“美与不美，同人在当时是否与对象处于中和协调的存在状态密切相关，美学所追求的也恰是人与对象处于一种中和协调的审美的存在状态。这就是审美的人生、诗意的存在，从生态美学的角度说，也就是人与

---

① 李庆本：《超越实践美学——读曾繁仁先生〈生态存在论美学论稿〉有感》，载《人文情怀 学术探求——纪念曾繁仁教授从教45周年》，河南人民出版社2011年版，第117页。

自然平衡的‘绿色的人生’。”①

第三，在美学的研究对象上，生态美学突破实践美学以艺术为中心的窠臼，强调人与自然、社会及人自身动态平衡的生态系统。我国实践美学深受黑格尔“美学是艺术哲学”观点的影响，认为“美学基本上应该研究客观现实的美、人类的审美感和艺术美的一般规律。其中，艺术美更应该是研究的主要对象和目的，因为人类主要是通过艺术来反映和把握美而使之服务于改造世界的伟大事业的”②，这就将“自然美”排除在了美学研究对象之外；生态美学克服了黑格尔的“艺术中心主义”传统，而将“生态系统的关系之美”作为美学的研究对象，这就大大拓宽了美学研究的内容，丰富了美学研究的问题域。曾繁仁指出：“这里的‘生态系统’不是孤立的与人对立的‘自然’，而是充满生命的包括人在内的‘生态系统’。这样的研究对象既不同于以艺术为研究对象的美学，也与传统的‘自然美’不同。同时，又与西方环境美学中有可能外在于人的‘环境’有着明显的区别。”③

第四，在自然美问题上，生态美学突破了实践美学无视自然特有的价值以及“自然”在审美中的独有地位的片面认识，而强调自然本身特有的审美潜质。对于自然美问题，实践美学认为，自然是否美完全取决于人的实践，“自然美的崇高则是由于人类社会实践将它们历史的征服之后，对观赏（静观）来说成为唤起激情的对象。所以实质上不是自然对象本身，也不是人的主观心灵，而是社会实践的力量和成果展现出崇高”。对于未经人类改造的自然如何会成为审美对象，李泽厚解释道：“只有当荒漠、火山、暴风雨不致为人祸害的文明社会中，它们才成为观赏对象。”④这就完全抹杀了自然对象本身特有的

① 曾繁仁：《生态存在论美学论稿》，吉林人民出版社2009年版，第132页。
② 李泽厚：《美学论集》，上海文艺出版社1980年版，第2页。
③ 曾繁仁：《生态存在论美学论稿》，吉林人民出版社2009年版，第69页。
④ 李泽厚：《批判哲学的批判》，人民出版社1979年版，第404页。

包括其潜在审美价值在内的魅力。而生态美学观则在承认自然对象特有的神圣性、部分的神秘性和潜在的审美价值的基础上,从人与自然平等共生的亲和关系中来探索自然美问题,从而完成了对实践美学从“人化的自然”(即“自然的祛魅”)到人与自然平等共生亲和关系(即部分地“自然的复魅”)的超越。许多生态学家认为,既然自然具有独立于人类的“内在价值”、“内在精神”,那么自然就有独立于人类的美与美感,诸如动物求偶时的啼鸣与展翅等。对于这样的观点,曾繁仁表示难以接受。他说:“我个人一方面不同意‘实践美学’完全以‘人化的自然’来解释自然美的理论,同时也难以接受从自然的‘内在价值’、‘内在精神’的角度来理解‘自然美’。我认为,还是从生态存在论美学观的角度来理解自然美。也就是说,凡是符合系统整体性,有利于改善人的生态存在状态的事物就是美的,反之,则是丑的。”①

第五,在思维方式上,生态美学突破主客二元论的局限,提出了生态整体主义的思维方式,从而完成了从人与自然的“主体性”到“主体间性”关系的超越。实践美学特别张扬人的主体力量,人对自然的驾驭应有其正确之处,但其不当之处在于完全将美看做“人的主体性的最终成果”②,这就完全抹杀了自然的价值,表现出明显的人类中心主义色彩。而“生态美学观在自然美的观念上,力主自然与人的‘平等共生’的‘间性’关系,而不是传统的认识论美学的‘人化自然’的关系”③。曾繁仁认为,中国古代有大量的符合这种‘间性’关系的生态自然美的作品。如李白的《独坐敬亭山》:“众鸟高飞尽,孤云独去闲。相看两不厌,唯有敬亭山。”这里“相看两不厌”的朋友般的情感交流就是一种真正的人与山“平等共生”的自然生态之美。

---

① 曾繁仁:《生态存在论美学论稿》,吉林人民出版社2009年版,第95页。
② 李泽厚:《李泽厚哲学美学文选》,湖南人民出版社1981年版,第161页。
③ 曾繁仁:《生态存在论美学论稿》,吉林人民出版社2009年版,第108页。

第六，在审美属性上，生态美学突破了实践美学的“静观审美”，倡导身体感官全部介入参与的“动态审美”。实践美学受康德静观美学的影响，认为审美属性是一种超功利、无利害的静观。“审美就是这种超生物的需要和享受”，真善美的统一“表现为主体心理的自由感受（视、听觉与想象）是审美”。[①] 而“生态美学不反对艺术审美中具有静观的特点，但却力主自然审美中眼耳鼻舌身的全部感官的介入”[②]。

① 李泽厚：《批判哲学的批判》，人民出版社1979年版，第401、403页。
② 曾繁仁：《生态美学导论·代序》，商务印书馆2010年版，第3页。

第七章　生态美学建设的反思

一　生态美学是后现代语境下的新兴学科

生态美学经过了十几年的发展，取得了不少实绩，但也经常为人所诟病，如有的学者认为生态美学是“虚假的美学”①，是一门“致用之学，而不是真正意义上的美学”②。这一方面是由于生态美学是一种新的美学观念，人们接受它需要有一个过程；另一方面是由于生态美学研究者还没有给学界提供有分量的研究成果，生态美学的学科合法性遭到人们的质疑。为此，曾繁仁认为，生态美学的学科建设需要从以下三个方面来进行反思：

其一，生态美学是后现代语境下产生的新兴学科。“后现代”有“解构”与“建构”两种内涵，前者侧重于批判与打碎，后者侧重于扬弃与建设。“作为后现代语境下的新兴学科有这样几个特点：其一是反思超越性。也就是说生态美学是对于传统美学反思超越的结果，是对于传统美学认识论与人类中心主义的一种反思与超越；也是对于传统美学完全漠视生态维度而仅仅局限于艺术美学的超越；是一种前所未有的包含生态维度的美学形态；其二是开放多元性。生态

---

①　董志刚：《虚假的美学——质疑生态美学》，载《文艺理论与批评》2008 年第 4 期。

②　王梦湖：《生态美学——一个时髦的伪命题》，载《西北师大学报（社会科学版）》2010 年第 2 期。

美学作为一种后现代语境下的新兴学科，不像传统学科那样具有某种超稳定性，而是一种开放多元的体系。……其三是交叉性。生态美学作为后现代语境下的新兴学科具有明显的交叉性，包含美学、生态哲学、生态伦理学……多种元素；其四是建构性。也就是说生态美学作为后现代语境下的新兴学科具有建构性的特点，随着时代不断发展前进，具有明显的与时俱进的品格，而且欢迎更多的学者参与到生态美学的建构之中。"①就此而论，生态美学当然是一种以扬弃与建设为其基本品格的美学形态。一般来说，一个相对独立的学科应该具有相对独立的理论范畴、相对独立的研究方法与相对独立的学者群体这样三个方面的要素。就生态美学而言，它虽然还不够成熟，但已具备了一个新兴独立学科的雏形。从生态美学的哲学基础和研究对象来看，它以生态存在论为根基，以生态系统的美为研究对象；从生态美学的理论范畴来看，生态美学具有"诗意地栖居"，"四方游戏"、"家园意识"、"场所意识"、"参与美学"、"生态审美教育"、"生态文艺学"、"生态审美的两种形态"与"生态美育"等美学范畴，这些美学范畴明显不同于传统美学的自然美概念和艺术美范畴；从研究方法来说，生态美学不同于传统的认识论美学，它以当代存在论以及生态现象学为研究方法；从学者群体来看，研究队伍日益庞大，据万方数据库统计，目前以生态美学为题的学位论文就有 100 多篇，相关论文 1000 多篇，许多国内资深教授已涉足生态美学领域的研究。由此可见，生态美学已具备了国际认定的学科标准。

其二，生态美学的诞生是美学领域的一场革命，具有极为重大的意义。众所周知，随着时代的发展与变化，我国原有的以"美的本质"探讨为核心的美学理论体系愈来愈呈现出局限性，即使是具有深厚理论积累的"实践论"美学也有明显的理论弊端。"具体表现在其哲

① 曾繁仁:《生态美学导论》，商务印书馆 2010 年版，第 453～454 页。

学基础一定程度上局限于机械的认识论，只简单以认识论为指导，较多关注了审美的认识功能，而相对忽视了美学应更深刻地揭示人之生存与价值的意义功能。就美学理论本身而言，'实践论'美学过分地强调了审美是一种'对象的人化'，而忽视了对象、特别是自然本身的价值，容易表现为明显的'人类中心主义'倾向；在自然美的问题上，受黑格尔轻视自然美的观念与马克斯·韦伯'祛魅'论的影响，'实践论'美学在一定程度上无视自然自身所特有的价值以及自然在审美中的独特地位；在思维方式上，'实践论'美学总体上没有完全摆脱启蒙主义以来主、客身心二分思维模式的影响与束缚；在美学的研究对象上，由于长期受黑格尔思想的浸染，'实践论'美学一直将美学等同于艺术哲学，自然在很大程度上被排除在美学之外，这实际上同当前自然审美愈来愈加重要的现实并不相称。"①所以，"实践论"美学总体上是一种以"人化"为核心概念，并隐含有浓郁的"人类中心主义"倾向的美学形态。生态美学作为一种新兴的学科虽然还处于建设与发展中，但它毕竟倡导了一种崭新的美学理论形态，它不仅在美学领域具有价值重建作用，而且对当前的社会生活实践具有重要的指导作用，它符合当今社会发展现实、符合科学发展观，代表着先进文化的发展方向。不仅如此，"生态美学的提出与发展还对西方长期以来基本否定东方美学的倾向予以扭转，特别是会对中国古代美学理论给予重新评价，打破'欧洲中心主义'所谓的'东方美学的非逻辑性'结论，发现东方美学，特别是中国古代美学'生生之为易'的古典生态存在论生命美学的特殊价值"②。

其三，必须将生态美学的哲学基础牢牢地奠定在生态存在论哲学观之上。目前，学术界对于生态美学的疑虑主要集中在人与自然，

① 曾繁仁:《生态美学导论·导言》，商务印书馆2010年版，第2~3页。
② 曾繁仁:《生态美学导论》，商务印书馆2010年版，第459页。

生态观、人文观与审美观如何能够统一的问题上。这实际上关涉到生态美学能否成立的原则问题。哲学史告诉我们,人与世界的关系具有两种模式,一种是传统的认识论模式,这种模式既可以导致“人类中心主义”,也会产生“生态中心主义”。而历史事实证明,这种主客二分的认识论模式在现实中走不通:“人类中心主义”生态观坚持人对自然的绝对控制,从而导致了当下生态危机的日益严重;而“生态中心主义”生态观则坚持万物的绝对价值、自然与人的绝对平等,其结果是阻碍了社会的发展。正因如此,以海德格尔为代表的存在论哲学观顺势而生。“此在是这样一种存在者:它在其存在中有所领会地对这一存在者有所作为。这一点提示出了形式上的生存概念。此在生存着,另外此在又是我自己向来所是的那个存在者。”又说:“某个‘在世界之内的’的存在者在世界之中,或说这个存在者在世;就是说:它能够领会到自己在它的‘天命’中已经同那些在它自己的世界之内向它照面的存在者的存在缚在一起了。”①曾繁仁认为,这其实就是一种包含生态维度的存在论哲学观,是人与自然以及生态观与人文观统一的哲学基础。他说:“在这里,存在者之存在在‘此在’的领会与阐释中,逐步由遮蔽走向澄明,真理得以自行显现,而美也得以呈现。这就是,存在的澄明、真理的敞开与美的显现的统一。实现了生态观、人文观与审美观的统一。”②

二　生态美学与环境美学的联系与区别

生态美学与环境美学的关系一直是国内外学术界所共同关心的问题。目前,学界对此认识有五种:一种是将生态美学纳入环境美学的范畴之内,如中国的生态美学发起者李欣复在《论生态美学》一文

---

① ［德］马丁·海德格尔著,陈嘉映、王庆节译:《存在与时间》,生活·读书·新知三联书店2006年版,第65~66页。

② 曾繁仁:《生态美学导论》,商务印书馆2010年版,第462页。

中说:“生态美学同生态环境学、生态哲学、生态意识学等生态科学群落一样,是伴随着生态危机所激发起的全球环保与绿色运动而发展起来的一门新兴学科。它以研究地球生态环境美为主要任务与对象,是环境美学的核心组成部分。”第二种则认为二者在本质上是相同的,如徐恒醇的《生态美学》以属于环境美学的生活环境、生态环境与城市景观为本体,另有一些中国学者提出了“生态环境美”、“生态环境美学”等术语。第三种则认为生态美学优于环境美学,如前国际美学副会长约尔·艾兹恩认为环境美学还是人类中心主义,不如生态美学总是关心自然;贾森·希姆斯在《生态学新范式的美学意蕴》中认为,环境美学只承认静态、平衡的自然,生态美学却接纳自然系统中动态、侵扰、非平衡的自然。第四种认为环境美学优于生态美学,如美国环境批评家劳伦斯·布依尔于2005年出版的《环境批评的未来:环境危机与文学想象》一书对于“生态”概念加以批评,并主张代之以“环境”。他说:“我特意避免在书名中使用‘生态批评’,尽管文学—环境研究是通过这个概念性术语才广为人知的;尽管我自己在本书的许多语境中也多次使用该词;尽管我期望本书获得注意和评论时,该词被用作基本的查询词。在此我想简要说明理由:首先,‘生态批评’在某些人的心目中仍是一个卡通形象——知识浅薄的自然崇拜者俱乐部。这个形象树立于这项运动的青涩时期,即使曾经属实,今天也已不再适用。第二,也是更为重要的,我相信,‘环境’这个前缀胜过‘生态’,因为它更能够概括研究对象的混杂性—— 一切‘环境’实际上都融合了‘自然的’与‘建构的’元素;‘环境’也更好地囊括了运动中形形色色的关注焦点,其种类不断增长……它们突破了早期生态批评对自然文学和着重提倡自然保护的环境主义文学的集中关注。第三,‘环境批评’在一定程度上更准确地体现了文学与环境研究中跨学科组合——其研究对人文科学和自然科学都有所涉猎;近年来,它与文化研究的合作多于与科学学科的合作。"[①]第五种则搁置它们的异同,将其视为两个互不相关的两个领域进行研究,如廖建荣认为,生态是一种审美维度,而环境是一种审美对象,二者有着本质的区别。面对国外学者的发难和国内学者的困惑,曾繁仁对这二者的关系进行了研究。他认为,生态美学同生态环境虽然产生于不同的年代和地区,但文化立场则是相同的:一方面它们共同致力于改变生态环境恶化的现实,另一方面它们都突破了传统美学的桎梏。他说:"本来,从美学的自然生态维度来说,生态美学与环境美学都属于自然生态审美的范围,是对'美学是艺术哲学'传统观念的突破,它们应该属于需要联合一致的同盟军,不需要将其疆界划得很清晰。但从学术研究的角度却又有将其划清的必要。"[②]

那么二者的区别何在呢? 首先,曾繁仁借用文化人类学的"原生性文化"理论指出,生态文化是诞生于中国农业文化土壤中的"族群的原生性文化"。"族群原初性文化是指那种最初创造的文化事项经过了漫长历史演进仍然保持其本质特征和基本状态的文化现象。它具备原创时代的本真意义,保留着诞生时的基本状态,在历史长河中具有现对的稳定性,因而自成体系而独立,又被世界所接纳。"[③]在曾繁仁看来,中国的"族群原生性文化"是天人相和的"生态文化",而西方的"族群原生性文化"则是天人相分的"科技文化"。"生态文化在西方是一种后生性、外引性的文化形态"。[④] 他以德国哲学家海德格尔、美国"过程哲学家"怀特海、挪威著名生态哲学家阿伦·奈斯为

① [美]劳伦斯·布依尔著,刘蓓译:《环境批评的未来:环境危机与文学想象·序言》,北京大学出版社2010年版,第9页。

② 曾繁仁:《生态美学导论》,商务印书馆2010年版,第463页。

③ 傅安辉:《论族群的原生性文化》,载《吉首大学学报(社会科学版)》2012年第1期。

④ 曾繁仁:《生态美学的东方色彩及其与西方环境美学的区别》,载《河北学刊》2012年第6期。

例,论证了他们的生态哲学思想蕴涵的东方元素:海德格尔"天地神人四方游戏说"明显受到中国《道德经》中"道大,天大,地大,人亦大。域中有四大,而人居其一"的影响;怀特海的有机论哲学是受中国学者贺麟、谢幼伟的影响;阿伦·奈斯的深层生态学深受印度佛学及中国道家思想的影响,其哲学思想中的"自我"不是西方传统哲学中主客二分的"自我"或"本我",而是佛教万物一体的"大我"。所以,"西方现代生态哲学与生态美学是一种对传统'人类中心主义'哲学的突破,是吸收东方思想的成果,在所有西方现代比较彻底的生态理论中无不包含着东方思想的元素"①。

曾繁仁认为,诞生于上世纪90年代的中国现代生态美学诚然借鉴了西方环境美学、生态哲学的理论资源,"但从根本上讲,生态美学在中国当代具有原生性特征,而且只有这种原生性才能使中国生态美学建设符合中国国情与特点,从而走上健康发展之路"②。接着,曾繁仁从现实需要与文化根基的两个维面阐释了这种原生性。"首先,中国当代生态美学的产生源于一种现实的内在需求,是中国现代化进程进入后工业时代即生态文明时代的一种文化需要与表征。……在这种情况下,生态哲学与生态美学建设就成为中国经济社会发展的必然选择,体现了一种内在的现实需要。"③更为重要的是,中国当代生态美学面对的是急需发展经济的现实社会需要与环境资源空前紧缺的国情现状,它吸取了西方"生态中心主义"与"人类中心主义"的历史教训。因此,"中国生态美学所凭借的理论立足点比西方环境美学的'生态中心主义'更加可行,并具有更强的时代感与现

① 曾繁仁:《生态美学的东方色彩及其与西方环境美学的区别》,载《河北学刊》2012年第6期。

② 曾繁仁:《生态美学的东方色彩及其与西方环境美学的区别》,载《河北学刊》2012年第6期。

③ 曾繁仁:《生态美学的东方色彩及其与西方环境美学的区别》,载《河北学刊》2012年第6期。

实感"[1]。而从中国传统文化的角度来看,生态哲学与生态美学建设在中国具有原生性的理论根基。"中国作为内陆国家,长期以来以农业文明为主。这种'以农为本'的经济社会形态必然产生人与自然相谐的生态文化,加之长期的农业社会也使这种古典形态的生态文化得以基本保存,从而成为现代生态哲学与生态美学的根基。"[2]具体而言,"天人合一"观成为现代生态哲学与生态美学的哲学基础;"万物平等"观成为中国生态文化的价值取向;儒家的"己所不欲,勿施于人"成为生态哲学与生态美学所必具的终极关怀;"生生之谓易"、"天地之大德曰生"成为生态哲学与生态美学的重要生命论内涵。因此,"中国古代生态文化成为当代生态哲学与生态美学建设的重要理论支撑,并体现了中国现代生态哲学与生态美学的原生性特征"。[3]

其次,从字意学的角度说,"生态"与"环境"也有着不同的含义。著名美学家约·瑟帕玛对"环境"进行解释时写道:"环境围绕我们(我们作为观察者位于它的中心),我们在其中用各种感官进行感知,在其中活动和存在。问题在于感知者和外部的关系,就算没有感知者,外部世界仍然存在。""甚至'环境'这个术语都暗示了人类的观点:人类在中心,其他所有事物都围绕着他。"[4]也就是说,"环境"的本义是以"人"为中心的。而"生态学"一词则由两个希腊词 okios(家园或家)与 logos(研究)组合而成,包含有"居住,逗留"等意,所以"生态"的含义比"环境"更加符合人与自然融为一体的情形,也更加符合生态存在论美学的内涵。而从审美范式来看,西方环境美学表

---

① 曾繁仁:《生态存在论美学论稿》,吉林人民出版社 2009 年版,第 155 页。

② 曾繁仁:《生态美学的东方色彩及其与西方环境美学的区别》,载《河北学刊》2012 年第 6 期。

③ 曾繁仁:《生态美学的东方色彩及其与西方环境美学的区别》,载《河北学刊》2012 年第 6 期。

④ [芬]约·瑟帕玛著,武小西、张宜译:《环境之美》,湖南科学技术出版社 2006 年版,第 23、136 页。

现出明显的“艺术中心主义”倾向，诸如他们将环境审美划分为对象模式、景观模式与环境模式三种：所谓对象模式即是将对象从环境中独立出来考察，景观模式则是将环境当做具有边框的风景画欣赏，而环境模式则是直接进入环境运用所有感官欣赏。由此可见，这三种模式均未超出艺术的审美范围。诚如瑟帕玛所说：“人们根据这三种模式来行事——即对象模式，风景模式或景观模式和环境模式。当将对象社会化并为它们创造接受规范时，它们都接近于艺术。”①而生态美学则是一种东方式的人与自然融为一体的生命的生存的审美模式。由此可见，中西方生态美学界有关生态与环境之辩不仅仅是一种简单的字词之争，而是一种传统人类中心论与生态整体论或生态存在论的基本哲学理念之争。

其三，从美学内涵的角度来说，“生态”比“环境”更具有积极的意义。众所周知，“环境美学”产生的历史比生态美学早，它难免受到“人类中心主义”或“生态中心主义”的影响。如瑟帕玛在《环境之美》中不仅将“环境”定义为外在于人的事物，而且在“环境美学”内涵的论述上也表现出“人类中心主义”的倾向。他认为，“环境美学的核心领域是审美对象问题”，而“使环境成为审美对象通常基于受众的选择。他选择考察对象的方式和考察对象，并界定其时空范围”，而且，他认为“审美对象看起来意味着这样一个事实：这个事物至少在一定的程度上适合审美欣赏”。② 很明显，瑟氏并没有完全跳出传统美学的窠臼，不仅完全从主体出发考察审美，而且从传统的艺术的形式美学出发考虑环境美学审美对象的形成，而没有考虑生态美学应有的“诗意地栖居”与“家园意识”等。相反，卡尔松倒是比较

① [芬]约·瑟帕玛著，武小西、张宜译：《环境之美》，湖南科学技术出版社2006年版，第64页。

② [芬]约·瑟帕玛著，武小西、张宜译：《环境之美》，湖南科学技术出版社2006年版，第36、41、44页。

彻底的环境主义者,但他却较多地倾向于“生态中心主义”的理论观点。他在《环境美学》一书中所提出的“自然全美论”就是这种“生态中心主义”的反映。他说:“全部自然界是美的。按照这种观点,自然环境在不被人类触及的范围之内具有重要的肯定美学特征:比如它是优美的,精巧的,紧凑的,统一的和整齐的,而不是丑陋的,粗鄙的,松散的,分裂的和凌乱的。简而言之,所有原始自然本质上在审美上是有价值的。”[①]很显然,卡尔松的“自然全美论”是建立在上述“生态中心主义”的理论立场之上的,他完全否定了人类其他的艺术活动。而生态美学产生于环境美学之后且以之为资源,扬弃了环境美学的“人类中心主义”或“生态中心主义”的局限,从而走上了“生态整体主义”和“生态人文主义”道路。曾繁仁说:“所谓‘生态整体主义’与‘生态人文主义’就是对于‘人类中心主义’与‘生态中心主义’的综合与调和,是两方面有利因素的吸收、不利因素的扬弃。生态美学就是以这种‘生态整体主义’与‘生态人文主义’的理论作为自己的理论指导。”[②]

曾繁仁对生态美学与环境美学的比较研究,划清了二者的理论边界,这既有利于二者的共存与发展,也有利于双方互相吸取对方的理论滋养。更为重要的是,它有利于生态美学弘扬自身的中国气派与中国作风,从而走上既与中国传统文化接轨又能适应中国人民生活方式的发展道路。

三　生态美学的实践与运用:城市生态建设观

城市作为人类优秀文明的荟萃之地,理应是人类理想的“栖居”之地。然自都市化运动以来,城市的“栖居”之美正慢慢丧失,生态美

---

① [加拿大]卡尔松著,杨平译:《环境美学——自然、艺术与建筑的鉴赏》,四川人民出版社2006年版,第109页。

② 曾繁仁:《生态存在论美学论稿》,吉林人民出版社2009年版,第156页。

学作为一种研究人类美好生存的学问，当然应该承担起建设城市生态文明的责任。那么如何在当今的城市规划建设中创造“诗意地栖居”，让人回归“家园”呢？曾繁仁认为，其一，应该将城市建设中被放逐的自然重新请回城市；其二，强化“场所意识”，努力营造各种有利于人与人交流的场所；其三，保留城市中原有的人文景观，让城市成为每个人的精神依归与栖息之所。

第一，让自然回归城市。

自然是人类的母体，也是人类生命之本，人天然地亲和自然，热爱自然。“大自然是人类的母亲，人类来自自然最后又必将回归自然，因而亲近自然是人的本性之所在。”①其实，自然最可贵之处，乃在于为人类提供了一个超越性的精神家园。中国古人常把徜徉于美丽的风景之中视作为人生的理想境界。宋代书画理论家郭熙在《林泉高致》中说：“君子之所以爱夫山水者，其旨安在？丘园，养素所常处也；泉石，啸傲所常乐也；渔樵，隐逸所常适也；猿鹤，飞鸣所常亲也。”在西方，启蒙主义运动的先驱们提出了“回归自然”的口号。垂暮之年的卢梭常常“孤身一人，在崎岖的山岭之间深入，从一个树林走到另一个树林，翻过一块又一块岩石，到了一个极其偏僻的所在……在那儿，我发现了七叶石芥花、仙客来、鸟窠花、大株的拉泽花和几种另外的植物，为此我陶醉良久”②。欧洲浪漫主义者认为，人的“精神自由”与人的“自然天性”是一致的，“精神的悸动也是自然的悸动”③。然自工业社会以来，随着城市对乡村的蚕食，工具理性的泛滥，作为人类灵魂陶冶之地的自然逐渐被驱出了城市；科学技术的

---

① 曾繁仁：《转型期的中国美学——曾繁仁美学文集》，商务印书馆2007年版，第460页。

② ［法］卢梭著，邹琰译：《一个孤独漫步者的遐想》，花城出版社2004年版，第114页。

③ ［英］以赛亚·伯林著，吕梁、洪丽娟、孙易译：《浪漫主义的根源》，译林出版社2008年版，第101页。

危害也日益明显，各种电脑、电器以及各种机械统驭着人们的生活模式，人们活得单调而乏味，甚而至于，这种唯科技主义以及与之相关的工具理性渗透到社会生活的各个领域，已经成为人们甚至是整个城市的生活理念与管理体制，人们沉浸在各种会议、报表、评估与竞争之中。在这种表层与深层的唯科技主义的“统治”下，人们不可避免地成为技术的奴隶，甚至成了畸形的“单面人”。

面对这种自然山水淡出城市视阈、技术统治一切的现象，曾繁仁说：“我们的城市休闲文化建设就是要与这种‘技术的统治’相对，营造一种适合人们诗意地栖居的外部环境和内部文化氛围。”[①]那么，如何将原先被城市排挤出去的自然重新请回到城市中来，从而使得人性中被压抑许久的自然性重新恢复起来呢？曾繁仁说：“尽量地保留原生态的状况，少一些人为的痕迹；尽量地使人靠近自然，而不是远离自然；尽量地多一些自然的绿地树林，少一些纽约式的高楼的‘森林’，给人们提供更多的徜徉在自然母亲怀抱之中的空间与时间。”[②]这就是说，城市生态的建设必须尊重自然的本性，让自然在城市中自然地生长，合理开发自然资源，做到显山、露水、透绿。在这方面，华盛顿的城区规划建设可以说是曾繁仁这一结论的最好确证：华盛顿作为美国的政治中心，高楼大厦林立，但所有建筑并非孤单或拥挤地矗立，而是疏朗有致地偎依在自然的怀抱里，丝毫不见一点人工痕迹。整个城区采用的是绿径设计，草地、树林和河流遍布全市，且它们完全呈现未经修饰的自然状态，城区山林枯木横陈，杂草丛生；城区河流乱石嶙峋，流水淙淙。走进华盛顿城区，宛如走进一个世外桃源。华盛顿城市规划建设的成功之处在于，它的设计完全尊重了

---

① 曾繁仁：《转型期的中国美学——曾繁仁美学文集》，商务印书馆 2007 年版，第 459 页。

② 曾繁仁：《转型期的中国美学——曾繁仁美学文集》，商务印书馆 2007 年版，第 460 页。

自然的本性，保护了生物群落的多样性，从而建成了一个人与环境和谐共生的自然生态城市。

第二，强化“场所意识”。

当前，在城市规划建设中，“场所意识”的淡薄已成了一个普遍的问题，许多建筑单位为了争地，抢占优质的自然资源，公共场地日益减少，高楼日益增多。这种规划布局使居民之间日益隔膜，居住的逼仄与模式化，使人们逐步失去自己真正美好生活的“场所”。由此，曾繁仁提出，“场所意识”纬度应成为当代文化建设与城市建设的重要参照。

马克思说：“人的本质不是单个人所固有的抽象物，在其现实性上，它是一切社会关系的总和。”①康德也认为，人是社会共通性与个别性的统一。因此人作为社会性动物是需要群居，需要亲情，需要人与人沟通的。在长期的农耕社会里人们生活在大家庭之中，人与人比邻而居，乡情、亲情极为浓郁，慰藉着人们的心灵。即便在工业革命之初，早期的城市也有着北方的四合院与南方的弄堂，邻里不乏沟通的空间与时间。但是随着当代工业化与城市化的深化，匆忙的生活代替了闲暇时光，林立的高楼代替了亲情与乡情得以连接的“场所”。人们都有一种孤独、苍凉之感，每个人都好像是无家可归者，有车、有房、有钱，但没有亲情与乡情，人成了没有精神寄托的空壳。因此，曾繁仁指出，当代城市休闲文化建设应该具有强烈的人文关怀精神，强化“场所意识”，努力营造各种有利于人与人交流的场所，创造各种人与人交流的空间与时间。当今许多人性化城市都特别强调广场与社区建设，诸如中国许多城市在广场边设立茶馆、欧洲人在街头设置咖啡座等，都是一种强化“场所意识”的表现，它们不仅满足了人们歇脚和饮水的需要，而且给人们提供了一

① 《马克思恩格斯选集》第一卷，人民出版社1995年版，第56页。

种休闲与情感交流的机会。

曾繁仁认为，城市设计如同家园设计，只有设计出的场所像家的感觉才是成功的。例如城市住宅小区的规划建设，应以居民的日常生活习惯为轴心，在各个不同的需求度上展开。空间的疏与密、远与近、闹与静的安排都必须考虑到人的方便、安全、舒适和美的享受。只有这样，我们才会感到“这是我们熟悉的地方，这是与我们有关的场所，这里的街道和建筑通过习惯性的联想统一起来，它们很容易被识别，能带给人愉悦的体验，人们对它的记忆中充满了情感。如果我们的临近地区获得同一性并让我们感到具有个性的温馨，它就成了我们归属其中的场所，并让我们感到自在和惬意”①。所以从某种程度上说，城市“场所”其实就是更具体意义上的“家园”，是每个人与自己的亲人、友人生于斯、养于斯、与之同欢乐共患难的地方，在这个地方充满了亲情与乡情，是人的精神与情感得以寄托的“家”。

第三，保留城市的人文景观。

任何城市的形成既受其独特地理条件的影响，又有其自身的历史文脉，正是在这一时空坐标中才形成了一个城市的景观体系。每一座历史文化名城，都有它的各异风貌。这种风貌不仅表现在外部的特征上，更表现在它具有内在的文化魅力。对此，刘易斯·芒福德有过精辟论述：“在城市发展的大部分历史阶段中，它作为容器的功能都较其作为磁体的功能更重要；因为城市主要地还是一种贮藏库，一个保管者和积攒者。……它不仅较其他任何形式的社区都更多地聚集了人口和机构、制度，它保存和留传文化的数量还超过了任何一个个人靠脑记口传所能担负的数量。”②由此可见，每一座城市都有

① ［美］阿诺德·伯林特著，张敏、周雨译：《环境美学》，湖南科技出版社 2006 年版，第 66 页。

② ［美］刘易斯·芒福德著，宋俊岭、倪文彦译：《城市发展史——起源、演变和前景》，中国建筑工业出版社 2005 年版，第 104～105 页。

自己的文脉,都具有自己的时空关联,人文景观作为城市形象的表征,是不可再生的最高资源。

随着城市化进程的加速,国际城市间交流合作日益频繁。受其影响,当今城市规划和建设中出现了一种国际化、欧美化的盲从与模仿现象,一些城市为了与国际接轨,大规模地“除旧布新”,摧毁古建筑,建造起了豪华的商业区、市郊住宅区和购物广场等。诚如曾繁仁所说:“大踏步的城市化步伐却在短瞬间冲倒了这一个一个独具特色与个性的家园,而代之以一个一个面目几乎相同的钢筋水泥结构的建筑物,人们已经几乎找不到自己的‘家园’,出现了‘我是谁?’‘我在哪里?’的疑问。”[①]这种“千城一面”的景象虽然给我们制造了“地球村”的城市幻象,但因其缺乏与本地城市历史的关联,也缺乏对将要生活于其中的居民的生活方式和个性特征的考虑,不能让人产生归属和自在的感觉。对此,曾繁仁指出:“我们的城市建设应该改变这种情况,不仅每个城市要有个性化,而且要尽量给城市里的每个人以创造个性化家园的条件。在中国人均土地面积极少的情况下要做到这一点需要我们发挥更多的创造性,但个性化城市与个性化住所的营造却是当代生态存在论审美观之‘家园意识’所不可缺少的。”[②]

古老的城市建筑物作为石头构筑的史书,凝聚着不同时代的历史文化精华,反映了历代劳动人民的智慧和创造力,它不仅告诉我们过去,而且还在启示着现在,预示着未来。正因为如此,它给了我们以别的方式所无法获得的他性。所以建筑遗迹的“过去就是现在,而不是回忆,过去为我们的当下和未来提供了深厚的背景”[③]。面对近

---

① 曾繁仁:《转型期的中国美学——曾繁仁美学文集》,商务印书馆 2007 年版,第 461 页。

② 曾繁仁:《转型期的中国美学——曾繁仁美学文集》,商务印书馆 2007 年版,第 462 页。

③ [美]阿诺德·伯林特主编,刘悦笛等译:《环境与艺术:环境美学的多维视角》,重庆出版社 2007 年版,第 112 页。

二三十年以来，许多城市拆除了一些街道的古老建筑，盖起了一些仿古或国际风格建筑的现象，曾繁仁说："审美的'家园意识'不是纯粹的空壳，而是包含着丰富的文化内涵。"[①]因此，城市建筑形式的更新不应该停留在拙劣的模仿上，而应该深入到本质，只有这样，城市建筑才能保留住历史传统的深层意蕴。

四　生态美学的发展路径：全球视野，中国经验

对于生态美学的发展，曾繁仁在2009年10月于济南举办的"全球视野中的生态美学与环境美学"国际学术研讨会上总结出三句话：全球视野、世界资源与中国经验。所谓全球视野，是说生态问题是全球性的共同课题，没有哪个国家能置身于事外；所谓世界资源，是说我国作为一个在生态美学研究方面的后起国家，必须借鉴吸收其他国家特别是西方发达国家的有关资源；所谓中国经验，则意味着，我们建设生态美学一方面要结合中国当下资源与环境压力过大的国情，另一方面则要借鉴中国古代的生态审美智慧。为此，曾繁仁提出了五个衔接。其一是要与当代生态文明建设相衔接。生态美学"只有与当代社会的生态文明建设相衔接，才能从现实生态文明建设中获得动力、获得资源、获得丰富的信息，并找到正确的方向；才能使生态美学建设不仅取得某种合法性与合理性，而且使之牢牢地立足于现实的基础之上。同时，避免许多不符合时代与中国实际的偏差，使之不会成为一种乌托邦而具有现实的阐释力与生命力"[②]。其二是应与当代生态理论的发展相衔接。当代生态理论是生态美学发展的理论基础，它们的发展是同步的，生态美学在生态理论的影响下产生，生态理论的突破必然导致生态美学的突破。其三是要与中国传

---

① 曾繁仁：《转型期的中国美学——曾繁仁美学文集》，商务印书馆2007年版，第462页。

② 曾繁仁：《生态美学导论》，商务印书馆2010年版，第471页。

统生态文化智慧的发掘相衔接。生态美学是新时期以来最具中国气派的崭新的美学理论形态，它只有立足于中国古典存在论并发掘其生态智慧，方可在世界美学之林中发出自己的声音。其四要与当代生态文艺的发展相衔接。生态文艺是生态美学的实践支撑，只有使两者之间呈现良性互动的态势，生态美学的发展才能具有更加坚实的基础。其五要在中西交流对话中与坚持中国特色文化建设之路相衔接。"一个方面是紧密结合中国现实，符合中国实际。……在这种情况下，我们发展生态美学的指导思想，只能坚持发展与环保双赢，生态与人文的统一。既不能走人类中心之路，也不能走生态中心之路；另一方面，由于我国是生态文化资源相对比较丰富的文明古国，因此，我们在现代生态美学建设中就要努力挖掘和吸收古代生态审美智慧，建设具有自己特点的生态美学话语。"①

① 曾繁仁：《生态美学导论》，商务印书馆2010年版，第473页。

结语

新时期美学创新的典范

新时期以来,伴随着中国经济社会由计划向市场、由工业文明向后工业文明的转型,中国美学和美学研究也进入了一个全新的学术语境。一方面传统的美学理论已无法应对日新月异的审美文化现象,另一方面,中国美学无论在学术形态、学术目标,还是在研究理路、研究对象上都处于一片众声喧哗之中。在这种相对杂乱的现实情势之中,曾繁仁以马克思主义人学理论为指导,在文艺美学、审美教育和生态美学领域进行了积极的学术探索,引领着中国美学实现了由本质论到经验论、由思辨美学到人生美学、由人类中心到生态整体的转型。

一　曾繁仁对文艺美学研究的贡献:由本质论到经验论

从建国至新时期之前,在苏俄文艺学和学术政治化的背景下,我国美学研究总是纠结于美的本质探讨,美学研究成为脱离具体审美经验、艺术经验和人生经验的哲学玄谈。这种美学研究范式不但使美学研究逐渐丧失应有的学术自由,也使美学研究逐渐脱离现实生活基础。"文革"结束后,随着政治的解冻与文化政策的调整,曾繁仁跳出前期文艺本质论研究的窠臼,积极呼应文艺美学的学科建设。在文艺美学论中,曾繁仁阐述了文艺美学的生成原因、学科定位、研究对象与研究方法。在学科生成背景上,文艺美学的产生既是美学与文艺学领域“拨乱反正”的必然结果,也是我国学者对传统文艺美学资源的继承与发展,自觉追求学术民族化的体现,同时也是适应国际文艺研究由“外”而“内”学术转向的必然选择。在学科定位问题上,曾繁仁将文艺美学定位为新兴边缘的交叉学科,并在研究视角、时代精神、理论资源、研究方法与学科体系方面将之与传统美学进行了比较,确证了文艺美学的理论边界与内涵。在研究对象问题上,曾繁仁突破了传统美学的“本质论”研究范式,以文艺审美经验作为文艺美学的理论出发点,阐述了经验与实践、经验与主体、经验与想象、经验与表现、经验与快感、经验与接受、经验与心理学、经验与真理、经验与对象之间的关系,并阐发了艺术审美经验的关系性与中介性内涵。曾繁仁以文艺的审美经验作为文艺美学的理论出发点遵循了文艺的情感性与生命体验特点,反驳了传统美学的本质主义与认识论倾向,使文艺回归了美感经验的本源,而且促进了文艺美学研究与当下生活现实和文艺现实的联系;尤为可贵的是,他清算了中国现代美学对古典美学的误读与决裂,使中国当代美学在发展过程中不断地回望传统、承续传统。在文艺日益全球化的时代,以文艺审美经验作为文艺美学的理论出发点无疑凸显了中国古典美学在世界美学与艺术学谱系中的当代价值。在研究方法问题上,曾繁仁以马克思主义辩证唯物主义与历史唯物主义哲学方法为指导,以审美经验现象学方法为基点,广泛吸收古今中外文艺研究方法论的精华,使之呈现出自上而下与自下而上、内部研究与外部研究相统一的新面貌。

《文艺美学教程》是新时期文艺美学建设的标志性成果,在该书中,曾繁仁阐发了艺术审美经验的涵义、范畴、历史形态以及艺术审美经验与人的审美生存问题。从外延上看,艺术审美经验不仅具有跨历史、跨文化、跨种类的广度,而且还是艺术创作与艺术欣赏的深层心理基础;从内涵上看,艺术审美经验不仅具有哲学的、心理的和人文的内涵,而且具有时代的、民族的、地域的和艺术门类的不同样式,在"艺术文本的审美特征"上,"艺术文本是审美经验的重要环节,它既是一个由符号、形象、意蕴等构成的多层次的艺术整体,又是一个在艺术接受、理解、阐释中不断呈现、生成其审美韵味的动态过程"①。曾繁仁从艺术的实践和经验出发,将艺术样式概括为视觉艺术、听觉艺术、综合感觉艺术和语言艺术。曾繁仁的这种划分法逻辑明晰、视野开阔,使人们对整个艺术世界有了一个整体性的把握。在"艺术的发展形态"问题上,曾繁仁以社会生活方式的变迁为依据,将艺术的发展形态分为古代艺术、现代艺术和后现代艺术,这种划分方法刚好契合了艺术审美方式"从和谐到不和谐、再到反和谐"②的变迁,从而体现了历史与逻辑的统一。中西艺术的比较是一个大的课题,曾繁仁只选取了几个关键词,却以点带面地分析了中西艺术的差异:在审美形态的重心上,中国艺术偏于表情,长于写意,而西方艺术偏于构形,长于写实;在艺术审美理念上,中国艺术偏于主体、内敛、表情与写意,而西方艺术偏重于对象、外倾、理智与模仿;在审美形态的价值指向上,中国艺术偏于"人间"情趣的抒发,而西方艺术相对侧重"形而上"意蕴的追诉;在美学理想范式上,中国艺术追求"中和",以"对称"作为基本的审美构成方式,而西方艺术追求"和谐",以"比例"作为审美的构成模态。

新时期以来,曾繁仁还积极从事文艺学史论研究,其主编的著作《中国新时期文艺学史论》采用史论结合的形式,全面总结了我国新时期文艺学建设发展的重要问题。本书从三方面把握了新时期文艺学的整体发展:文艺学基本理论研究史论、文艺学新领域研究史论和新时期文艺论争研究。本书的一个重要特点是把新时期文论放在西

---

① 曾繁仁主编:《文艺美学教程》,高等教育出版社 2005 年版,第 95 页。

② 曾繁仁主编:《文艺美学教程》,高等教育出版社 2005 年版,第 163 页。

方文论的影响背景中来考察，考察两种“异质”理论间的对话与交流，总结我国新时期文论对西方文论所经历的由大量传播、有分析地吸收到对话交流的历程，并着重对中西文论的交流对话的途径进行了充分的肯定与探索。“中国新时期文艺学建设发展史，在某种程度上可以看作是西方文论传播、影响与策动下的建设发展史。西方文论在中国之‘旅程’及‘存在’，不仅为中国当代文艺学建设提供了思想资料宝库，同时也构成了中国文艺学学术史的重要研究对象。”①曾繁仁肯定了西方文论对中国当代文论建设的强势“流入”、“逼迫”与“引领”，但并没有妄自菲薄，而是秉持一种平和自信的心态，探究中国本土文论对外来话语的选择、补充与改造。更为重要的是，他没有空谈西方文论的“移植”和中国古典文论的现代转型，而是以自己的“经验存在论美学”兼收并蓄的中西方文论的精华，为文艺美学的健康发展增添了新的活力与生机。

通过以上的梳理不难看出，曾繁仁的文艺美学论明确了文艺美学的研究对象、研究方法、基本问题及其与美学、文艺学、艺术学的区别与联系；他不仅对传统文艺学的学科结构进行了富有意义的突破，建构起了一种开放性文艺学知识体系，而且持守于中国当代审美文化的现实立场，借助当代西方流行的各种理论、概念与话语对艺术的审美经验进行了阐释；其在研究中所运用的审美经验现象学方法不仅开启了阐释文学艺术的独特视域，而且为人文学科内其他领域的研究提供了方法论的参照。在曾繁仁的“经验存在论”美学中，生存的情感之维是艺术审美活动的基本领域，而审美经验又是展开生存的情感之维的根本途径，它不仅为人的生存情感提供一个审美的世界与诗意化的心灵寓所，而且使人的情感世界获得体验性、超越性的

① 曾繁仁主编:《中国新时期文艺学史论》，北京大学出版社 2008 年版，第 77 页。

内容。因此,“通过艺术实现人的体验性、超越性生存是文艺美学的重要价值取向”①。总之,曾繁仁的“经验存在论美学”以人性的研究为宗旨,以“艺术”为途径,通过审美经验的描述揭示了艺术与人类审美生存之间的关系。他的“经验论”美学形态不仅使文艺学学科建设回归了人文,而且使该学科在美与非美并存的当下发挥了健康的价值判断功能。

二　曾繁仁对审美教育研究的贡献:由思辨美学到人生美学

曾繁仁的美育思想形成于20世纪90年代,其时中国社会正处于从计划经济向市场经济的转变过程中,人们的价值观念、思想意识处于混乱与构建时期,因此,健全人格与健康审美态度的培养成了这一时期社会主义精神明建设的重要内容。为了呼应国家的教育与文化指向,培养公民正确的世界观、人生观与审美观,曾繁仁从自己的教育实践与学术背景出发,开拓性地建构了自己的审美教育思想体系。具体说来,其在美育方面的贡献表现在以下几个方面:

第一,论述了美育的基本特性,指出美育是一种包含感性与情感教育的“人的教育”。长期以来,中国学界对美育的认识停留在“从属论”、“形象教育论”和“情感教育论”上,这三种观点抹杀了美育的独立性,缺乏对其整体特征的深层把握。曾繁仁在吸收鲍姆加登、席勒和马克思三位美育家理论滋养的基础上,提出美育是一种包含感性与情感教育的“人的教育”。这一界定不仅廓清了美育与德育、智育、体育之间的联系与区别,维护了美育的独立地位,而且规约了美育的实施准则。强调美育的感性特征,就彻底地批判了启蒙主义以来感性与理性、身与心、生活与艺术相互分离的思维定式,揭示了审美和美育的经验与知识共存的内在特性;强调美育的“情感教育”的

---

① 曾繁仁主编:《文艺美学教程》,高等教育出版社2005年,第241页。

特性,就有力地扭转了当前美育实践中将美育视为单纯"知识教育"的反常现象;强调美育是"人的教育",就从根本上恢复了美育的人文学科特性,使美育承担起解放人、造就学会审美生存的人的重任。在我国全面推进现代化,大力发展科学技术的今天,曾繁仁对美育性质的认定,警惕和消除了知识理性和技术理性可能造成的消极影响,对克服当下人性异化、培养身心和谐的社会主义新人具有重要的指导作用。

第二,论证了美育的学科性质,为美育学科的健康发展指明了方向。曾繁仁将美育视为一种边缘交叉的人文学科,并对其价值诉求和学科特性予以了研究。对于美育学科的智性与非智性的矛盾,曾繁仁主张在课程的开设、科学研究和学科建设等方面采用人学的研究方法;对于美育考评和不可考评性的矛盾,曾繁仁建言将定量考核和定性考核很好地结合起来;对于美育的阶段性与终身性矛盾,曾繁仁主张将美育的立足点放在审美与艺术态度的培养上。在美育学科的归类上,曾繁仁既将之视为教育学科的一个重要分支又认同其美学学科的特性,这有力地扭转了将美育视为艺术教育的思想。长期以来,在我国的教育实践中,美育被德、智、体三育所取代,自身失去了存在的依据,曾繁仁从人类心灵层面的视角论证了德、智、体、美四育的互补共生的关系,即美育不是单独地促进人某一方面技能、技巧的发展,而是使人的各种精神能力(德、智、体三育)获得健康的发展。在美育的学科建设上,曾繁仁以马克思主义人学理论为指导,兼收西方当代哲学中的非理性因素,使美育研究范式由"本质思辨"转向"人生实践"与"科学实证"。在美育学科的研究方法上,曾繁仁坚持"人学"的研究方法,这种研究方法具有明显的审美与道德价值取向性,有利于美育发挥人文关怀与价值引导。在美育的学科评价体系上,曾繁仁坚持统一的智商评价测试体系和以个人为中心的情景式评价测试体系相结合。曾繁仁对美育学科建设的指导为美育适应新的文化形势，发挥人文精神补缺功能提供了重要的借鉴意义。

第三，论证了美育的作用与意义，唤醒了国家与全民对美育的重视。1999年我国第三次全国教育工作会议通过的《关于深化教育改革全面推进素质教育的决定》中对美育的“不可代替”的地位作出了科学的界定。但对于这一界定，教育界并没有形成统一的认识，仍有许多学者不断撰文伸张美育是德育的组成部分，更为严重的是，在教育实践中存在着大量以智育代替美育的现象。曾繁仁从学理上对德、智、体、美四育进行了区分，并指出了它们互补共生的关系，有力的澄清了美育的独立性与不可代替性；美育同专业艺术教育的关系也是学界纠结的问题，曾繁仁指出美育的根本任务在于培养“生活的艺术家”。长期以来，我国深受西方传统教育模式的影响，在教育体制中推崇智力教育，而对“情商”等非智力因素有所忽略。鉴于此，曾繁仁运用最新的心理学与脑科学的研究成果，以实证研究的方式论证了美育在素质教育中具有培养情商的作用。关于美育的作用，曾繁仁综合中西哲人的美育智慧，创造性地提出了美育“中和论”思想，“中和美育论”不仅阐发了美育在德、智、体各育中的渗透协调作用，而且与西方的“和谐美育论”区分开来，极具中国气派。曾繁仁对美育作用的论述在美育界具有里程碑的意义，它唤醒了国家与全民对美育的重视，在国家层面上，教育部已通过了《学校艺术教育工作规程》，并制订了相关的总体发展规划；而在各级各类学校教育中，则已形成了与《规程》相配套的美育课程建设、课外活动与师资队伍建设等。

第四，表现出强烈的重行意识，为美育的实施提供了指导思想和手段。新时期以来，曾繁仁在美育实施的指导思想、美育实施途径和美育实施目标等方面进行了卓有成效的研究。在美育的实施指导思想方面，曾繁仁将美育工程视为整个社会教育工程有机组成部分，并将美育工程的预期目标设定为高尚、健康的情感素质的培养，曾繁仁对美育工程预期目标的设定，不仅跳出了以往审美教育单纯审美力培养的误区，而且极大提高了审美教育工程的全民意识。在审美教育的实施途径上，曾繁仁既推崇艺术教育，又重视自然美育和社会美育，这就跳出了传统审美教育的“艺术中心主义”。曾繁仁从自己的艺术教育实践出发，在艺术教育的组织保障、课堂教学体系与艺术教育的教材建设方面给予了切实的指导。在美育的实施目标上，曾繁仁提出了“审美力”的概念：“审美力是一种特殊的情感判断能力，这种情感判断能力表现为审美体验与审美评价的直接统一、互相渗透，也就是在审美的情感体验中直接渗透着、融化了审美评价的因素。”①“审美力”概念的提出是曾繁仁对康德“审美判断力”的一种发展，它实现了美育价值与主体的统一，使美育的实施目标有了确定的指向。为了不使“审美力的培养”滑至消极，曾繁仁又提出了“审美情操”的培养方案，这就使社会主义新人的培养目标落到了实处。

第五，对生态审美教育的研究。曾繁仁从事“生态审美教育”研究，既是出于对全球生态危机日益严重的忧虑，也是其前期美育研究的一种学理延伸。他系统研究了生态审美教育的哲学基础、生态审美教育的手段、生态审美教育的范畴、生态审美教育的性质、生态审美教育的目标与任务等。在生态审美教育的基本立足点与哲学基础上，曾繁仁坚持自己创立的整体论生态观，并以之为理论原点，延伸到了生态审美教育的内容、性质、任务与教育手段中，从根本上实现了生态观、人文观、审美观与教育观的统一。在生态审美教育的手段上，曾繁仁摒弃了公共审美教育的艺术手段，而以生态系统中的关系之美为手段，这种关系之美是人与自然生态在相互关联之时，在特定的时空中的“诗意栖居”的“家园”之美。在生态审美教育的主要审美范畴上，曾繁仁超越了传统审美教育的“情感”、“和谐”、“自由”、“游戏”等概念，而以“共生性”、“家园意识”与“诗意地栖居”等一系

① 曾繁仁：《美育十五讲》，北京大学出版社 2012 年版，第 63 页。

列与人的美好生存密切相关的概念为范畴，这些范畴汇通了中西，体现了曾繁仁宽广的学术视野。在生态审美教育的性质上，曾繁仁吸纳西方环境美学的思想，突破了传统审美教育的“艺术中心主义”和视听感官的审美范式，指出生态审美教育是一种人体各感官直接介入的“参与美学”的教育。在生态审美教育的目标与任务上，曾繁仁突破了传统审美教育对“经济人”、“技术人”和“知识人”的培养，而着眼于“生态型人格”和生态审美意识的培养。由此观之，曾繁仁的生态审美教育思想清算了自席勒以来近现代美育思想中的“人类中心主义”和“艺术中心主义”倾向，丰富了美育本体理论的内涵与外延。在生态危机日益严重的今天，曾繁仁的生态审美教育思想的提出无疑有助于缓解生态危机之困，帮助公民树立正确的生态审美观、生态价值观与生态伦理观；对学科建设而言，曾繁仁的生态审美教育思想刷新了传统美育研究的视域，拓宽传统美育的研究路径，同时又从实践的维度夯实了生态美学的存在根基。

第六，对当代美育与文化艺术发展趋势的研究。20世纪中期以来，人类社会进入了以知识经济与大众文化为标志的后工业时代。受其影响，我国出现了诸多后现代状况，诸如经济社会领域中的“生态文明”建设、文化领域中的大众文化、消费文化与网络文化的勃兴等。这些新的文化现象颠覆了许多传统的美学与美育观念，对当前的社会主义美育建设构成了新的挑战，对此，曾繁仁以历史唯物主义观念进行了审视与批判，并对当下的审美观念、美育理论与实践进行必要的调整。对于视觉艺术的出现，曾繁仁建言将其内容与形式纳入到我国当代艺术教育的课程与考核之中。在视觉艺术教育内容方面，既要突破传统艺术教育内容，将视觉艺术纳入艺术教育之中并建立起具有教学示范作用的作品经典库，同时，重塑经典，将20世纪中期以来较好的视觉艺术纳入经典文库。在视觉艺术的评价问题上，曾繁仁主张以“身体美学”的视角来介入批评，同时联系“后现代文化”语境,对学生的视觉艺术情趣进行提升。对于网络文学,曾繁仁主张建设一种网络时代的人文精神,在学校美育课程中增设网络文化与网络文学的专门课程,借以对青年一代进行正面教育与必要的引导。曾繁仁对当代美育与文化艺术发展趋势的研究,为美育的深入研究指明了方向,同时也迎接了时代的挑战,为美育在学校课堂的展开提供了策略与方法论。

第七,关于现代西方美学“美育转向”的论述。新时期以来,中国学界多专注于西方现代美学的“非理性转向”、“心理学转向”、“语言论转向”、“文化研究转向”等。而曾繁仁却独具慧眼,发现了西方美学的另一种转向即“美育转向”。具体说来,这种转向是由对美的抽象思考转向对美与人生关系的探索,它以康德、席勒为开端,后在叔本华、尼采、弗洛伊德、萨特、福柯等众多美学家的努力下,“人生主义”倾向日益明显。曾繁仁认为,叔本华的“意志主义本体论”,反思批判了西方的理性主义哲学,张扬了生命意志的非理性,并将美学引向人的生存,开辟了广义的美育之路;而尼采的“艺术是生命的伟大兴奋剂”则将艺术提升到了本体的人的生存意义的形而上的高度,完成了由传统美学到现代美学的过渡;杜威的“艺术即经验”全面论述了艺术与生活、艺术与人生的关系,将艺术从高高的象牙之塔拉向现实的社会人生;弗洛伊德的精神分析批评则为包括美育在内的人的教育与人格的培养提供了深层心理学的依据;海德格尔的“人的诗意地栖居”将人的自由解放与美好生存放在了艺术存在的本体上;杜夫海纳的“艺术是审美知觉的构成”的论断突出了欣赏者在创造中的作用,在一定意义上包含着“人人都是艺术家”的重要内涵;伽达默尔的阐释学突破了传统的认知解释学,追寻生命存在的意义,并突出了审美教育的重要性;福柯的“自我呵护”命题标志着他把人的关注点从人与社会、人与他人的关系转到人与实际存在的人自身的关系之上。正是在深谙西方现代美学“美育转向”的基础上,曾繁仁先生从早期本质论与思辨美学的研究困境中走出来,致力于当代审美教育的研究。

第八,对中国古代"中和论"美育思想的阐释。曾繁仁站在中国传统文化的基点上,创造性地提出了"中和论"美育思想,这种美育思想包含着丰富的内涵:"保合大和"之自然生态之美;元、亨、利、贞"四德"之吉祥安康之美;"中庸之道"之适度适中之美;"和而不同"之相反相成之美;"和实相生"的生命旺盛之美;人文化成之礼乐教化之美。曾繁仁从哲学前提、民族情怀、内涵与侧重点、艺术范本与发展趋势等方面对"中和论"美育与西方的"和谐论"美育进行了"平行研究",指出"中和论"美育思想超越了西方美育的"人类中心主义"和"艺术中心主义",蕴涵着丰富的生态审美智慧:它强调艺术创作中"情"与"理"的和谐;强调艺术表现的"中和"性审美原则;致力于培养"文质彬彬"、"温柔敦厚"理想人格;强调人格自身、人与社会、人与自然的和谐等。曾繁仁对中国古代"中和论"美育思想的挖掘,不仅弘扬了中国传统文化的魅力,为中国本土美育理论研究赢得了话语权,同时也为生态美育的深入研究提供了新的视角。

第九,对中国现代美育思想的研究。中国现代美育观念是在西学东渐、中国社会由传统向现代转型过程中产生的一种美育形态。曾繁仁以蔡元培、王国维、梁启超、朱光潜和丰子恺的美育思想为个案,由点带面地展开研究,发掘了中国现代美育以"为人生"为内核的研究倾向,同时阐发了现代美育家们不同的研究个性,诸如蔡元培的"以美育代宗教说",王国维的心育论与"审美境界说",梁启超以"新民"为其出发点,以"情感教育"、"趣味教育"为内容,以"美术人"、"生活艺术化"为旨归的美育隐性体系,朱光潜的"人生艺术化"与"人生有机论"立场,丰子恺的人生同情论等。曾繁仁对中国现代美育思想的突破意识、实践性原则和"不中不西即中即西"的治学方法给予了高度评价,但对其思维方式的主客二分、"西强中弱"

的倾向以及贬抑自然之美的观点给予了批判。从整体上看,曾繁仁对中国现代美育思想的研究是站在古今中外宏观的美学学术史的视野上进行的,这种研究既发掘了中国现代美育在中国美学史上的思想价值,又清算了其不良影响,从而为中国当代美育的健康发展扫清了道路。

三 曾繁仁对生态美学研究的贡献:由人类中心到生态整体

生态美学研究是曾繁仁用力尤深的一个研究领域,自本世纪之初至今,曾繁仁在生态美学的生成背景、理论资源、内涵范畴、学科建设等方面取得了斐然的研究业绩,已基本建构起了生态美学的理论体系与学科体系。

(一)生态美学的生成背景:由"人类中心主义"到"生态整体主义"

对于生态美学的生成背景,学界对之聚讼纷纭,有人认为它是生态恶化的现实所促逼,有人认为它是某些学者的标新立异。曾繁仁指出,生态美学的产生绝不是偶然,而是有着深刻的社会文化根源、哲学背景与学科依据。从经济社会的角度看,由"人类中心主义"导致的资源缺乏和环境污染日益威胁到人类的生存。这些矛盾的解决诚然需要依靠经济、政治、道德的手段,但美学的作用更为关键,所以改善当代日益严重的人类生存状态非美化的现实需要,成为了当代存在论美学观提出的现实土壤。曾繁仁在《生态美学导论》中详细分析了生态美学建设对于中国现实的紧迫性,创造性地提出了五个现代化即"生态现代化"的建设构想。面对中国如火如荼的都市化进程,面对学术日益商业化、娱乐化或书斋化的倾向,曾繁仁满怀忧虑地指出:"我们的当务之急不仅在调整发展模式,而且还要建设生态文化，包括生态哲学、生态伦理学、生态经济学、生态社会学、生态美学。”①从社会文化的视角对生态美学的合法性进行申辩，实际上是从意识形态的高度为生态美学的出场提供了理论依据。这也使他远远超越了西方学者将生态问题仅仅归结为人口根源、经济根源、技术根源和增长理论的浅层认识，而站在了生态美学建设的制高点上。

一门学科的生成除了要揭示它的外因之外，还要寻找它内在的哲学依据。为此，曾繁仁深入探讨了生态美学产生的哲学背景，回答了“人类中心主义”者的诘难，提出了“生态人文主义”。面对“人类中心主义”与“生态中心主义”的争论——自然有无“内在价值”问题、自然是否有“生态权利”问题、万物是否“平等”问题，曾繁仁作了全面科学的解答：对于自然有无“内在价值”问题，他主张自然内在价值与外在价值的统一；对于自然是否拥有权利、能否成为权利主体的问题，曾繁仁主张从生态存在论与生态整体论的角度来思考；对于生态平等问题，他主张“生态整体主义”平等观。面对“绝对生态主义”与“人类中心主义”的严重对立，曾繁仁主张以“生态人文主义”来调和二者，“它实际上是生态文明时代的一种新的人文精神，是一种包含了‘生态维度’的更彻底、更全面、更具有时代精神的新的人文主义精神”②。“生态人文主义”的提出，既从学理上遏制了“人类中心主义”思想的膨胀，又防止了“生态中心主义”冒进所可能导致的负面影响，从而使生态美学建立在了可靠的哲学基础与现实背景之上。

除此之外，曾繁仁还探寻了生态美学的诞生内因：认识论美学的终结和现代生态批评的兴起。传统的认识论美学在主客二分哲学思维模式的影响下，执著于审美本质的探讨，脱离了现实，逃离了人生，而正当此时，现代文学生态批评推波助澜，为生态美学的建设输送了

---

① 曾繁仁：《生态美学导论》，商务印书馆 2010 年版，第 45 页。

② 曾繁仁：《生态美学导论》，商务印书馆 2010 年版，第 64 页。

丰富的理论资源与实践经验。曾繁仁在《生态美学导论》一书中着重考察了西方现代生态批评的产生、内涵与延伸，他以生态文学的经典文本《瓦尔登湖》和《寂静的春天》为个案，阐发了生态批评的五个原则。曾繁仁对生态批评原则的阐发颠覆了传统文学批评的“人类中心主义”倾向，重建了“绿色阅读”的价值体系，这不仅拓展了生态批评的理论空间，而且为“生态诗学”的建构与文学精神的振拔提供了有益的尝试。

（二）生态美学的理论指导：马克思主义唯物实践存在论

长期以来，由于历史原因，中国美学界停留于认识论阶段。如“实践美学”过分地强调审美是一种“自然的人化”，忽视了自然本身的价值；过分注重于审美的认识功能，忽视了美学对人的生存状况与价值的关注。在全球生态危机日益严重的今天，这种美学理论的弊端日益明显。正因此，纠偏传统美学的认识论倾向和“实践本体论”倾向成了一种时代的必然。曾繁仁以生态的视角重新解读马恩经典著作，发掘马克思主义唯物实践存在论蕴涵着浓郁的生态内涵：第一，马克思、恩格斯在批判唯心主义和旧唯物主义的基础上，创立了以突破形而上学为特点的新的世界观。“这种新的世界观就是我们所熟知的唯物主义实践观，它是一种不同于一切旧唯物主义的、以主观能动的实践为其特点的唯物主义世界观，即唯物实践的存在论世界观。”[①]第二，马克思的唯物实践观不仅包含着明显的生态意识，而且也包含着明显的生态审美意识。第三，马克思在《1844 年经济学哲学手稿》中所说的“自然的人化”并不是如实践美学所讲的“按照客观世界本身的规律来改造客观世界”，而是包含着“人的尺度”与“物种尺度”的统一。第四，马克思、恩格斯阐述了人与自然平等的生态观念，批判了“人类高于其他动物的唯心主义观点”。曾繁仁对马

① 曾繁仁：《生态美学导论》，商务印书馆 2010 年版，第 120 页。

克思、恩格斯的生态理论并非一味地全盘接受，而是对其局限性有清醒的认识，在继承中有所批判。比如对空气和水，在马克思哲学中只有被人类利用时才有使用价值，而曾繁仁却认为它们不仅有独特价值，而且也有承载限度。曾繁仁对马克思主义实践存在论中生态智慧的挖掘与批判的继承，不仅纠偏了实践美学对马克思主义基本原理的误读，揭示了实践美学的"人类中心主义"立场与危害，而且为生态美学的存在与发展找到了理论的依据，为其健康的发展提供了理论指导。

检验一门学科理论体系是否周延和成熟，关键是看其是否能回答社会实践中产生的理论问题。针对中共中央提出的生态文明理论，曾繁仁运用生态美学的观念对之进行了解读：其一，一个反思。社会主义生态文明理论是对资本主义工业化和我国既往工业化"先污染后治理"发展模式的反思与超越，带有建设性"后现代"性质。其二，两个立足点。它既立足于人民群众的根本利益，也立足于中华民族的生存与发展，它是社会主义人文主义精神的当代发展。其三，三个关系。一是生态文明与经济发展的关系；二是生态文明与科学技术的关系；三是中国与世界的关系。其四，三个重要措施。即生态文明建设要从法律政策、体制机制与工作责任制三个方面着手。其五，五个重要转变。这五个转变表现在经济层面、增长方式、消费方式、理论观念与发展目标上。曾繁仁对中央生态文明理论的解读为生态美学的建设指明了方向。"那就是首先须从中国的国情出发，中国的生态理论建设必须紧密结合中国的经济社会与自然生态实际，不能照搬西方理论；同时，中国生态理论建设应更多借鉴吸收中国传统文化中丰富的生态智慧，使之具有中国气派与中国风格。"①

① 曾繁仁：《生态美学导论》，商务印书馆 2010 年版，第 135 页。

（三）生态美学的西方资源

众所周知，生态美学是在西方环境美学的影响下而诞生的一种美学形态，在某种程度上说，西方美学是生态美学建设的一个重要学术参照。因此，生态美学的学科建构绕不开西方的美学资源。曾繁仁先生早年研究西方美学，对这一学术资源有着清醒的认识和了解。他对西方美学资源的借鉴并不停留在简单移植或比附上，而是利用其生态存在论审美观进行创造性的解读。如近代美学先驱乔巴蒂斯达·维柯，学界一般认为他是一位政治思想家和神学家，而曾繁仁却认为其“诗性思维”就是一种原始的自然的审美思维：这种思维主客不分，信仰“万物有灵”，并在隐喻、转喻和比喻中，人与自然平等游戏等。又如美国著名美学家乔治·桑塔耶纳的审美有利性、“美是一个生命的和声”的重要命题，杜威的“审美艺术经验”是人作为“活的生物”与周围环境的冲突与和谐中所形成的一个完满的经验等均蕴涵有丰富的生态审美智慧。尼古拉·车尔尼雪夫斯基“美即生活”的论断一向被学界视为“机械唯物主义”而予以否定，曾繁仁却从这一论断中发现了可贵的生态元素。其一，车氏提出的“美是生活、是健康地活着”是素朴的人的生命论美学命题，它是一种符合自然生态规律的美的重要形态。其二，车尔尼雪夫斯基提出“生活美高于艺术美”的重要思想，批判了黑格尔的“艺术中心论”，维护了自然审美的合法地位。其三，车尔尼雪夫斯基从自然与人的生命的关联中阐述了自然的审美价值。其四，批判康德“观念压倒形式”的“人类中心主义”的崇高观，提出“崇高就是自然事物本身崇高”，承认自然自有的崇高价值。曾繁仁对18世纪欧洲美学家生态智慧的挖掘表明：即便在工业革命雄霸一时的背景下，西方文化中仍有生态美学的暗流在潜滋暗长，这也揭示了“人与自然”的关系确是人类文明的“元问题”，它自始至终贯穿于人类文明的长河中。

海德格尔被美国现代生态理论家看做是“具有生态观的形而上

学理论家”。曾繁仁通过对海氏哲学美学论著的研读，认为其生态美学思想表现在哲学观、语言观和审美观上。在哲学观上，海氏凭借现象学方法构筑了一个“人在世界之中”的生态整体观点。在语言观上，海德格尔以大地与语言关系的基本理论构筑了大地是人的生成根基的重要观点。在审美观上，海德格尔以“艺术是真理的自行置入”建立了人与自然平等游戏的家园意识。曾繁仁对海氏哲学的生态解读，为生态美学找到了存在论依据，而且从“他者”的研究视角弘扬了“老子道论”的文化魅力。环境美学是西方20世纪逐步兴起的一种新的美学形态，其主要的代表人物有芬兰的瑟帕玛、加拿大的卡尔松和美国的罗尔斯顿等。曾繁仁解读了他们的著作，挖掘了他们环境美学思想中的生态元素，并清算了他们环境美学思想中的“人类中心主义”和“生态中心主义”倾向，这为生态美学吸收他们的理论成果，并注意与之保持理论界限，维护生态美学的独立学科品格奠定了基础。

众所周知，基督教文化是西方文化的重要渊源之一。曾繁仁以莫尔特曼的“生态创造论”为个案，对其所包含“生态神学”思想进行了解读。其一，莫尔特曼的“生态创造论”提出了以上帝为中心的“生态平等”。其二，莫尔特曼论述了“人在上帝与自然中”的中介性地位。其三，莫尔特曼发现了“安息日”的生态价值，并视之为创造的真正标志。曾繁仁虽然肯定了莫尔特曼的“生态的创造论”思想，但对其消极的一面也有所洞察。他说：“莫氏的‘生态创造论’与所有的神学理论一样，都是以高高矗立于彼岸世界的‘上帝’为其最高信仰与最重要核心的，包括当代生态危机的解决，也都寄希望于此。我们对这种信仰的尊重难以代替其理论本身的虚无与缥缈。”[①]曾繁仁还“以点带面”，从《圣经》之“因道同在”之超越美、“藉道救赎”之悲

---

① 曾繁仁：《生态美学导论》，商务印书馆2010年版，第195页。

剧美、"因信称义"之内在美和"新天新地"之理想美四个层面阐述了基督教神学存在论的基本内涵,开辟了神学为生态美学以资利用的先河。曾繁仁对宗教美学的生态解读,解除了学界长期以来对神学、《圣经》的警惕态度,也让我们真切地感受到宗教神学在救赎灵魂、解困生态危机方面的功效。这也给生态美学的建设提供了某种启示:生态美学的理论建设资源唯有海纳百川、兼收并蓄,其存在论根基方更为牢固。

(四)生态美学的中国资源

中国美学理论自"五四"以降基本上沿着西方认识论美学的路径发展,认识论美学诚然给中国美学带来了丰厚的理论滋养,产生了诸如盛极一时的实践美学等,但不可否认的是,在向西方美学学习的过程中,中国美学界也慢慢迷失了自己的民族身份,出现了一些学者所说的"失语症"。而生态美学的崛起,则使中国古典美学重新焕发出新的学术魅力,找到了与西方美学对话交流的基础。曾繁仁先生所引领的生态美学就明显具有"中国气派"与"中国作风",它既汇通了西方盛行的环境美学,又具有适合中国国情的特色性。新世纪以来,曾繁仁先生认真解读中国古代文化典籍,从儒、道、释三家哲学中吸取了丰富的生态智慧。

曾繁仁以《论语》为主要依据,对以孔子为代表的儒家古典生态智慧与生态审美智慧进行了挖掘与阐发。他认为其智慧主要体现在以下八个方面:一是"天人合一"的中国古代生态存在论智慧;二是对自然之敬畏与客观自然美的诉求;三是"和而不同"的"共生"思想;四是不违农时的古典生态智慧;五是力主节俭朴素的符合生态规律的生活方式;六是"知者乐水、仁者乐山"的对自然万物的亲和之情;七是"仁者爱人"的东方古典生态人文主义;八是孟子的"仁民爱物"与张载的"民胞物与"的古典生态观。《周易》作为中国古代哲学与美学的源头之一,深刻地影响着中国人的思维方式与审美观念。在曾繁仁看来,《周易》的生态智慧主要表现在以下四个方面:其一是“生生为易”之古代生态存在论哲思;其二,阐述了“乾坤”、“阴阳”与“太极”是万物生命之源的理论观念;其三,蕴涵有宇宙万物是一个有生命的环链的思想;其四,它是一种“坤厚载物”之古代大地伦理学。不仅如此,曾繁仁还从生态存在论审美观的视角阐发了《周易》的生态审美智慧,这种审美智慧主要表现在以下几个方面:其一,描述了艺术与审美作为中国古代先民的生存方式之一;其二,表述了中国古典的“保合大和”、“阴柔之美”的基本美学形态;其三,阐述了中国古代特有的“立象以尽意”的诗性思维;其四,歌颂了“泰”、“大壮”等生命健康之美;其五,阐释了中国古代先民素朴的、对于美好生存与家园的期许与追求。

曾繁仁认为,作为东方古典形态的老庄道家思想,是具有完备理论体系和深刻内涵的存在论哲学美学思想与人生智慧。其中,“道法自然”阐发了宇宙万物运行的基本规律、根源与趋势,它不同于西方的“理念论”与“模仿论”,是一个存在论哲学与美学命题;其“逍遥游”、“游心”等命题,包含着深刻的由去蔽走向澄明的思想,其指归超然物外的审美生存状态;其“道为天下母”的思想,使人与自然万物在生成上有了共同的本源;其“万物齐一论”,体现了万物平等的价值观,消解了人类高于自然的思想;其“天倪”与“天钧”的理论包含有“万物不同相禅若环”的生物链思想;其“坐忘”与“心斋”的悟“道”方式是一个超越存在者而走向审美的、诗意的存在过程;其“至德之世”的预言,映现了人与自然、社会和谐相处的生态审美理想。“禅宗”作为一种中国化的佛教宗派,其宗教典籍中也包含着丰富的生态思想:人与自然和谐的境界说;万物均有价值的心性论;悬隔物欲、善待自然的禅定之法;净土在世的生态实践观等。

中国古代“天人合一”的哲学观念不仅统摄着儒、释、道三家文化,而且还体现在中国传统艺术中。在曾繁仁看来,中国传统的“国画”就蕴涵着丰富的生态审美智慧：其一，“国画”是一种中国特有的“自然生态艺术”，这不仅表现在其使用工具来之于自然，而且在创作中力主自然而然的艺术原则；其二，“国画”在绘画的透视上运用一种特有的异于西方“人类中心主义焦点透视”的“散点透视法”，这种透视法景随人迁，人随景移，对鉴赏者来说是一种动态的参与审美；其三，“国画”的“气韵生动”的重要美学原则将大自然作为有生命的灵性之物加以描绘，体现了人与自然的平等；其四，“国画”特有的“外师造化，中得心源”的创作原则来源于中国古代生态智慧“天人合一”的思想；其五，“国画”所追求的“可行、可望、可游、可居”的艺术目标符合人与自然和谐的精神；其六，“国画”的“意在笔先，寄兴于景”充分展示了人与自然的友好关系。曾繁仁肯定中国传统“国画”的生态优势，但并不否定西画的优点，而是意在说明，两者可以取长补短，发展出更加符合新时代需要的自然生态艺术。

曾繁仁从生态美学的视角对《诗经》进行了解读，认为其生态存在论思想表现在以下九个方面：一是包含生态人文内涵的“风体诗”；二是反映初民本真爱情的“桑间濮上”诗；三是建立在古典生态平等之上的“比兴”艺术表现手法；四是对于“生于斯养于斯”之家园怀念的“怀归”之诗；五是反映先民营造宜居环境的“筑室”之诗；六是反映古代农业生产规律的“农事”之诗；七是敬畏上天的“天保”之诗；八是秉天立国之“史诗”；九是表现古代巫乐诗舞相统一的“乐诗”。他又从“诗体”、“诗意”、“诗法”三个方面阐释，认为《诗经》所表现的是一种“天人之和”之“志”，是一种古典形态的生态人文主义。曾繁仁对于《诗经》的重新解读给了我们许多启发，使我们进一步认识到长期以来影响极广的“实践美学”及其所强调的美是“人的本质力量的对象化”以及“主体性”的理论的片面性。诚如他所说：“《诗经》主要不是劳动之歌，更不是什么人的本质力量对象化的产物，而主要是原生态的从人的本性发出的歌唱。它也不是什么人类改造战胜自然的产品，更不完全是人的自我颂歌。它是人出于天性的生命之歌、生存之歌，是对于'天人之和'的期盼，甚至是对渺茫宇宙与上天的祈祷，对天的歌颂远远超过了对于人的歌颂，根本不存在什么'人类中心主义'。因此，《诗经》是生命之歌，是对人与自然和谐祈盼之歌。"①

曾繁仁对中国古典哲学与古典艺术生态资源的挖掘不仅夯实了生态美学的存在根基，而且破除了长期以来在世界美学研究领域的"欧洲话语中心主义"，弘扬了中国传统文化的价值。从以上的梳理中亦可见出，曾繁仁对中国生态资源的挖掘并没有套用西方的生态观念，而是采用文史哲相统合的研究思路，把每一个范畴和术语放回到中国传统话语语境中，阐发其本真的意义。更难能可贵的是，他在解读中国传统生态智慧时，时时注意与西方的生命哲学相比较，明辨其中的是非要义。如在阐发《周易》的生态智慧时指出："这就是包括中国在内的东方文化将万物之元归结为乾坤阴阳交混施受、混沌难分的'太极'，不同于西方将'物质'与'理念'作为万物之源；而且，《周易》所说的生命是包括地球上所有物体的'万物'。无论是有机物还是无机物，均由乾坤、阴阳与天地所生，都是有生命力的。这与西方现代生命论哲学将生命局限在有机物、植物、动物特别是人类身上是有区别的。西方的这种生命论哲学与美学可以说还有某种'人类中心主义'的遗存，而《周易》中的生命论则更加具有生态的意义。"②曾繁仁对中国传统哲学生态智慧的挖掘并不拘泥于旧说，而是在发掘的基础上有所发展，如对中国的"风水"观念，主流意识形态对之一味地采取排斥的态度，而曾繁仁却认为"风水"观念中蕴涵着中国古人追求人与自然的和谐和生态智慧的诉求。

---

① 曾繁仁:《生态美学导论》，商务印书馆 2010 年版，第 398 页。

② 曾繁仁:《生态美学导论》，商务印书馆 2010 年版，第 221 页。

(五)生态美学的内涵

生态存在论虽由当代生态理论家大卫·雷·格里芬首次提出,但曾繁仁在马克思主义实践存在论的指导下,吸收中西生态智慧的精华,对之进行了改造,创造了独具特色的生态存在论美学观。这种生态存在论美学超越与丰富了"传统的存在论美学":第一,它丰富了"存在"的范围。传统的存在论只关心人当下的"此在",生态存在论则由此拓展到"人—自然—社会"的系统整体之中。第二,它改变了存在的内部关系。传统存在论把存在看成孤立的人,而生态存在论以"主体间性"思维看待人与人、人与自然之间的关系。第三,它拓宽了观照"存在"的视角。传统存在论把存在界定为人此时此地的存在,而生态存在论在空间上扩充到了宇宙的高度,在时间上延展到了人类的未来与发展趋势。第四,它进一步完善与丰富了存在审美价值内涵。传统的存在论美学只承认主体的自由选择的审美能力,生态存在论美学则承认自然具有内在的审美价值。由是观之,曾繁仁的生态存在论美学既包含有从认识论到存在论、由人类中心主义到生态整体主义过渡的重要内容,而且将存在论美学与生态美学完美地结合在了一起。不仅如此,曾繁仁所倡导的生态存在论美学在哲学基础、研究对象、审美属性、美学范式以及自然审美问题上也超越了"实践美学"的历史局限性,从根本上推进了中国美学形态的现代转型。正如我国学者朱立元所说:"曾繁仁'生态存在论美学观'的提出,不仅对发展中的我国生态美学的理论形态奠定了存在论根基,而且呼应了当下哲学、美学的存在论转向,同时也直接构成了当代中国存在论美学谱系之中的重要理论收获。"①

长期以来,我们深受黑格尔的影响,将艺术作为美学的研究对

① 朱立元,栗永清:《从"生态美学"到"生态存在论美学观"》,载《东方丛刊》2009年第3期。

象,自然美总处于边缘化的地位,甚或不被看着是艺术的审美对象。然自生态美学诞生以来,“自然”被引入了审美之维,甚而被某些专家视为生态美学的研究对象,正如朱立元所评价的那样:“在构建‘学科’的理性冲动之下,1990 年代的生态美学研究者们更多地对于作为确定学科性质的‘独特的研究对象’——‘生态美’——给予了突出的强调,然而这种作为研究对象的‘生态美’仍然被置入了主客二分的认识论框架之中,而生态美学自身的学理基础建设(超越主客二分的认识论框架和‘人类中心主义’)反而在不经意间遭遇耽搁。”① 在曾繁仁看来,生态美学的研究对象不是“自然”,而是“生态系统”的美。这一点使他远远高于同时代的生态美学研究者。他从学理上分析了“生态系统的美”的内涵:其一,生态系统的美包含着自然但不是“自然全美”;其二,生态系统的美包含着人的因素,但又不同于“移情论”、“人化的自然论”与“如画风景论”。通过这种分析,曾繁仁指出,所谓生态系统的美“既非纯自然的美,也非人的‘移情’的美和‘人化’的美,而是人与自然须臾难离的生态系统与生态整体的美”②。曾繁仁对“生态系统的美”的界定,既划清了生态美学与生态中心主义者的“自然全美论”的界限,又破除了传统美学主客二分的认识论倾向,从而彰显了生态美学研究对象的特殊意义与价值。

在生态美学的研究方法上,曾繁仁借鉴了中国古代哲学的生态智慧与德国哲学家 U. 梅勒的生态理论,创设了生态现象学方法,这种方法具有如下几个特点:第一,摒弃工具理性的主客二分、人与自然对立的思维模式,而走人与自然相和谐的生态整体主义。第二,回到人的精神的自然基础,探寻人的精神与存在的自然本性。第三,扭转人与自然的纯粹工具的、计算性的处理方式,走向平等对话的相互

① 朱立元、栗永清:《从“生态美学”到“生态存在论美学观”》,载《东方丛刊》2009 年第 3 期。

② 曾繁仁:《生态美学导论》,商务印书馆 2010 年版,第 300 页。

间性的交往方式。第四,在适度承认自然的“内在价值”的前提下批判与抛弃自然的祛魅与机械论世界观。曾繁仁的“生态现象学方法”破除了主客二分的认识论体系,为我们超越物欲,进入与自然万物的平等对话,审视“生态系统的美”提供了一种视角。更为重要的是,这种方法类似于中国道家的“心斋”和禅宗的“悬搁”,具有民族化和本土化的特点,它使中国古典生态智慧再一次得到了现实性转化。

任何一门学科,要想取得合法性依据,就必须拥有自己的学科范畴。曾繁仁在吸收古今中外的生态美学智慧的基础上,为生态美学规约了九个范畴。它们分别是生态审美本性论、“诗意地栖居”、四方游戏说、家园意识、场所意识、参与美学、生态文艺学、生态审美的两种形态:阴柔的安康之美与阳刚的自强之美、生态审美教育。其中,生态审美本性论和生态审美教育为曾繁仁先生所独创。曾繁仁认为,人的生态本性具有本源性、环链性和自觉性特点,它在人文领域具体表现为:由人的平等扩张到人与自然的相对平等;由人的生存权扩大到环境权;将人的价值扩大到自然的价值;将对于人类的关爱拓展到对其他物种的关爱;由对于人类的当下关怀扩大到对于人类前途命运的终极关怀。曾繁仁对“人的生态本性”的发现既为生态美学的存在找到了内在的人性依据,也使生态观、人文观与审美观得到了统一。当然,要使生态观、人文观与审美观的统一落到实处,还必须通过审美教育的途径来实现。为此,曾繁仁提出了“生态审美教育”的范畴。所谓生态审美教育就是“用生态美学的观念教育广大人民、特别是青年一代,使他们学会以审美的态度对待自然、关爱生命、保护地球”。[①] 生态审美教育的提出无疑有助于生态美学理论成果的现实转化,为我国的环境保护、农业生态、城市景观建设提供理论支持与智力保障,使生态美学具有更深厚的现实依据与实践品格。曾

① 曾繁仁:《生态美学导论》,商务印书馆2010年版,第362~363页。

繁仁以广岛大学的生态审美教育的实践为个案，为我国生态审美教育的实施提供了具体的策略与方法论。

(六)生态美学建设的反思

生态美学经过了十几年的发展，取得了不少实绩，但也经常为人所诟病。生态美学之所以被人们质疑，一方面是因为该学科具有颠覆性，人们接受它需要有一个过程；另一方面是生态美学研究者还没有给出有分量的研究成果。为此，曾繁仁认为，生态美学的学科建设应从三个方面来反思：其一，正视生态美学的"建构"性品格，将它视为后现代语境下的新兴学科；其二，正视生态美学诞生的理论与实践意义；其三，必须将生态美学的哲学基础牢牢地奠定在生态存在论哲学观之上。

生态美学与环境美学的关系一直是国内外学术界所共同关心的问题。国外学者认为中国生态美学就是西方的环境美学，而在中国，生态美学的发起者李欣复认为它是美学与生态科学之间的"交叉学科"。面对国外学者的发难和国内学者的困惑，曾繁仁指出："本来，从美学的自然生态维度来说，生态美学与环境美学都属于自然生态审美的范围，是对'美学是艺术哲学'传统观念的突破，它们应该属于需要联合一致的同盟军，不需要将其疆界划得很清晰。但从学术研究的角度却又有将其划清的必要。"①那么，二者的区别何在呢？其一，生态美学是中国具有原生性特点的美学形态，它既满足了中国经济社会发展的现实需要，又立足于中国古典生态文化；而环境美学既包含着西方"人类中心主义"内涵，又带有"艺术中心论"思想，它是西方学术土壤上产生的原生性理论形态。更为重要的是，生态美学吸取了西方"生态中心主义"历史教训。因此，"中国生态美学所凭借的理论立足点比西方环境美学的'生态中心主义'更加可行，并具

① 曾繁仁：《生态美学导论》，商务印书馆2010年版，第463页。

有更强的时代感与现实感"[①]。其次,从字意学的角度说,"生态"与"环境"也有着不同的含义。"西文'环境'(Environment),有'包围、围绕、围绕物'等意,明显是外在于人之物,与人是二分对立的。……而与之相对,'生态'(Ecological),则有'生态学的,生态的、生态保护的'之意,而其词头'eco'则有'生态的、家庭的、经济的'之意。"[②]因此,"生态"的含义比"环境"更加符合人与自然融为一体的情形,而且"生态的"所包含的"居住,逗留"等意也更加符合生态存在论美学的内涵。其三,从美学内涵的角度来说,"生态"比"环境"更具有积极的意义。因为生态美学产生于环境美学之后且以之为资源,扬弃了环境美学的"人类中心主义"或"生态中心主义"的局限,而走的是"生态整体主义"和"生态人文主义"道路。曾繁仁对生态美学与环境美学的比较研究,划清了二者的理论边界,这既有利于二者的共存与发展,也有利于双方互相吸取对方的理论滋养。更为重要的是,它有利于生态美学弘扬自身的中国气派与中国作风,从而走上既与中国传统文化接轨又能适应中国人民生活方式的发展道路。

对于生态美学的发展,曾繁仁在2009年10月于济南举办的"全球视野中的生态美学与环境美学"国际学术研讨会上总结出三句话:全球视野、世界资源与中国经验。所谓全球视野,是说生态问题是全球性的共同课题,没有哪个国家能置身于事外;所谓世界资源,是说我国作为一个在生态美学研究方面的后起国家,必须借鉴吸收其他国家特别是西方发达国家的有关资源;所谓中国经验,则意味着,我们建设生态美学一方面要结合中国当下资源与环境压力过大的国情,另一方面则要借鉴中国古代的生态审美智慧。为此,他提出了五个衔接。其一是要与当代生态文明建设相衔接。其二是应与当代生

---

① 曾繁仁:《生态美学导论》,商务印书馆2010年版,第466页。
② 曾繁仁:《生态美学导论》,商务印书馆2010年版,第466页。

态理论的发展相衔接。其三是要与中国传统生态文化智慧的发掘相衔接。其四要与当代生态文艺的发展相衔接。其五要在中西交流对话中与坚持中国特色文化建设之路相衔接。曾繁仁的这五个衔接揭示了生态美学中西对话的动因、文化根基、哲学内涵、话语建设、艺术建设与实践维度。生态美学的中西对话虽然缘自于全球性的生态危机,但在时间、国情与文化等方面仍有一些差异;在文化根基上,生态文化对中国而言具有原生性,而对西方则具有后生性;在哲学内涵上,生态美学倡导生态整体主义模式,而环境美学主张主客二分的认识论模式;在话语建设上,生态美学力主中和论生生之美,而西方环境美学倡导生态存在之美;在艺术建设上,生态美学立足于中国传统的"自然生态艺术",而西方的环境美学立足于"感性显现的艺术";在实践维度上,生态美学拓展城市美学的内涵,而在西方,城市美学和景观美学本身就是环境美学的有机组成部分。

综合以上梳理不难看出,曾繁仁的美学思想以"存在"为红线,将美学研究的视野越来越深地触及到人类生存这个最原初、最根本的问题。正是出于对人类命运的忧思,才使得曾繁仁美学的重要意义不仅体现在对美学基本理论问题的探幽发微上,而且还表现在其美学思想对人生、社会发展难题的解惑上。这体现了一个有良知的知识分子在美学研究中的强烈使命感与责任感。如果说,"经验存在论"标志着他的美学之思由"本质论"转向"经验论"、由"此在"走向"存在","人生存在论"科学地回答"如何促使人类走向审美生存",那么"生态存在论"则回答了如何解决生态危机情势中的人的生存问题,这也再一次验证了其存在论美学的圆熟性与合理性。从形而下的意义上看,其"经验存在论"美学使我国当代美学研究回归感性与审美,促进了艺术创作的"百花齐放";其"人生论美学"回应了素质教育的吁求,使美学承担起培养学会审美生存的一代新人的重任;其"生态存在论美学"则与"生态文明"建设相同步,本身构成了生态文明理论的美学之维。从形而上的意蕴看，其存在论美学关注人类的存在与发展，导引人类审美文化的前行，实现了"自然主义"与"人道主义"、生态观、人文观与审美观的统一，因而具有了人类学与文化学的意义。总之，曾繁仁以存在为本体，以美育为途径，以生态为视野，构筑了一个周延、开放的存在论美学体系，这不仅使其在当今的学术研究中获得了独特的个人身份印记，而且以其理论自身的建设性与前瞻性为中国当代美学的研究开启了新的路径。

曾繁仁:《西方美学简论》,山东人民出版社 1983 年版。

曾繁仁主编:《西方现代文艺思潮》,山东文艺出版社 1990 年版。

曾繁仁:《西方美学论纲》,山东人民出版社 1992 年版。

曾繁仁、高旭东:《审美教育新论》,北京大学出版社 1997 年版。

曾繁仁:《走向二十一世纪的审美教育》,陕西师范大学出版社 2000 年版。

曾繁仁主编:《中西交流对话中的审美与艺术教育》,山东大学出版社 2003 年版。

曾繁仁:《生态存在论美学论稿》,吉林人民出版社 2003 年版。

曾繁仁:《美学之思》,山东大学出版社 2003 年版。

曾繁仁主编:《文艺美学教程》,高等教育出版社 2005 年版。

曾繁仁等:《现代美育理论》,河南人民出版社 2006 年版。

曾繁仁:《转型期的中国美学——曾繁仁美学文集》,商务印书馆 2007 年版。

曾繁仁主编:《中国新时期文艺学史论》,北京大学出版社 2008 年版。

曾繁仁:《生态美学导论》,商务印书馆 2010 年版。

曾繁仁:《美育十五讲》,北京大学出版社 2012 年版。

教育部普通高校人文社会科学研究基地、山东大学文艺美学研究中心编:《人文情怀　学术探求——纪念曾繁仁教授从教45周年》,河南大学出版社2011年版。

陈伟:《文艺美学的理论与历史》,上海三联书店2006年版。

刘士林:《中国话语:理念与经验》,上海三联书店2006年版。

谭好哲、刘彦顺等:《美育的意义——中国现代美育思想发展史论》,首都师范大学出版社2006年版。

胡经之编:《中国现代美学丛编(1919—1949)》,北京大学出版社1987年版。

汝信、王德胜主编:《美学的历史——20世纪中国美学学术进程》,安徽教育出版社2000年版。

鲁枢元:《生态文艺学》,陕西人民教育出版社2000年版。

高建平:《全球与地方:比较视野下的美学与艺术》,北京大学出版社2009年版。

钱中文:《新理性精神文学论》,华中师范大学出版社2000年版。

王一川:《审美体验论》,百花文艺出版社1992年版。

胡家祥:《文艺的心理阐释》,武汉大学出版社2005年版。

韩济生主编:《神经科学原理》,北京医科大学出版社1999年版。

蔡元培著,高平叔编:《蔡元培教育文选》,人民教育出版社1980年版。

朱光潜:《朱光潜全集》,安徽教育出版社1993年版。

《马克思恩格斯全集》,人民出版社1995年版。

[德]马克思:《1844年经济学哲学手稿》,人民出版

社 2000 年版。

[德]马克思、[德]恩格斯:《德意志意识形态》,人民出版社 1961 年版。

[俄]车尔尼雪夫斯基著,周扬译:《艺术与现实的审美关系》,人民文学出版社 1979 年版。

[德]弗里德里希·席勒著,冯至、范大灿译:《审美教育书简》,北京大学出版社 1985 年版。

[美]华勒斯坦等著,刘健芝等编译:《学科、知识、权力》,生活·读书·新知三联书店 1999 年版。

[英]李斯特威尔著,蒋孔阳译:《近代美学史评述》,上海译文出版社 1980 年版。

[意]克罗齐著,朱光潜、韩邦凯、罗芃译:《美学原理·美学纲要》,外国文学出版社 1983 年版。

[美]鲁道夫·阿恩海姆著,滕守尧、朱疆源译:《艺术与视知觉》,中国社会科学出版社 1984 年版。

[美]杜威著,高建平译:《艺术即经验》,商务印书馆 2005 年版。

[苏]鲍列夫著,乔修业、常谢枫译:《美学》,中国文联出版公司 1986 年版。

[法]米·杜夫海纳著,韩树站译:《审美经验现象学》,文化艺术出版社 1996 年版。

[德]康德著,宗白华译:《判断力批判》,商务印书馆 1964 年版。

[法]罗曼·罗兰著,傅雷译:《贝多芬传》,人民音乐出版社 1978 年版。

[德] 叔本华:《爱与生的烦恼》, 中国和平出版社 1986 年版。

[德]马丁·海德格尔著,陈嘉映、王庆节译:《存在与

时间》,生活·读书·新知三联书店 1987 年版。

[德]马丁·海德格尔著,孙周兴译:《荷尔德林诗的阐释》,商务印书馆 2000 年版。

[美] 丹尼尔·戈尔曼著, 耿文秀、查波译:《情感智商》,上海科学技术出版社 1997 年版。

[日]春山茂雄、竹村健一著,萧志强译:《脑内革命的活用》,台北星光出版社 1998 年版。

[法] 让–弗朗索瓦·利奥塔著, 岛子译:《后现代状况——关于知识的报告》,湖南美术出版社 1996 年版。

[美]莱切尔·卡逊著,吕瑞兰、李长生译:《寂静的春天》,吉林人民出版社 1997 年版。

[美]卡洛琳·麦茜特著,吴国盛等译:《自然之死——妇女、生态和科学革命》,吉林人民出版社 1999 年版。

[法]米歇尔·福柯著,莫伟民译:《词与物——人文科学考古学》,上海三联书店 2001 年版。

[法]雅克·德里达著,张宁译:《书写与差异》,生活·读书·新知三联书店 2001 年版。

[巴西]何塞·卢岑贝格著,黄凤祝、刘丽荣译:《自然不可改良》,生活·读书·新知三联书店 1999 年版。

[美]奥尔多·利奥波德著,侯文蕙译:《沙乡年鉴》,吉林人民出版社 1997 年版。

[英]戴维·佩珀著,刘颖译:《生态社会主义:从深生态学到社会正义》,山东大学出版社 2005 年版。

[意]维柯著,朱光潜译:《新科学》,人民文学出版社 1997 年版。

[芬]约·瑟帕玛著,武小西、张宜译:《环境之美》,湖南科学技术出版社 2006 年版。

[加拿大]卡尔松著,杨平译:《环境美学——自然、艺

术与建筑的鉴赏》,四川人民出版社 2006 年版。

[美]霍尔姆斯·罗尔斯顿著,刘耳、叶平译:《哲学走向荒野》,吉林人民出版社 2000 年版。

[德]莫尔特曼著,隗仁莲等译:《创造中的上帝:生态的创造论》,香港汉语基督教文化研究所 1999 年版。

[美]大卫·格里芬编,马季方译:《后现代科学——科学魅力的再现》,中央编译出版社 2004 年版。

图书在版编目（CIP）数据

中国当代存在论美学：曾繁仁美学思想研究／罗祖文著．—济南：齐鲁书社，2013.8

ISBN 978-7-5333-2946-4

Ⅰ．①中…　Ⅱ．①罗…　Ⅲ．①美学思想—研究　Ⅳ．①B83

中国版本图书馆 CIP 数据核字（2013）第 202721 号

中国当代存在论美学

——曾繁仁美学思想研究

罗祖文　著

出版发行	齊魯書社
社　　址	济南市英雄山路 189 号
邮　　编	250002
网　　址	www.qlss.com.cn
电子邮箱	qilupress@126.com
印　　刷	日照报业印刷有限公司
开　　本	880mm × 1230mm　1/32
印　　张	11
插　　页	3
字　　数	276 千
版　　次	2013 年 8 月第 1 版
印　　次	2013 年 8 月第 1 次印刷
标准书号	ISBN 978-7-5333-2946-4
定　　价	**35.00 元**